Reinhardt O. Hahn

Das letzte erste Glas

Ein Bericht

Mitteldeutscher Verlag
Halle · Leipzig

Mit einem Nachwort von Dr. med. Ursula Grüß

ISBN 3-354-00075-9

2. Auflage
Lizenz-Nr. 444-300/97/87 · 7001
Printed in the German Democratic Republic
Einband: Eva und Bernd Haak
Typografie: Bernd-Michael Dehnert
Satzherstellung: Karl-Marx-Werk Pößneck V 15/30
Druck und Bindearbeiten: Druckhaus Aufwärts, Leipzig III/18/20 · 468/87
Best.-Nr. 639 294 3

00850

Donnerstag

Meine ruhelosen Tage

Zwei blaue Hochhäuser versinken hinter Baumkronendickicht. Das weiße Mauerband vor mir wächst. Die Straße ist frei. Ich muß stehenbleiben und atmen.

Mein nächster Schritt, die Bordsteinkante. Ein grauer Schornsteinkopf verschwindet ins dunkle Grün. Die Äste, die Blätter und der Mauersims schwanken näher. Über Immergrün gleitet mein Blick und fällt auf das geöffnete Gittertor. Es lädt mich ein.

Ich betrete den Südfriedhof. Der Splitt knirscht unter meinen ausgefransten Stoffschuhen. Jeden meiner Schritte muß ich einzeln vorantreiben.

Die gefüllten Taschen meines Mantels ziehen den gelben Stoff in Falten. Das gibt Hoffnung. Wieder wird mir übel. Die ausgebeulten Manteltaschen, wie sie ziehen. Das stört mich nicht. Der frühe Vormittag stört mich auch nicht, aber — ich brauche eine Auskunft. Mein Weg wäre umsonst. Vorhin hab ich mir fest versprochen: Michael Naumann, du hältst das aus! Naumann, geh dorthin! — Also muß ich gehen, und meine Übelkeit, die muß ich unterdrücken. Ich werde es schaffen.

Die dort müssen wissen, was mit ihm war — wo er liegt. Trocken ist meine Haut — wie Folie. Ich bin ein schlaffer Sack, in dem es kondensiert. Pulsierend rutsche ich über rasselnden Splitt. Schnaufend atme ich ein und aus.

Ich komme vorwärts, ich höre es doch. Die Steinchen spritzen hoch und fallen hell auf den Weg, dumpf in das Laub. Wie das in meinen Ohren klingt. Meine Beine gehen nicht, ich schiebe sie voran.

Der breite Weg, der müßte zur Verwaltung führen. Hier, das muß sie sein. Das Gebäude ist neu verputzt, der Eingang ist frisch gemalert — er stößt mich ab.

Mit dem linken Ellenbogen drücke ich die Tür im Portal auf. Ein düsterer Gang. Den Blumenstrauß trage ich wie einen schlagbereiten Stock in der rechten Hand. Die Knospen verdecken meinen Hals, und den Mantelkragen halte ich oben zu. Diese Tür wird es sein.

Gestern sagte die Fürsorgerin Kern zu mir, Peter Brauer wäre verunglückt. Sie sagte es so verhalten, sie druckste so herum, und ich wußte sofort, was los ist.

Die Tür ist mit einer sich neigenden 1 beschriftet. Ich muß hinein. Hier kann ich fragen. Ich drücke mit dem Ellenbogen die Klinke herunter. Die Tür springt auf. Ich kann mich nicht mehr in den sicheren Gang zurückschieben. Ich muß mich stellen.

»'n Tag, ich will Herrn Peter Brauer aufsuchen.«

»Guten Tag, kommen Sie herein. Wann ist er geboren — und wann verstorben?«

Ich bleibe auf der Türschwelle.

»Ich weiß es nicht genau. November 45, glaube ich. Es passierte vor wenigen Tagen.«

Sie blättert in Karteikästen. Die Blumen zittern in meiner Hand. Ihre Finger gleiten virtuos über kleine Kärtchen. Sie sucht eifrig, so, als hätte sie mich schon längst erwartet. Sie hat ihn — sie holt seine Karte heraus.

»Ein wenig mager, was Sie sagten, doch hier haben wir ihn: Geboren am 8. 11. 1945, und gestorben? Herr Brauer wurde heute beigesetzt. Das schaffen Sie nicht mehr!«

»Ja, natürlich nicht mehr. Ich werde mich beeilen. Wo ...?«

Ich gehe einen kleinen Schritt nach vorn. Die Knospen meiner Rosen nicken ihr zu. Ich warte. Die Frau versteht mich und liest: »Abteilung D, Reihe 82, die Nummer 18 hat er.«

»Von der Verwaltung aus wo?«

»Fast 200 Meter geradeaus und dann um die Kapelle herum, falls Sie die gesehen haben — und dann,« sie schlägt ein Kreuz, »rechts entlang!«

Mir schwirrt alles im Kopf. Sie begreift das. Ich sehe nochmals ihre Hand, ihr weißer Zeigefinger schlägt ein Kreuz, D wie Dame, weist auf die Reihe 82 des Lageplanes an der Wand und spießt sie auf, die Nummer 18. Ich schiebe mich rückwärts aus dem Türrahmen. Zum Abschied wippe ich mit den Blumen zum Gruß. Sie hat es verdient. Ihre Augen waren froh, als sie in den Kästen meinen Freund Peter fand.

Ich schiebe mich durch die Portaltür und trete in die Sonne. Wie mein Herz puckert. Mich umschließt eine klammernde Hand.

Sie trägt mich sehr zielstrebig und nachdrücklich aus dem Verwaltungsbau hinaus. Diese fremde Hand trage ich in meinen Manteltaschen.

Ich schlüpfe mit dem Zeigefinger zwischen die Knopfleiste und kratze meine Haut, die das Getöse in mir zusammenhält und unter dem Mantel fröstelt. Den Blumenstrauß trage ich im Gegentakt zu meinen schleppenden Schritten, damit er den säuerlich riechenden Fleck auf dem Mantel verdeckt. Im Hals würgt und schmerzt mein Atem.

Kein Mensch ist zu sehen. Vor mir öffnet sich, flankiert von Edeltannen, die breite Allee der Toten, die zur Kapelle führt.

Die Angst teilt sich in mir. In meinem Bauch saugt ein heißes Schmerzgefühl Schleim und Feuchte auf. Der gemeine Strom aus Angst steigt an der Wirbelsäule hoch und überhitzt das Atemgefühl, bis es siedendheiß gegen meinen Brustkorb drückt. In mir schreit alles: Scheiß-Pietät! Ich knicke über einem Papierkorb zusammen. Die Blumen fallen aus meiner Hand. Arglos liegen sie auf dem Splitt. Und ich, ich ziehe und drehe mit zittriger Behutsamkeit eine Flasche aus der Tasche. Mit den Zähnen beiße und schnappe ich den Verschluß ab. Es knirscht im Mund. Was für ein Geräusch.

Mit beiden Händen setze ich die Flasche an. Ich würge und schlucke. Der Schnaps bleibt drin. Er muß ja drinbleiben — sonst wäre ich krank!

Bald wird es da sein: Ein sicheres und gutes Gefühl. Ich habe mal nach der Uhr geschaut. Ein guter Korn braucht nur acht bis zehn Minuten, um mich zu beruhigen — je nach Kondition. Ich muß noch warten. Immer bin ich am Ende, halte ich den ersten Schluck in der Hand. Immer bin ich am Beginn, ist der erste Schluck in mir. Der Schnaps frißt die Trockenheit nach und nach auf, durchströmt mich und füllt mich aus. Ich schlürfe noch einen Schluck und schiebe die Flasche in die Manteltasche. Es klirrt hell gegen dumpf. Ich atme freier. Eine lange, weiße Zigarette werde ich rauchen. Heute früh habe ich gut verkauft. Ich habe meine Bücher ins Antiquariat gebracht. Nicht alle haben sie genommen, doch die Menge hat es gemacht. Dreimal bin ich gegangen. Beinahe hätte ich Peters Bücher auch verkauft. Es wäre Pech gewesen — Absicht nicht.

Was soll ich machen? — Seit gestern oder vorgestern, ach was, seit einer Woche nimmt es zu. Es kam wie ein Schlag. Es würde immer so kommen — Periodentrinker —, sagte der Alkoholdoktor damals. Die reden alle bloß. Alkoholkrank, so ein Quatsch! Den Krankenschein habe ich mir von der Rettungsstelle besorgen müssen.

Der Schnaps wirkt. Überdeutlich spüre ich den Angstkitzel, der unterhalb meiner Schulterblätter verharrt. Ich kann mir eine Zigarette anzünden.

Krankenschein — ein ordentlich ausgefülltes Blatt mit Unterschrift und Stempel. Wie das lief. Dagegen kommt mein Betrieb nicht an. Weißenbach wird den Schein schlucken müssen — ohne Kommentar. Nur gut, daß ich zur Rettungsstelle gegangen bin. Erst wollte ich den Schein von Doktor Freiberg haben, doch der war nicht da. Eine gute Stunde habe ich mit der Kern hin- und hergeredet, ob sie es für mich machen könnte. Aber sie versteckte sich hinter Freiberg. Ich würde sogar wieder regelmäßiger in diese Gruppe gehen, sagte ich zu ihr. Sie glaubte mir nicht. Sie gab mir Medikamente mit und ließ mich stehen. Erst danach ging ich in die Rettungsstelle und kam mit Herzrhythmusstörungen und langem Rezeptzettel wieder heraus. Ich habe mein Bestes getan.

Ich bin ein todkranker Mann — ist das nicht ein echter Grund zum Saufen? Sag, Peter Brauer, du . . . du, ich hebe die Blumen auf und komme zu dir. Meine Schritte treibe ich an. Ich schreite raumgreifend aus.

Ich höre leisen Orgelklang. Es geht wirklich zeitig mit der Beerdigerei los. Morgenstund' hat Erdklump' im Mund. Es wird elf Uhr sein. Ich mit meinem Mantel unter Trauerleuten, nein, ich muß hier weg. Ich gehe durch schattige Seitenwege. Die Sonne strahlt fleckig zwischen Baumgrün. So ist es besser. Ich nähere mich getarnt. Das Orgelspiel hebt an. Es leitet sicher das Ende einer Bestattung ein. Finale. Vielleicht sind es doch die Brauers? Sie werden es nicht sein. Bestimmt haben die ihrs schon lange weg mit Peter.

Sehr still wird es, und jemand öffnet von innen die Flügeltür. Ohne weiteres paßt der Sarg auch quer durch die Tür. Ich gehe auf einen Engel aus Sandstein zu, der einen Zug von Überheblichkeit im Gesicht trägt. Hinter ihm warte ich. Der Sarg scheint auf schwarzbetuchten Schultern die Treppen herabzuschweben. Auf dem Splitt löst sich die Trauerformation auf und wartet zerstreut. Der Sarg schwenkt nach links und weist den weiteren Weg. Wie eckig und unbeholfen die Leute drängeln und schubsen. Die schwarzen Beine der Trauernden verschwinden hinter einer Hecke.

Ich reibe und knipse mit dem Daumen den Dreck unter meinen Fingernägeln hervor. Es sind doch nicht die Brauers. Die werden in einer Kneipe beim Leichenschmaus sitzen.

Geschützt von dem Engel führe ich die Flasche an meine Lippen. Brechreiz stiebt in meine Nase, drückt Fusel nach. Mit halbblinden Blicken suche ich das Gelände nach anderen Trauernden ab.

Vor der Kapelle sammeln sich wieder einige Leute. Zwei Herren stehen abseits von der Gruppe, schlenkern und fuchteln mit den Armen — streiten die sich? Na klar, weil der Mensch, der in eine Urne geschaufelt wurde, neben seinen verbrannten Resten auch noch Geld hinterließ. Die dort stehen, die haben alle nicht geweint, nicht einer!

Wie sie um die Toten schachern. Man müßte hingehen und sie zur Rede stellen. Man müßte sie zwingen, ihre Verwandten mit Anstand in die Erde einzugraben.

Auf meinen Handrücken schwellen die Adern an. Diese Kraft in meinen Fäusten, in mir, sie würde alle bezwingen.

Fern auf der Allee tippeln Leute heran. Sie tragen Hüte, Kränze, schwarze Regenschirme und bleiche Gesichter. Ein magisches Haus, diese Kapelle — und keine Wolken am Himmel. Ein öffentliches Gebäude, das ein behördlich genehmigtes Erlebnis verschafft. Die öffentlichen Gebäude sind alle fragwürdig.

Sie fordern von mir Wahrheiten ab, ohne daß ich mich wehren könnte, und diese Wahrheiten zerstückeln sie in Vorgänge. Die Vorgänge Michael Naumann werden unabhängig voneinander auf

Papier bewahrt. Werden sie abgerufen, setzen sie ein falsches Bild von mir zusammen. Ein trockenes Bild. Was wissen die schon von mir. Nur eine öffentliche Toilette ist wahr, denn sie ist eine echte Forderung an mich selbst. Aber sobald ich ein Klo verlasse, beginne ich zu lügen. Ich drehe einen Wasserhahn auf und möchte mir am liebsten die Haut herunterwaschen, weil ich mich nicht mag. Der Klofrau gebe ich Trinkgeld, damit sie schweigt.

Alle können sich trösten, indem sie von sich weglaufen, nur ich nicht mehr. Ich gehe an Gräbern entlang und drücke die Flaschen tiefer in die Taschen. Keiner würde mich begreifen, auch eine Klofrau nicht. Obwohl, diese Frauen sind ehrlich. Ihr Zänkisches und Rechthaberisches ist Oberfläche, denn Ordnung muß sein. Ich weiß das genau. Als einmal das große Abklappern auf dem Bahnhof über mich kam, stand mir so eine Frau bei.

Ich trinke, und doch gehe ich weiter. Noch einen Schluck. In mir dehnen sich die Organe. Die Blumen, die finde ich gut, und schön gerade laufe ich auch. Abteilung D, wie Dame, beginnt mit einem Familiengrab. Ach Gott, hier liegt eine komplette Dampfbäckerei unter Marmor. Das muß man gesehen haben. Ja, alle liegen unterhalb meiner Profilsohlen. Die Leute müssen sich sehr gemocht haben, oder gibt es noch andere Gründe, gemeinsam zu verwesen?

Hier liegt ein kleines Kind unter einem Findling. Mannshoch, sie kommen wieder in Mode.

Ach, Schnaps macht froh. Ich gehe schneller, atme kräftiger und denke klarer. Wie gut ich funktioniere! Die Reihe, welche Reihe war es? Hier muß es sein. Ein Grab mit frischen Blumen.

Du wurdest tatsächlich heute früh zugeschoben. Wie schnell das geht. Du enttäuschst mich, und ich weiß nicht, warum. Obenauf der Kranz IN LIEBE VON RICARDO UND KATRIN. Den wird deine geschiedene Frau gebracht haben. Im Namen der Kinder, jawoll, richtig – schön! Schwer und endgültig, das riesengroße Kalla-Gebinde. Es bedeckt die Länge des Grabes. Welch eine Liebe!

Mit kleinen Schritten befreie ich mich von dem Anblick einer fetten Fliege. Sie kriecht auf einer gelbweißen Kallablüte. Über bucklige Frischgräber steige ich auf einen schattigen Platz zu. die Bank bebt, als ich mich setze. Eine Zigarette werde ich noch rauchen und dann gehen. Das Anbrennen gelingt nicht – verflucht. Das abgebrochene Holz werfe ich in die Wassertonne. Getroffen! Ich betaste die Flaschen in den Manteltaschen und finde sofort die richtige heraus. Einen langen Schluck schmatze ich in mich hinein. Über mir flirren kleine Birkenblättchen im Sonnenschein. Mit nur einer Hand habe ich die Flasche gehalten. Meine Rosen stören mich. Dort steht eine eingebuddelte Vase. Natürlich klaue ich die. Von der Friedhofskolonne ist niemand zu sehen. Ich tauche die Vase in die Wassertonne. Ein abgebrochenes Streichholz strudelt ihr in den Hals.

Wieder sitze ich gut getarnt und zähle mit ruhiger werdenden Händen die Stengel in die Vase. Auch ich möchte Wasser trinken, mein lieber Freund, doch bin ich leider keine Rose. Fünf Schritte, und die Blumenvase steht im kleinen Kranz IN LIEBE VON RICARDO UND KATRIN. Es sieht gut aus. Wieder zieht es mich zur Bank hin. Ein feiner Fleck, und niemand kann mich sehen. Grünzeug und eine glänzende Steintafel, ein weißes Metallgitter und die Wassertonne, alles schützt mich vor aufdringlichen Blicken. Ich bleibe hier.

Ich möchte mit dir reden, Peter, doch du liegst unter der Krümelerde und schweigst. Warum schweigst du? Wir müßten diskutieren im genau geordneten Schachbrettmuster anderer Skelette. Die Damen in Weiß und die Herren in Schwarz. Sehr seriös und übers Alkoholproblem. Leider bin ich der einzige, der sitzen muß und nicht bequem liegen darf, denn ich bin noch in der Welt. Ja, ich brauche noch einen Schluck. Die Flasche ist leer. Alkohol, meine Damen und Herren da unten, ist eigentlich ein Gas und nur dazu da, sich im menschlichen Körper zu entspannen. Die Nichttrinker wissen das natürlich nicht. Was sind wir doch für bescheidene Leute, haben wir unseren Schnaps. Das steht nicht fest? Wieso nicht? Moment, Peter, ich sortiere nur die Flaschen. Die eine Nullkommafünfer ist also leer. Bravo. Die schmeiße ich in die Wassertonne. Alle Menschen wollen Spuren hinterlassen, und wenn es nur eine Kontonummer ist – ich nicht. Ich würde mich sogar für meinen Leib schämen, stürbe ich so Knall und Fall wie du, mein Freund. Nur gut, daß mein Taufschein mich irgendwann in eine Urne transportieren wird. Niemand wird mich erkennen. Kein letzter Blick auf den Toten, nein, bei mir nicht.

Da liegst du nun, Peter, und du schwebst in Schwarz vor mir. Dein Grab — wie schön und bescheiden sind dagegen die modernen Gemeinschaftsgräber. Die Namen der Menschen sind winzig klein auf Tafeln vermerkt. Kein klotziges Kreuz, das den Toten drückt. Eine Tafel, kleiner als ein Taschentuch, das würde von mir bleiben. Ich habe kein Taschentuch, aber einen Krankenschein — Prost. Und eine große Glaskeule — die ist mit eisweißem Korn gefüllt —, und noch eine Nullkommafünfer und eine Schachtel, in der vier bunte Mini-Fläschchen auf mich warten. Ich werde sie aus den Manteltaschen herausholen und anschauen. Ja, faszinierend, diese farbigen Etiketten.

Schnaps plus Krankenschein gleich was? Darüber hätten wir in der Gruppe des Alkoholdoktors reden müssen. Wer agitiert mich heftiger? Du oder die Flasche? Du, Peter, warst kein schlechter Kerl, wirklich nicht, aber die Flasche steht mir näher. Sie ist kein Mensch, aber sie hat einen schönen, schlanken Hals. Sie fühlt sich angenehm an und hat Wohlbefinden in sich — meines. Seht mal alle her, der Peter Brauer liegt unter der Krümelerde und hat euch nicht mehr, ihr Schönen mit den schlanken Hälsen. Da kann er sich nur ärgern, der Brauer, weil er nicht mehr trinken kann.

Vielleicht ärgert er sich gar nicht? Er ist abgehauen, und jetzt lacht er uns aus. Peter, das war gemein von dir. Du warst mein Freund, mein einziger Freund. Du hast mich stark gemacht und mir die Hoffnung gegeben, daß es auch ohne Trinken geht. Nun sitze ich hier, komme nicht mehr klar und bin allein. Du Hund, du erbärmlicher, du feiger Hund, warum läßt du mich allein? Wie ich dich hasse! Du hast mir Mut gemacht, und dabei waren es nur leere Versprechungen. Du Hund, hier hast du die Pulle!

Wie die Flasche sich in der Luft dreht und in der Sonne blitzt. Himmel, sie fällt auf eine Steinplatte! Sie zersplittert! Nein, sie ist heil geblieben!

Meine Angst, wohin ist meine Angst gerutscht? Ich mach die farblose Glaskeule auf. Meinen Spiegel muß ich hochtrinken.

Noch einen kleinen Schluck, und dann hole ich die Flasche.

Meinen Spiegel muß ich halten, hörst du, Peter! Und dafür brauche ich guten Eiskorn – tropfenweise, hörst du? Ich trinke weniger und weniger und dann fast gar nichts mehr, und dann höre ich wahrhaftig auf. In wenigen Tagen bin ich wieder ein kraftvoller Mann, den die Frauen mögen, und ich habe Erfolge im Betrieb. Dann heirate ich wieder, meine Kinder lieben mich, und ich vergött're sie und ach, ich bin so rund in mir. Das wird eine Zeit, jede Woche zweimal ein gebügeltes Hemd und täglich frische Socken.

Im Moment fühle ich mich nur gut gefüllt. In mir schwappt der Schnaps bis zum Hals. Im Kehlkopf ist ein besonderes Ventil eingebaut, das sich bei jedem Schlückchen automatisch öffnet und schließt. Darüber schwebt mein aufgeblähter Kopf. In ihm laufen und rasen die Gedanken. Ich bin übervoll, Peter, und weine einige Tränen für dich. Die letzten Tränen weine ich in mich hinein. Du mußt mein Mitleid schon annehmen, denn du kannst mir nicht mehr widersprechen.

Du hast keine Schuld, Peter, die anderen haben schuld – alle. Sieh mal, wehrlos wie die Flaschen stehen sie vor mir im Staub. Ich werde sie alle niedermachen. Nein, mir passiert nichts. Ich habe Medikamente. Nicht viel. Hoffentlich reichen sie aus. Ja, ich gebe es zu, ich habe die Kontrolle verloren. Vertrauen, Naumann, ist besser. Ich trinke mich langsam herunter. Jawohl, immer geringer wird mein Verbrauch. Morgen gehe ich ins Stadtbad und werde als sauberer Mann dem Wasser entsteigen. Mache ich, Peter.

Peter, ich habe dir immer helfen wollen. Doch wie? Bei mir ist die Zeit stehengeblieben. So trüb wie alles, was vor mir ist, so klar ist vieles, was hinter mir liegt – so klar wie dieser Eiskorn. Ich sauge am Flaschenhals, und er antwortet mir mit einer Kette eng aneinandergereihter Perlen. So wie die Bläschen aufwärts schwingend zum Flaschenboden steigen, so laufen meine Gedanken durch mein Gehirn. Du, Peter, bist nicht mehr faßbar.

Schon damals wolltest du dich umbringen, es hat nur nicht geklappt. Mir wird es jetzt noch flau im Bauch – wie wir da auf dem

Felsen standen. Nun liegst du doch vor mir im Grab. Du hast es geschafft. Ohne Todessprung, ich möchte nur wissen, wie? Dir hilft gar nichts mehr, und mir hilft nur noch der Schnaps. Vielleicht hätte die Gruppe dir helfen können? Obwohl, du warst ein alter Profi. Klinik und so etwas hattest du schon durch. Was soll da eine ambulante Gruppentherapie noch Neues bringen? Mir hat sie ja auch nichts gebracht. Dir und der Gruppe gegenüber habe ich den Optimisten gemimt. Dabei war alles anders.

Wie habe ich mit mir verhandelt, um die Tür zur Suchtberatungsstelle aufzuklinken. Peter, das war schwer.

Ich bin eben kein Alkoholiker. Klinik und dann mit offenen Armen zur Dispensaire. So nicht. Aber mitspielen muß man. Das kann nie schaden. Einfach mitmachen. Weißt du das?

Mehrmals lief ich über den Ranneckplatz. Erst dann habe ich mich vor das Haus gewagt. Ich überlas die Schilder. PSYCHIATRISCHE BERATUNGSSTELLE – und ein Rechtsanwalt. Der muß seit kurzem ausgezogen sein. Als ich gestern bei Frau Kern war, war das Schild ab. Die Beratungsstelle dehnt sich immer weiter aus.

Damals war mir der Anwalt recht. Die Scheidung saß mir noch in den Knochen. Es war ein Abschied von der normalen Welt, als ich das erste Mal die Tür öffnete. Ich sehe noch, wie draußen in der Sonne der Springbrunnen glitzerte. Ich trat aus der Anonymität unserer Stadt in die öffentliche Beratung. Ich blieb auf jedem Treppenabsatz stehen. So weit war es mit mir also gekommen.

Jemand hatte mir gesagt: Alkoholismus ist eine Krankheit, und für eine Krankheit bekommst du einen Krankenschein. Is' doch logisch.

So logisch, daß es mir noch heute in den Ohren klingelt. So ein Idiot. Obwohl, damals war da für mich was dran. Heute würde ich wegen eines Krankenscheins nur zur Rettungsstelle gehen. Die Ärzte wechseln dort oft. Das ist günstig.

Ja, Peter, die Arbeit flutschte nicht. Ich hatte schon ein paar Fehltage und war ratlos, als ich vor der Tür stand. War auch gut so, denn dadurch habe ich dich kennengelernt. Ich drückte den roten Klingelknopf. Das haben wir für unseren Sohn auch gemacht –

ein roter Knopf im Neubaugebiet, damit er die Wohnung seiner Eltern wiederfindet. Von innen gellte es: -atrie, atriii . . .

Ein Patient klinkte die Tür auf, und als ich zwei, drei Schritte vortrat, war ich auch ein Patient. Im Warteraum lag die Liste aus, und ich entschied mich endgültig für den Krankenschein. Die laufende Nummer schrieb ich kräftig und zeichnete meinen Namen schwungvoll aufs Papier. Dann setzte ich mich und grinste alle an. Die Leute waren verdächtig still. Das Plakat: SPORTFEST IM KLINIKUM hängt immer noch dort. Vergilbt wie alles. Die Plastiken aus Suralin, die auf jeder freien Auflage stehen, belauerten mich. Ein Mann — so um die Fünfzig — saß mir gegenüber. Nein, keine Nase mehr haben und mit zwei rosig umrandeten Löchern im Gesicht umherlaufen, wie mich das anekelte — und gesund machte. Ich war sofort zum Abhauen bereit. Im Eiltempo wollte ich die Teppen runter und ab in die nächste Kneipe. Ich war körperlich am Ende, ich lag am Boden. Jedenfalls lieferte ich mich aus, verstehst du! Die rosig umrandeten Löcher im Gesicht gegenüber störten mich sehr. Ich stellte mir an diesem Herrn eine prächtige Höckernase aus fleischfarbener Knetmasse vor — da klingelte es. Jemand öffnete, und du kamst herein, Peter. Wir kamen ins Gespräch, und du sagtest, daß du den Doktor Freiberg vom Hörensagen her kennst und daß er sehr gut sein soll. Ja, Peter, das hast du behauptet, und dann rutschte dir die Bemerkung heraus: In der Klinik sage man, er würde die Alkoholiker lieben.

Wie hoffnungsvoll das gegen die dumpfe Verzweiflung klang. Ich hatte keinen Krankenschein, kannte den Arzt nicht und verfluchte meinen Betrieb, für den ich keine Ausrede mehr hatte. Wer liebt — der gibt! Gemeinsam warteten wir. Eine Frau kam aus einer Tür. Sie war sehr zierlich und trug eine trapezförmige Tasche unter den Arm geklemmt. Ihre Augen glänzten wie Pech. Die hatte hundertprozentig einen Krankenschein bekommen. Ich hätte am liebsten mit dir darüber gesprochen. Du bist der Frau nachgegangen. Ich habe dich später danach gefragt, weißt du noch? Auf eine Zigarette wäre es bloß gewesen, sagtest du.

Es ist heute noch der gleiche Laden wie damals, Peter. Der mit der fehlenden Nase stand auf und passierte, von einem ausgestreckten Arm geleitet, die bewußte Tür. Ein Pappschild schwankte, als sie geschlossen wurde. Ja, die Fürsorge sorgt auch für Nasen. Das Nadelöhr der Schneeweißmanufaktur – ein Begriff von dir, Peter –, in dem die Suizidplaner behandelt werden. Warum bist du nicht hereingegangen, vielleicht wärst du dann hier nicht gelandet.

Damals war ich die ›Sieben‹ und du die ›Acht‹, Peter.

Wie vertraut Frau Kern einen am Oberarm fassen kann. Im großen Gesprächszimmer stehen deckenhohe Stahlschränke. Wir sind karteimäßig erfaßt. Deine Akte, Peter, wird in diesen Tagen wandern.

Ich würde frieren, gäbe es nichts darüber zu sagen, daß es mich gibt. Als mich Frau Kern dem Doktor Freiberg vorstellte, war es meine erste Bekanntschaft mit einem Manne der Psychiatrie. Ich belauerte ihn und suchte nach einer Macke, fand äußerlich nichts, und begann nach Irrsinn in seinem Blick zu suchen, da war auch nichts.

Da hätte ich lange suchen können. Der Mann ist klar wie eine Flasche Korn im Sonnenlicht. Zum Wohl, Doktor Freiberg.

Ich sollte ihm natürlich alles erzählen. Warum ich zu ihm gekommen wäre und wer ich sei. So einfach begann es. Er gab mir seine schmalgliedrige, schöne Hand. Ich bildete mir darauf gleich etwas ein. Doktor Freibergs Finger sind unheimlich lang. Wie es um mein Trinken stehe, wollte er wissen.

Puh, ich brauche noch einen Schluck. Der Eiskorn hält nicht lange vor. Zu warm ist er. Ich begann, meinen Lebenslauf herunterzuschnurren. Frau Kern notierte, und Freiberg fragte nach meinem Trinkverhalten. Es war unangenehm. Ich habe mit ihm um jedes Jahr, um jeden Monat und um jeden Vollrausch gefeilscht.

Vielleicht feilschte und handelte ich nur mit mir? Damals wich ich sehr geschickt auf berufsbedingte Schlafstörungen und familiäre Geschichten aus. Traumhaft, wie ich mir ein Krankheitsbild zusammenbastelte, das sicher einer kräftigen Neurose glich. Mir stiegen sogar die Tränen in die Augen, als ich meinen Krankenschein zuendebeantragt hatte.

Doktor Freiberg muß das gut kennen, denn er nickte abwesend.

Nur sein Gesicht wurde schmaler. Damals waren mir die Worte, mit denen er meinen Bericht zusammenfaßte, schwer verständlich. Frau Kern sortierte die Ausdrücke in einem neuangelegten Aktenordner zu einem Gerüst, das Gerippe meiner angeblichen Krankheit, und ich merkte mir jedes Wort. So begann alles mit mir, Peter. Es war nicht das Nachdenken über mich, was mich zur Beratungsstelle getrieben hatte.

Als Frau Kern mich fragte, ob ich an Gruppenstunden teilnehmen wolle, beeilte ich mich sehr, ihr zu versichern, daß ich selbstverständlich kommen würde. Ich bin auch gegangen, Peter, du weißt es ja. Wenn ich daran denke, wie Doktor Freiberg sagte, eine Arbeitsbefreiung könne er mir nicht ausstellen. Ich solle in meinem Betrieb sagen, daß ich bei ihm gewesen sei. Als er in meinem Versicherungsausweis blätterte, hatte ich den ersten Streit mit ihm. Er wollte den Ausweis abstempeln, ich nahm ihn ihm weg. Warum er dies nicht machen solle, fragte er so ekelhaft gelassen, wie nur selbstbewußte Mediziner fragen können.

Es gibt auch Ärzte mit Vorurteilen, behaupte ich, und ich weiß, Peter, ich habe recht.

Und dann seine Worte: Er nehme an, daß ich ein Periodentrinker sei. Ich bekäme Medikamente und könne dann besser über meine Lage nachdenken — ruhiger vor allem.

Von den Vitamindragees B1, B6 und B12 dreimal täglich je eins, früh und mittags je eine Rudotel und abends je eine Prothazin. So nannten sich die ersten Liebesperlen, die ich von der Psychiatrie bekam. Fast harmlos, diese Dinger. Frau Kerns dargebotene Hand drückte ich weg. Sie lief mir nach und rief dich auf. Von da an habe ich gewußt, daß ich dich wiedersehen würde. Erbittert knallte ich die Tür zu. Nur deinetwegen bin ich später wieder zur Beratungsstelle gegangen, Peter. Dort triffst du wenigstens einen nüchternen Menschen, der das Problem kennt, dachte ich mir. Damals, am gleichen Tage noch, betrank ich mich wie toll. Vorher hatte ich meinen Bauch mit B1 und B12 gefüllt. Es machte mir nichts aus. Es hätte ein ganzes Kilo sein können. Ich trank in der Kneipe am Ranneckschen Platz und feierte die Niederlage des Alkoholdoktors, denn es fehlten mir nur zwei Arbeitstage. In der Rettungsstelle der Zentralpoliklinik hatte man mich krank geschrieben. Eine akute Magenschleimhautentzündung, glaube ich, soll's gewesen sein. Es war ein glatter Sieg, den ich über die Psychiatrie errungen hatte. Nur die Akte belastete mein Gewissen, doch ich trank es nieder.

Sechs Wochen später war es wieder soweit, Peter. Unauffällig drückte ich die Tür zur Beratungsstelle auf. Ich nahm sie mit dem ersten Anlauf, denn ich lag total am Boden. Ich war in dem Land, wo Alkohol und Erbrochenes in Strömen flossen. Ich wollte da heraus — heraus, Peter. Nicht nur, weil ich keine Arbeit mehr hatte, ich hatte Angst vor dem Krepieren. Aufhören! Nicht mehr trinken! — wie lange dröhnt das schon in meinem Kopf. Wie soll das mit mir weitergehen? Maßvoller vielleicht?

Freibergs blöde Worte: Ich nehme an, Herr Naumann, daß Sie ein Periodentrinker sind. Wissenschaftlich gesagt — ein Gamma-Alkoholiker in der akuten Phase. Das sind die Ausdrücke für Frau Kerns Notizen.

Schön, ich überprüfe es. Ich sitze auf einer Friedhofsbank, bin im periodischen Rausch und sondere wie Radium Strahlen ab. Hätte ich siebzig Prozent Alkohol im Blut, würde ich sogar Neutronenteilchen für Spott halten, nur, ich ertrage gerade drei bis vier Promille. Das ist so todsicher wie zehn Liter blanker Eiskorn auf ex, Herr Doktor Freiberg. Halt, ich brauche einen Schluck. In meiner rechten Armbeuge kriecht das Zittern — ein sehr feinnerviges. Brauche ich einen Schluck? Wer ist ICH? Bin ich ICH?

So, bald wird es mir besser gehen. Ich trinke, weil ich trinken will. Auf einem Friedhof betrinke ich mich und gehe nicht nach Hause. Peter, vorhin schämte ich mich. Und weil ich mich schäme und mich dann wie von außen sehe und mich nicht mehr leiden kann, darum trinke ich. Besoffensein am hellichten Tage ist ein Leben ohne Schamgefühl und Würde. Doch der Friedhof ist nicht die Stadt! Hier ist alles anders. Keiner sieht mich.

Ich muß unbedingt die Flasche holen. Wie friedlich sie auf den Blumen liegt. Mir wird schwindlig, ich darf mich nicht so tief bükken. Besser, ich setze mich wieder. Unter der Birke ist es schattiger geworden. Die Sonne kippt in ihre lange Nachmittagsrunde ab.

Ich brauche seit gestern kein Essen mehr. Essen, das wäre der letzte Versuch einer nüchternen Person in mir. Das war immer so. Schnitzel, Hackepeter, Bouletten. Prost, Peter! Hier kann ich kraftvoll rülpsen. Ich bin ja nicht in der Dispensaire. Dort rät jeder, doch keiner hat Ahnung. Die Beratung gipfelt in dem klugen Satz: Sie dürfen nie wieder Alkohol trinken. Nein, auch Pralinen, die gefüllten natürlich, sind nichts für Sie.

Ich baue uns eine eigene Gruppe auf, und dann reden wir über alles. Mir ist danach. Wir müssen über alles reden, sonst ersticken wir an uns. Die leere Halbe, die ich in die Tonne versenkte, bist du, mein lieber Peter. Die große, gewichtige Eiskorn, deren Hals so schlank und dünn nach oben schießt, das ist der gescheite Doktor Freiberg, ein Spezialist für Alkoholismus, der bestimmt noch nie besoffen war. Begleitet wird er von Frau Kern. Sie ist 0,5 Liter plus Glas schwer, nehme ich mal an. So, und jetzt die Gruppe. Eine kleine Gruppe. Kräuterlikör, ich taufe dich auf den Namen Rüdiger. Vor Kräuterlikör ekle ich mich ein bißchen, weil er im Hals klebt. Rüdiger ist ›trocken‹ wie eine Backstube, wir übersehen es mal. Hier steht Brenner-Norbert , die kleine Wodkapulle. Den Schluck würde er mit einer Plombenfüllung vergleichen. So, was haben wir denn hier? – Eine Flasche mit Pfirsichgeist. Dieter, der stille Dieter, dem der Verstand ausdestilliert. Die niedlichste Flasche bin ich. Weinbrand-Naumann.

Liebe Freunde, heute werden wir im Freien miteinander reden. Nein – nicht? Wer widerspricht? Ach, Rüdiger. Na gut, dann eben nicht.

Hier ist es angenehm. Wie meine Rosen im Sonnenschein glühen. Einmal stellte ich Rosen in Sprit. Frühmorgens waren die Blüten fast schwarz.

Könnte ich doch aus meiner Haut heraus, woanders, nicht mehr in meinem Körper leben. Ein anderer sein und doch ich selbst bleiben.

Der Wind weht sanft. Er fächelt Blumenduft heran. Peter, diesmal kommt es zu keinem Entzug. Ich trinke mich in aller Ruhe herunter. Wir haben mal davon gesprochen, an einem Gruppenabend. Es war der einzige mit dir, Peter. Lag im damaligen Abend die Ursache, daß es mit dir so enden mußte? Ich möchte wissen, wie es dazu kam, daß du hier liegst. Diese Claudia und dein neues, du nanntest es ›überhöhtes Selbstwertgefühl‹, was war da dran?

Es muß bedrückend für dich gewesen sein. Du erzähltest vor den Leuten, daß du schon das zweite Mal zur Entziehungskur gewesen seiest. Du sagtest, daß du nie wieder dorthin zurückgehen würdest, und, sollte man dich tragen, dann nur noch kalt.

Das war ein Abend. Typen trafen dort zusammen, nein! Brenner-Norbert und Kupfer-Hannes, die klopften sich vor die Brustkörbe, daß der Staub hochstiebte. Zwei junge Burschen hatten ihren Erstauftritt in der Gruppe – beide waren voll. Eau de Cologne trank nicht mehr. Es war ein Wunder. Wir versuchten über das Wunder zu sprechen, das brabbelnd in der Ecke saß, doch alles ging durcheinander.

Dir, Peter, stand der Schweiß auf der Stirn, als Frau Kern den offiziellen Teil der Gruppenstunde beendete und eine Schallplatte auflegte. Damit versuchte sie die Wogen zu glätten. Die zwei Jungen begannen zu weinen und redeten auf dich ein, Peter. Warum war dir das so peinlich?

Es erklang Schubert. Mir gefielen die alten Lieder. Vor Jahren konnte ich sie noch fehlerfrei spielen. Inzwischen habe ich mich fürs Grölen entschieden. Dabei vergesse ich keinen Text und keine Note, ich habe jahrelang gepaukt.

Du gabst mir die Plattentasche und zeigtest auf die Einführung. Ich kannte auch diesen Text:

Hin und wieder fliegen Pfeile;
Amors leichte Pfeile fliegen
von dem schlanken, goldenen Bogen.

Wie sich der Schnaps in der Flasche dreht.

Ich wußte nicht so recht, was du mir zeigen wolltest. Das war eine Kombination! – eine Schnaps-Wetter-Musik. Erst als ich in die Gruppe hinein sagte: Der Schubert hat mit seiner Komposition die Claudine zu einem schwierigen Mädchen gemacht, da sahen mich alle an und hielten mich für sehr klug. Frau Kern, die bestimmt besorgt um mich war, hat mir die Plattentasche weggenommen. Du, Peter, starrtest mich ungläubig an.

Später forderte ich von Doktor Freiberg einen langen Rezeptzettel. Verärgert schrieb er ihn aus und bot mir einen Termin für die Sprechstunde an.

Du hast auf mich gewartet. Ich hatte keine Arbeit mehr, und das wollte ich vergessen. Deshalb ging ich mit dir mit. Außerdem machte mich deine Nüchternheit neugierig. Von Doktor Freiberg wolltest du nichts nehmen.

Wir saßen auf einer Bank und kamen ins Gespräch. Bänke haben so was Eigenes. Für Trinker ist eine Bank ein Magnet. Eine Trinkbank, eine Rednerbank, eine Klagebank.

Peter, das Wichtigste haben wir bis heute nicht geklärt. Ich sagte dir, daß ich nicht begreifen könne, warum der Wille gegen das massive Trinken machtlos sei. Du hast mich gerüttelt und gefragt, ob ich nicht zugehört habe, als du von der Klinik sprachst.

Ja, Peter, du hattest da deine Ansichten. Die Meinung des Alkoholdoktors teiltest du zum Beispiel nicht. Der Arzt baue nur darauf, daß seine Patienten alles durchmachen müßten. Die Ängste, den Entzug, sogar das Delir, alles mildert er mit Medikamenten. Eine Komödie, immer tiefer in den Dreck zu sinken, bis zur Klinik.

Alkoholismus ließe sich nicht mit dem Willen steuern. Von dir hätten alle Willen verlangt, auch du selbst, als du aus der Klinik herauskamst. Doch dann warst du wieder drin. Danach hatte man dich auf Disulfiram umgestellt. Disulfiram plus Alkohol gleich Kreislaufkollaps. So einfach ist das, und schon trinkst du nicht mehr. Nur ist es keine Dauerlösung. Für dich, sagtest du, gäbe es eine Lösung – ein überhöhtes Selbstwertgefühl! Ständig wäre es in dir, über die dumme Welt zu schmunzeln, die trinkt.

Nach deiner Theorie, Peter, ist das Grundübel eine immer wiederkehrende Situation, mit der man nicht fertig werden könne. Der aus dem Wege zu gehen, das sei die Lösung überhaupt.

Peter, das klingt nicht schlecht. Über diese Lösung denke ich auch nach, doch ich begreife sie nicht.

Auch in der Gruppe hast du nicht darüber gesprochen. Du hast dir nur die Klinik heruntergeredet und geklagt. Warum hast du ausgerechnet mir eine lange Rede gehalten mit . . . zig Begründungen für dein neues Selbstwertgefühl? Immer und überall würde es über dem Alkohol stehen, hast du behauptet, das ist so wahr, wie ich hier sitze.

Die Welt trinkt, und man ist allein. Das könne niemand ständig aushalten, hast du gesagt. Die Leute seien nicht in der Lage, eine Trennung zwischen Laster und Suchtkrankheit zu ziehen. Na bitte. Es gibt nur einen Begriff für einen Trinker: asozial! Das sei Schuldentlastung, denn eine Krankheit sei eine völlig unpolitische Sache, wäre sie nicht mit dem Dienst am kranken Menschen verbunden.

Deine seltsamen Begründungen: Du würdest dich nicht als Alkoholkranker fühlen; du hättest ein Recht darauf, dich anderen gleichwertig zu fühlen; du hättest das genügende Selbstbewußtsein, welches dir zustehe, endlich begriffen. Deshalb würdest du eine Gruppe nicht ständig brauchen, obwohl, sobald es neue Erkenntnisse gäbe, du könntest die vielleicht verwerten.

Das war so ein Abend mit dir auf der Bank. Mit deinem neuen Selbstwertgefühl muß es damals auch nicht weit her gewesen sein, denn ich tippte sofort daran, als ich auf die Plattentasche zurückkam. Du sagtest nur, sie hieße selbstredend nicht Claudine, Claudia wäre ihr Name, und ansonsten wäre es deine Geschichte.

Warum auch nicht, Peter. Ich möcht' bloß wissen, was daraus geworden ist. In der letzten Zeit waren wir seltener zusammen. Dabei war es so schön in deiner Wohnung. Sauber und gemütlich.

Sag doch mal was. Ich krame meinen Verstand um, und nichts führt mich zu dir hin. Dabei habe ich so oft an dich gedacht. Das machte mich sicher. Wenige Tage nach unserem ersten Gespräch bin ich zu dir gekommen. Ich hatte eben einen guten Grund: Wegen Suff fristlos entlassen. Du hast dich sofort bei mir erkundigt, wie ich es mit dem Lesen hielte. Ohne meine Antwort abzuwarten, hast du Bücher herangeschleppt. Ich dachte, meine Sorgen um einen Arbeitsplatz wären vergessen, denn du hörtest kaum zu, als ich von meinen Problemen erzählte.

Kaum zu glauben, früher war ich Schichtleiter in einem Chemiekombinat. Zwölf Kollegen richteten sich nach meinen Entscheidungen. Da war ich wer. Meine ehemaligen Kollegen bedauern es sicher heute noch, daß ich nicht mehr ihr Chef bin. Einen habe ich vor Monaten wiedergetroffen. Mit dir, Michael, das waren noch Zeiten, sagte er.

Was warst du doch für ein Kerl, Peter. Du nahmst Papier und Bleistift, du hattest sehr schnell begriffen. Ich schluckte nur: ›Staatlicher Kohlenhandel‹, ›Alfred Weißenbach‹ und ›Arbeit als Hukker‹. Ich behauptete sofort, daß ich das nicht nötig hätte. Peter, du hast mich kleingekriegt. Du hast nur gelächelt und gefragt, ob ich schwarzen Tee mit oder ohne Zucker wolle. Chemotechniker, das sei ein schöner Beruf, sagtest du, aber ich könnte mich trösten. In der Schublade liege dein Diplom, und du wärest dabei, es zu vergessen.

Ich weiß nicht, ob das richtig ist: Kann ein Mensch in seinem Leben das vergessen, wozu man ihn gemacht hat? Lassen das die anderen zu?

Ein Abenteuerbuch habe ich von dir mitgenommen. Es liegt noch bei mir zu Hause. Über das Buch haben wir gewitzelt. Ein schönes Gesellschaftsspiel, das Sich-köpfen-Lassen. Der Held hätte auch saufen können. Das ist wie langsames Erhängen, ein Leben lang, hast du gesagt. Nur der Alkoholkranke wäre der wahre Held, denn er führt einen scheinbar aussichtslosen Kampf gegen sich selbst. Aber er kann ihn gewinnen.

Peter, mitunter hast du mich ganz schön geschockt. Wie oft hast du mir entgegengehalten: Alkoholismus ende tödlich. Ich konnte mich daran festhalten, jedenfalls einige Zeit lang. Und du armer Hund? Was ist mit dir passiert?

Dich beschäftigte deine Fahrerlaubnis. Das Auto, das einzige, was du aus dem vergangenen Chaos gerrettet hattest. Eine Fahrt ins Blaue wolltest du mit mir unternehmen.

Ach Peter, es war der erste Sommer seit meiner Jugend, in dem ich nichts trank. Ich glaube, es war eine schöne Zeit. Ich blieb ganze 67 Tage trocken. Ich setzte meinen gesamten Willen gegen Bier und Schnaps ein. Damals begann ich zu ahnen, daß der Schnaps schon im Zentrum meines Willens saß. Blaß und wie betäubt ging ich durch die Straßen unserer Stadt. Ich hungerte nach Lob, doch wem sollte ich meine Geschichte erzählen — außerhalb der Kneipen –, wenn nicht dir oder der Gruppe. Mit der Gruppe, da hattest du auch recht, Peter. Einige trommelten wie die Affen ihre Brustkästen, sobald sie drei Tage ohne einen Schluck auskamen. Und wie Frau Kern sie lobte, oft wurde mir fast schlecht davon! Es war ein Wettbewerb im Dauerlügen. Wir lobhudelten und matschten aufeinander ein, bis nur noch ›trockene‹ Giganten oder ›nasse‹ Lappen übrigblieben. Ja, so war es. Peter, du warst für alle eine Nummer zu groß.

Peter, was hat dich nur unter die Erde getrieben? Mir ging es doch wesentlich schlechter. Mit dem Saufen muß ich ganz scharf laborieren, sonst lande ich wirklich in der Klinik. Noch vertrage ich was! Wenn es mir nur nicht so schlecht gehen würde danach. So wie damals, vor der Fahrt ins Blaue. Die Abstinenz hatte schuld daran. Ich trank nur einen Abend, doch es haute mich um. Den ganzen nächsten Tag lag ich in selbstzerstörerischer Wut im Bett. Ich war schwach. Meine Gier nach Schnaps fing ich mit grünen Dragees ab. Davon weißt du nichts. Ich suchte den perfekten Zustand der losgelösten Schwere, weg von den Sorgen der Welt. Ohne Körper kristallklar schweben – der schönste Zustand überhaupt. Auch jetzt suche ich ihn, doch ich komme von meiner Traurigkeit nicht los. Die Kapelle, die Sonne und die Bäume interessieren sich nicht für dich, auch nicht für mich. Mir egal. Ich bin schlaff und neutral.

Was ist denn der berühmte Sinn des Lebens? Er steht mir zu, doch wo ist er? Was mache ich mit mir? Ich wasche meinen Körper. Ich wasche meine Klamotten. Ich möchte nicht auffallen wegen Unsauberkeit. Ich wünsche mir, daß die Leute mich freundlich ansehen. Sie sollen Michael zu mir sagen – nicht Naumann, der Säufer.

Ich räume meine Wohnung auf. Ich wische sogar Staub. Nichts ist sinnloser. Überall spielt das Trinken eine Rolle. Keiner kommt zu mir. Familie ist noch sinnloser. Meine Mutter will seit meiner Scheidung nichts mehr mit mir zu schaffen haben. Mein älterer Bruder hat die Familie verlassen. Ich denke, er ist umgekommen – irgendwo in Algerien. Peter, ich hatte nur dich.

Warum kriege ich mitunter einen Fimmel und wische Staub von

meinen abgeschabten Möbeln – warum? Der Staub kann doch bleiben, wo er ist. Trotzdem wische ich Staub, mein Gott! Warum bloß? Jetzt lasse ich mir einen Bart wachsen und rede mir ein, dadurch ein anderer Mensch zu werden. Es stimmt aber nicht, ich bin nur zum Rasieren zu faul. Oft träume ich von einem besseren Leben. Eins wie im Film. Eine schöne, feine Frau liebt mich, und ich liebe sie auch. Alles nur Traum. Der Film reißt, und ich sehe mich, wie ich freudlos mein Ding unter ihrer Haut hin und her bewege. Aus Dankbarkeit wischt sie dann den Staub. Ich wiederum würde dafür am Samstag – zur Freude der Nachbarn und zur Wonne meiner Frau – das Auto aus der Garage holen, es putzen und ablecken und wieder hineinschieben. Ist das nicht ein tolles Leben!

Ich werde noch verrückt. Eine zweite, angebrannte Zigarette halte ich in meiner rechten Hand. Sie fällt herunter. Macht nichts. Kopf hoch, immer Kopf hoch!

Peter, wir fuhren dem Gebirge entgegen. Regnerisch war es. Leute, die Probleme lösen wollen, fahren entweder ins Gebirge oder ans Meer, damit sie herabfallen oder untergehen können, die Probleme. Und ich hatte welche, ich habe sie noch heute. Du, Peter, hast deine auch mitgenommen.

Weißt du, wie mein innerstes Leben beschaffen ist? Wie aus sprödem Glas. Ein erstarrtes Prisma. Kalt und unbeweglich, durchschaubar und öde bis in den letzten Winkel. Mein ICH blickt gleichgültig hinein und kommt zerissen und kopfgestellt wieder heraus. Es gibt nichts mehr, woran ich mich noch klammern kann. Ich habe schon Dutzende Leben und Tode gelebt und gespielt. Es gibt einfach keine Variante mehr, die ich nicht kenne.

Immer habe ich meine Arbeit gemacht, doch für meine Kollegen bin ich ein verdächtiger Mann. Ich kann es regelrecht hören, wie sie über mich denken und reden. Der darf nur heimlich saufen. Oder, Naumann drückt nur durch, das arme Schwein. Ein Trinker, er gibt es nur nicht zu – ihm ist nicht mehr zu helfen. Der Säuferwahn wird ihn noch umstülpen.

Ich, eine Studie des Delirium tremens. Naumann, die aufrechtgehende Freß-, Kack- und Saufmaschine. Wie er lachend durch das

Klinikgelände hüpft und Herr Flasche spielt. Nein, ich nicht! Ich durchschaue alles.

Peter, sag du mir, woran soll ich noch Freude finden? Ich bin ein Automat, der einigermaßen funktioniert, wenn er trinkt. Meine Gefühle sterben auf Raten. Nichts läuft mehr ineinander. Sobald ich trinke, geht es mir wieder besser. Ganz ohne einen Schluck, da höre ich eine Kneipe auf hundert Meter Entfernung, sehe ich mit der Zunge das Bier und schmecke mit der Nase den Preis. Peter, ich höre dich, halte ich meine Lippen an den Flaschenhals.

›Mußt durch die Trockenkrankheit durch, Michael. Ein ganzes Jahr und länger. Organisiere dir Erfolge. Mache alles mit, nur nicht den Suff. Nimm die Hände vom eigenen Hals! Pfeif auf Höhen und Tiefen. Du Selbstbemitleider — armer Michael.‹

Deine Stimme!

Meine Augenlider sind so unsagbar schwer. Ich möchte dich sehen. Mensch, mir ist doch selber klar, wie hilflos ich vor der Flasche stehe. Jedesmal versuche ich den Entzug zu umgehen. Ich ahne es, dahinter steckt das Delir, und hinter allem lauert der Tod. Er ist wie ein dunkles Gebirge. Hätte ich nur den Mut, ›Guten Tag, lieber Tod‹ zu sagen. Wenn er bloß nicht so gemein zuschlagen würde. Vielleicht ist es besser, an GOTT zu glauben. Groß und gütig würde er mir das Trinken abnehmen und mir ein vernünftiges Maß anbieten. Das würde ich ertragen können. Man legt sich eine schwere Kette um, hängt ein mächtiges Kreuz dran und wartet darauf, daß der Hals zugezogen wird, sobald man zur Flasche greift. Das Kreuz abnehmen, um wenigstens einmal Luft zu holen, gilt als Sünde. Es soll welche geben, die machen es so. Doch lange kann es auch nicht vorhalten, bei fast keinem.

Sie erschlafft, die Seele, wenn es sie gibt. Das Trinken treibt die Gefühle hoch und höher. Das Gewissen kommt in Not, denn es kann mit dem Alltag nicht auskommen. Der Alltag ist nicht rosa, er ist hart. Eine immer wiederkehrende Vergewaltigung durch Schnaps. Er wird noch alles in mir abtöten. Übrig bleibt mein entnervtes, kaltes Gehirn, mein Greisengehirn. Mit so einem Verstand kann kein Mensch richtig leben. Und wenn, dann lustlos und zwanghaft.

Ich politisiere mit der Flasche. Sie betäubt mich. Mir bleiben nur noch die Gedanken, mich ständig aufs neue zu betäuben. Mein Lebenssinn ist, Peter, durch Promille die Gefühle ausfühlen zu wollen.

Jetzt begreife ich auch, wie brutal du um dein Leben gekämpft hast, mein Freund. Du kamst aus einer Klinik, kanntest die Gruppentherapie, sahst gut aus, hattest bestimmt Unterstützung und wolltest nur ein normales Leben leben. Hat dich der Bruder Schnaps zu dem gemacht, was du heute bist: zu einer reglosen, kalten Leiche?

Für die Fahrt ins Blaue hatte ich mir Gefühle gegönnt — flüssige natürlich, und am Tage zuvor bitter bezahlt. Mir ging es sehr schlecht, doch wir fuhren trotzdem los. Ich habe versucht, meine Probleme, die fühlbar zwischen uns standen, so abzubauen, daß ich irgendwie über das Wesen der Zeit philosophierte — wie ich es eben verstand.

Ich schämte mich vor dir, weil ich getrunken hatte. Ich erzählte von denen, die auf Bergen leben und in die Täler wollen. Aber wie es so mit uns Menschen ist, vorher muß verhandelt werden, und wie üblich einigt sich kein Mensch mit einem anderen, obwohl die, die in den Tälern leben, in die Berge wollen. Nur die Genialität und die Asozialität wechseln ihren Aufenthalt nach keinem System, weil ihnen Werte und Klassen nicht so wichtig scheinen und sie sich überall heimisch fühlen. Nur der bindungslose Mensch sei wahrhaft frei, erzählte ich dir, doch wollten alle Menschen frei sein, würde die Menschheit umkommen. Darum schickt die Gesellschaft ihre überzähligen Freien in den Tod. — Alles so Theorien.

Als wir am Hexentanzplatz ankamen, ließ der Regen nach. Es blieb nur der Wind. Auf einer Felszacke standen wir und zündeten uns Zigaretten an. Wir haben lange geschwiegen. Plötzlich fing ich an zu zittern, dann zu schwanken. Es war so, als ob der große Stein, auf dem ich stand, langsam nach vorn kippte. Es war ein übermächtiges Gefühl, kein Entschluß. Ich schloß nur die Augen, wollte mich fallen lassen, und du, Peter, du brülltest in den starken Wind: Idiot — springe! Dann hast du mich gepackt und an dich gezogen. Ich drehte meinen Kopf weg und sah deiner Zigarette nach, die im Wind den Abgrund hinuntertaumelte. Nimm mich mit, hast du gesagt. Ich irre mich nicht, du hast es gesagt. Wir sahen uns in die Augen. Dir kamen die Tränen, dann warst du wieder gefaßt. Meinem Blick bist du ausgewichen. Tief unten in der Schlucht schäumte weiß und stumm die schmale Bode.

Ich habe dich begriffen, Peter. Du wolltest wirklich hinunter, und ein paar Sekunden lang hast du es zugegeben. Nur, ich brauchte dich doch. Du warst das Beispiel für mich, daß es auch OHNE ging.

Jetzt hast du mich endgültig im Stich gelassen. Es ist alles schiefgegangen. Dort oben schlossen wir das Abkommen: Ich sollte in die Gruppe gehen und dir davon berichten, und du würdest mir dabei helfen, meine Probleme zu lösen.

Einiges habe ich dir wirklich zu verdanken: den Arbeitsplatz und deine Entschuldigungen für mich im Betrieb. Was ich nicht verstehe, warum du nicht in die Gruppe gehen wolltest. Waren die Leute dort wirklich unter deinem Niveau? Was dort kommt und geht, o Mann. Trotzdem hast du immer genau zugehört, wenn ich dir erzählte, wie die Abende waren. Einen der jungen Kerle hat Rüdiger trocken gemacht. Eau de Cologne säuft immer noch nicht. Er sitzt da und knurrt herum. Ab und zu verliert er ein vernünftiges Wort. Doktor Freiberg hält ihn mit Disulfiram vom Schnaps weg.

Oft haben wir Doktor Freibergs Kurzreferate ausgewertet. Sie haben dich immer mehr aufgeregt, Peter, je länger du nicht zur Gruppe kamst.

Zwei oder drei Tage nach dem letzten Gruppenabend, so hat mir Brenner-Norbert erzählt, soll der stille Dieter in die Klinik gekommen sein. Er hatte sich starke Medikamente organisiert und dann zur Flasche gegriffen. Es soll eine ehrwürdige Nervenklinik sein, mit eigenem Friedhof, meinte Norbert.

Ich gehe nicht mehr zur Beratung. Ist doch zwecklos. Was ich auch nur schwer begreife, Peter, ist die Tatsache, daß ich im Kohlenhandel niemandem ein Wort über unsere Beziehungen mitteilen durfte. Einige haben es doch gewußt. Zumindest Alfred Weißenbach. Neulich sagte er: Du bist ja nicht der einzige, der saufen muß, nur deine Chancen stehen schlecht.

Deine standen besser, Peter, und trotzdem . . .

Am Abend, als wir aus dem Harz zurückkamen, war ich stumm wie lange nicht mehr. Du warst heiter und ausgeglichen. Während der Fahrt hast du ständig erzählt von dir. Vielleicht habe ich einfach überhört, warum du jetzt da unten liegen mußt.

Ich habe deine Stimme gut in Erinnerung. Wo ist meine Flasche?

Ach Peter, wir haben beide eine große Vergangenheit. Wer weiß, was aus uns geworden wäre, würde der Schnaps nicht so schmecken.

Ich sehe dich im himmelblauen Overall auf einem Förderband liegen. Ein dickes Auto hält auf dem Kohlenhof. Ein schnaufender Herr entsteigt dem Wagen und sagt, daß er dich sucht. Ich stelle das Band an. Es fördert dich hoch und höher. Brenner-Norbert schreit: Der is' nich' hier, Kumpel. Schmeiß 'ne Pulle, ich sag's dir, wo er is'!

Ich bin Peters Vater. Hier haben Sie eine große Flasche. Und wieder Brenner-Norbert: Der Naumann war's. Der hat's Band angestellt. Ihr Sohn is' schon in Wolkenhöhe.

Herr Brauer fährt auf dem endlosen Band seinem Sohn hinterher.

So ein Quatsch! Drehe ich durch? Ich muß meinen Nacken auf die Banklehne legen. Die Birkenblätter raunen. Die Blätter und deine Worte, Peter, drehen sich.

Während der Studienzeit harmloses Trinken. Diplom. Absolventenvertrag. Bauleiter. Wer trank nicht? Der Vater übergroß — promoviert. Doktor Brauer, Reisekader. Versetzt in die Hauptstadt. Du fühltest dich immer beobachtet. Dein Trinken wurde dein Saufen. Dein Vater ließ deine Mutter sitzen. Eine Jüngere mußte es sein.

Zehn Jahre Bauleiter. Du brauchtest viel Geld. Ja, der Bau, die Firma, der Vater. Er annoncierte für dich. Das Auto, die Wohnungseinrichtung — alles für dich. Auch die Liebe hat er für dich gemacht. Montage und Saufen.

Mitunter macht Montage den Suff. Zweckehe. Ein Trinker braucht frische Wäsche und vorgekautes Essen. Ricardo und Katrin, Susanne und du. Bald wart ihr geschiedene Leute.

Die Kantinenmutter brachte früh schon einen Doppelten ans Bett. Ein Projekt fehlerhaft realisiert. Ach, Sie sind der Sohn des stellvertretenden Generaldirektors? Ach, Sie sind das? Wie teuer ist Pfuscherei? Der Stützpfeiler einer Halle gab nach — ratsch! Übrigens war es das zweite Ding. Du brauchtest noch mehr Geld. Gerichtsprozeß. Kollektive Erziehung. Große Mode damals und dein Glück. Scheißglück. Branntweintrinker. Kumpeltod — alles kennst du. Wie die Halle, so brach deine Welt zusammen. Dein Nachfolger war ein Oberkellner. Hatte dich öfter bedient. Auch wenn du nicht da warst. Susanne arbeitet dort. Perfekt zwei Fremdsprachen. Mutter bezahlte deine Schulden. Vater nicht. Er hielt was auf Distanz.

Der letzte Widerstand und ab in die Klinik. Bald wieder 'raus und wieder das erste Glas. Mutter half dir immer. Sie mußte helfen. Sie konnte nicht anders. Die Menschen hast du gehaßt. Allgemein gehaßt. Sie lachten, du lachtest und trankst dich wieder ein. Das Unglück. Sie ist ein Unglück, die Klinik. Delirium. Schneeweißmanufaktur — peng — und dann dein überhöhtes Selbstwertgefühl.

. . . Die Wolken ziehen ab. Das war kein Regen. Das waren nur Tropfen. Tropfen-Suff. So weit bin ich noch nicht. Mein Nacken schmerzt. Nein, so weit bringe ich es nicht — bis zur Endstation.

Die Lücke zwischen den Bäumen neben der Kapelle sieht aus wie eine grüne, schartige Säge. Bleib, wo du bist, Sonne, hier reißt es dich auf.

Sie fällt bald auf die goldene Kugel, die auf der Kuppel des Turmes schwimmt. Heute haben die Wolken Hörner. Ein Horn müßte die Kugel aufspießen und zu mir tragen. Die Kugel erinnert mich an ein Dragee. Das Dragee beruhigt und zwingt die Arme in Pfötchenhaltung. Wenn meine Freunde, die kleinen und die großen Flaschen, leer sind, werden sie mit Dragees und Tabletten gefüllt. Dann hüpfen sie wie Hasen aus der Zeit hinaus. Nur die Flasche Rüdiger bleibt leer, weil er ein trockener Mann ist. Rüdiger, ich beneide dich. Der Rüdiger, Peter, hat sich letzte Woche mit Norbert gestritten. Ich erzähle dir das. So ist es ja zwischen uns abgemacht. Ich stelle nur meine Flaschen-Gruppe um. Rüdiger ist die Hauptperson. Ihn stelle ich in die Mitte und den Norbert daneben. Wodka und Kräuterlikör, ein seltsames Duett. Der Streit, Peter, war nicht das wichtigste am Abend. Es geschah etwas, das vielleicht viel wichtiger war, nur, ich kann es nicht begreifen. Rüdiger sprach darüber, wie er nüchtern geworden ist, vor Jahren schon, doch richtig begreife ich seine Begründungen nicht. Nur, es lohnt sich wahrscheinlich, sie zu kapieren. Wie Rüdiger, so möchte ich schon sein. Ich würde es ihm nie sagen, Peter. Aber dir kann ich es erzählen.

Die Frau Kern begrüßte uns gesondert, den Brenner-Norbert und mich, aber ohne Ironie. Uns sah man den Suff wohl ein wenig an. Sie sagte, daß sie sich besonders darüber freue, daß die Herren Haber und Naumann auch mal wieder gekommen seien. Ich nickte gewollt feierlich, um das klägliche Zittern meines Nackens zu verbergen. Brenner-Norbert schnipste verächtlich mit der Zigarette zum Gebäck hin. Der Doktor saß im Sessel, ein wenig abseits. Der Schatten seines Kopfes warf das längliche Profil eines schnappenden Fisches an die Wand, sobald er sprach. Wie immer verkündete er, was er bisher nie eingehalten hatte, er würde nur zuhören, damit wir uns ungezwungener über unser Alkoholproblem unterhalten könnten.

Wir waren ein Dutzend Männer. Ausgerechnet neben mir saß Dieter. Genau während dieser Tage hatte er sich klinikreif gepillt, doch über Dieter haben wir nicht gesprochen. Wir waren sehr schweigsam. Niemand wollte den Anfang machen. Reden wir über mich, sagte Rüdiger und hob dabei die Fingerspitzen. Dann zeigte er auf mich. Ich weiß nicht, ob er es bewußt getan hat, doch den ganzen Abend blickte er mich immer wieder an.

Der Rüdiger, ihm habe ich genau zugehört. Er hatte mich schon länger mißtrauisch gemacht durch seine Art, und dann kam es auch: Er sei seit 27 Monaten trocken. Wie bedeutungsvoll das klang. Insgesamt sei er viermal in der Nervenklinik gewesen und danach nie länger als einen Monat nüchtern geblieben. So war es mit ihm. Er sei so weit unten gewesen, daß er nicht mehr hätte tiefer fallen können — vielleicht noch in den Tod. Seine Frau und sein Sohn, die hätten ihn herausgeholt aus dem nassen Elend. Immer wieder das erste Glas, fast hätte es ihn umgebracht. Jetzt sei er geistig nüchtern und wieder verheiratet, mit seiner ersten Frau — das zweite Mal.

So machte Rüdiger freiwillig den Einstieg ins Gruppengespräch. Seine Worte nahmen mich sehr mit, darum verschloß ich mich. Ich glaube nicht daran. 27 Monate nüchtern, das kann nicht wahr sein. Brenner-Norbert sagte mir, daß es stimmt, obwohl er Rüdiger nicht leiden kann. — 27 Monate!

Es wurde eine muntere Runde. Norbert stippte mit der Zigarette nach Rüdiger und legte los: Wo wäre Rüdiger unten gewesen — wo? Er selbst, Norbert Haber, sei dreimal im Knast gewesen und wegen Suff . . . zigmal in der Rettungsstelle gelandet. Was er alles durchgemacht habe, kein zweiter Mensch würde das aushalten.

Da steht er nun vor mir, klein, verloren und bunt, der Norbert. Das Wodkafläschchen — weißes Etikett mit blauem Schriftzug. Ob ich es austrinke? Nein, ich halte mich an Doktor Eiskorn.

Norbert, was er doch für einen Theaterdonner abziehen konnte. Ich kann mich weder für Norbert noch für Rüdiger entscheiden. Ich will wissen, ob ich mit weniger Alkohol auch auskommen kann, doch diese Frage habe ich noch nie zu stellen gewagt.

Frau Kern meinte dann, daß Herr Best eine Kritik erhalten habe, und sie würde es sich wünschen, daß er nun auf Herrn Habers Worte eingehe.

Rüdiger lächelte und sagte wohl, daß der Norbert Haber sehr überheblich auf ihn wirke. Der wolle sich doch nur interessant machen, und deshalb verdränge er sein wirkliches Problem, suchtkrank zu sein. Das klang hart, Peter.

So ein Spinner, rief Norbert und blickte in die Runde, doch Rüdiger ließ sich nicht unterbrechen.

Norbert habe seinen tiefsten Punkt noch nicht erreicht. Er würde wohl weitertrinken müssen, denn das Trinken sei auch eine

Frage des Gewissens. Am besten wäre doch, er würde mal erzählen, wie es ihm ergangen sei:

Er habe eine Wohnung unter dem Dach eines Altbaues gehabt.

Wie er zum Aufhören gekommen wäre, fragte ich.

Ja, genau das wolle er erzählen. Er könne sich sogar ans Datum erinnern — es sei der 8. März gewesen, da erwachte er wieder einmal nachmittags in seiner Bude. Er habe einen Tag vorher sein Scheidungsurteil erhalten und bis in die Nacht hinein gesoffen. Wie üblich käme dann am nächsten Tage oder noch mitten in der Nacht das gefürchtete Abklappern. Dem wollte er zuvorkommen, und er suchte in seiner Dachkammer nach Trinkbarem. Von Minute zu Minute deutlicher sah er die Kronverschlüsse, die breitgequetschten Zigarettenkippen und die drei, vier Quadratmeter vollgestellt mit leeren Flaschen.

In einem Pappbecher habe er die Neigen gesammelt, sich besser gefühlt und wollte gehen, doch der Wohnungsschlüssel war verschwunden. Er versuchte die Tür einzutreten, doch er schaffte es nicht. Peter, es muß der nackte Wahnsinn gewesen sein. Zuletzt suchte er den Schlüssel im Siphon des Klobeckens.

Ständig sah Rüdiger mich an, als er das erzählte. Mann, war mir unwohl. Ich zuckte zusammen, als Norbert dazwischen brüllte: Hättest du mich geholt, die Tür hätt' ich eingetreten! Rüdiger blieb ruhig. Er sagte, daß er jetzt mit Reden dran wäre, und Norbert solle gefälligst seine Klappe halten.

Bevor er aufs Dach gestiegen sei, habe er eine Flasche Rasierwasser ausgesoffen. Das Feuer aus der Flasche hätte ihn aufs Dach getrieben. Seine Hände hätten geblutet, als er die Luke abhob, sagte er. Er wäre zwischen Antennen, Kabeln und Essenköpfen umhergewankt, und einen Abstieg hätte er nicht finden können. Später habe er sich hingelegt, sagte er, um die Leute auf der Straße zu beobachten.

Ringsum flackerte blaues Licht, und er habe gedacht, nun würde er unter dem kalten Himmel auf nassen Pappdächern umkommen. Stunden hätte es gedauert. Stück für Stück wäre er gestorben. Den Bauch habe er sich blutig gekratzt, weil eine riesige Ameisenkolonne über ihn gekrochen wäre. Er hätte die kleinen

Viecher alle zerdrückt, immer wieder aufs neue zerdrückt. Gequetscht und geschmiert hätte er, bis zwischen Hemd und Haut alles blutig war. Nach zehntausend Ameisen wäre er erschöpft und ausgebrannt gewesen. Er habe sich dann nicht mehr gewehrt und die flinken Viecher kommen lassen. Es kribbelte und krabbelte über die Augen, über die Beine, über den Bauch.

Seine Ängste möchte ich nicht ausgestanden haben, Peter. Jedenfalls kam er auf Matratzen wieder zu sich. Sein älterer Sohn habe neben ihm gesessen und ihn mit einer Decke eingewickelt wie ein Kind. Er habe alles mit sich geschehen lassen. Es wäre vier Uhr morgens gewesen. Seine Frau habe den Ofen geheizt. Für ihn! Als es wärmer in der Dachkammer wurde, habe er den ersten klaren Gedanken fassen können: Er leide an einer Krankheit, die unbedingt tödlich ausgehen würde, unternehme er nichts dagegen. Übrigens, seit der Nacht sprächen seine Frau und er vernünftig über seine Krankheit. Den Krisenschlaf habe er auch in der Dachkammer durchgestanden, doch danach wurde alles anders. Er, Rüdiger Best, sei seitdem nicht mehr der Mensch, der sich selbst belüge. Peter, zwischen uns Männern blieb etwas in der Luft. Eine Ehrlichkeit, die mich würgte und mir fast den Atem nahm. Die Runde schwieg so lange, bis Norbert sagte, alles sei nur rührseliger Blödsinn. Der Papa würde mit dem Saufen aufhören, und das nur, weil da irgendwelche Ameisen kämen und der Sohn den Vater mit einer Decke eingewickelt habe.

Norbert grinste dazu schwach. Er und Rüdiger, sie konnten sich an diesem Abend nicht über den tiefsten Punkt einigen. Doktor Freiberg schlichtete, sagte aber, das mit Herrn Best ginge auch über seine Kompetenz. Allerdings sollte die Gruppe jede Erfahrung ernst nehmen. Er müsse hinzufügen, daß es auch das Ende hätte bedeuten können. So hart müsse er es sagen, denn ein Delir, die Kälte dazu, das könne, normal gesehen, kein Mensch durchstehen.

Es hätte mein Ende sein können, erwiderte Rüdiger, das sei richtig, aber was auch sonst noch gekommen wäre, nichts ließe sich rückgängig machen, und insgesamt gesehen, dieser und kein anderer wäre sein vorgezeichneter Weg – davon würde er sich nicht abbringen lassen. Er wäre nicht beizeiten einsichtig gewesen, und da müßte nun mal das Leid so stark sein und in den Entzug hineinbrechen, sonst wäre er nie vom Suff weggekommen. Sicher, es gäbe viele Wege, die zum Leben führten, und im Krankenbett hätte so einer wie er auch mehr Chancen gehabt, vorausgesetzt, er würde es gerade dort begreifen, und dem Norbert wolle er mal sagen, mit Blümchen in der Hand gehe niemand durchs Delir, auch ein Norbert Haber nicht. Er hoffe für ihn, daß es soweit nicht kommen müsse, doch solange er weitersaufe und nicht bereit sei, der Flasche zu widerstehen, könne er krepieren.

Frau Kern vermittelte: Vielleicht gäbe es einige unter uns, die sich für Herrn Bests Nüchternheit interessieren würden? Alle würden daraus lernen, nähmen wir Doktor Freibergs Ratschläge ernst. Alkoholismus kann tödlich enden, und das Risiko des Aufhörens sei ohne ärztliche Versorgung sehr groß. Schon deshalb rate sie, auf medizinischen Beistand nicht zu verzichten. Ihre Feststellung unterstrich sie mit der Frage an Norbert Haber: Wie er sonst das Beispiel Rüdigers verstanden hätte?

Norbert war hilflos. Er ruderte und fuchtelte mit den langen Armen in der Luft. Er brauchte Zeit, um Worte zu finden. Was dann kam, Peter, klang ziemlich überheblich.

Eingenommen wäre Rüdiger von sich. Er sei ja trocken, kaum zu glauben, und das Eheglück hätte er wahrscheinlich auch wieder in der Tasche. So ein glücklicher Mann, der Rüdiger. Warum der überhaupt zur Flasche gegriffen hätte? Einmal auf dem Dach gefroren, und dann aufgehört. Wenn es so einfach wäre, würde es sich gar nicht lohnen zu beginnen. Warum da der Verlust der Frau, des Arbeitsplatzes und sich in Klinikbetten suhlen? Was solle er damit beginnen? Er, fünfeinhalb Jahre Knast habe er abgerissen. Es wären nur Kleinigkeiten gewesen. Zugegeben, der Schnaps habe auch eine Rolle gespielt, so meinte eine Richterin, doch nach Rüdigers Worten wäre der Alkohol der Staatsanwalt selbst gewesen, der ihn in diese Lage gebracht und verknackt hätte. Knast wäre an sich nicht schlimm, aber Typen liefen dort herum, nee, die würden jeden kaputtmachen.

Norbert ging dann hinaus. Später sagte er mir, er wäre auf dem

Klo gewesen. Ich nehme an, er hat dort eine Flasche niedergemacht und wollte es nur nicht zugeben. Als er wiederkam, riß er sofort das Gespräch an sich. Wütend war er auch.

Ihn würde alles krank machen, nur nicht der Schnaps. Der Staat mit seinen Institutionen würde ihn kränken, die Weiber mit ihren dicken, selbstzufriedenen Ärschen würden ihn verachten, und dazu die Verlogenheit der satten Massen, na die erst einmal. Nur deshalb besaufe er sich. Er könne dies alles nicht ertragen. Wenn er die Welt nüchtern sehe, müsse er kotzen.

Noch jetzt sehe ich Rüdigers Blick, wie dieser ernst und anteilnehmend über unsere Gesichter wanderte. Der stille Dieter neben mir wurde noch stiller und schien in sich zu kriechen. Ich fühlte mich miserabel.

Doktor Freiberg hielt zum Schluß sein akademisches Kurzreferat über Alkoholismus. Wir sollten unsere Krankheit kennenlernen. Das sagt auch Frau Kern jedesmal. So ein Schwachsinn, wer richtet sich schon danach? Ob Grippe oder Krebs, was hilft das überhaupt, das Kennenlernen der Krankheit?

Verzeihung, Herr Doktor Freiberg, oberhalb ihres schlanken Halses, diese güldene Kappe, das ist nicht ihr Hut, Herr Doktor. Pssst! – mein Herr, eine Sekunde werden Sie noch schweigen müssen. Verstehen Sie bitte – Prost!

Ich biege den Schraubverschluß ein wenig zusammen. Freiberg näselt das A, wenn er gelehrt spricht. Niemand ist vollkommen.

»Meine Dämen in Weiß, meine Herren in Schwärz! Vielleicht einige Worte zu den medizinischen Äspekten der komplizierten Erkrankung Älkoholismus – äch. Erst trinkt sich der Patient in die prodromale Phäse ein, bis bestimmte Enzyme des Stoffwechsels – äch, besonders in der Leber und so, keinen Widerstand mehr leisten können. Weiter – bittäh. Älkoholismus ist keine Charakterschwäche, kein fehlender Wille, meine Dämen und Herren. Ja – äch!«

Und die Welt, die Welt, die liebt mich wieder, sobald ich das begriffen habe. Sie klopfen mir auf die Schulter, die lieben Kollegen. Der Polizist und der Bürgermeister und alle, alle sagen: Du bist ein feiner Kerl, Michael Naumann!

Peter, ich kann nicht mehr, ich will diesen Quatsch nicht mehr. Ich nehme einen Hieb aus der Flasche. In Doktor Freibergs Flaschenbauch gluckert es. Ich leere ihn — er fließt in mich.

Das schöne Grün auf dem Friedhof ist erträglicher als die Menschen — die Toten auch. Freiberg hielt den Vortrag und hätte mich beinahe rausgeworfen. Er rauchte und sprach vom Saugreflex und der Wärme der Mutterbrust. Eine blöde Bemerkung aufs Nuckeln konnte ich mir nicht verkneifen. Nach dem Kurzreferat führte Brenner-Norbert wieder das große Wort. Seinen Suff maskierte er mit Polit- und Weltekeleien. Bis heute ist es mir ganz und gar unwahrscheinlich, daß ihm der Schnaps je etwas anhaben könnte. Nein, Norbert Haber nicht. Er sollte nur nicht soviel streiten. Dadurch macht er sich noch zu Doktor Freibergs Spitzen-Alkoholiker. Daß Norbert zuviel säuft, das wissen wir alle, und er auch. Nein, so ein schlechter Kerl ist Norbert nicht.

Keiner würde mich verstehen — ohne einen guten Schluck in der Kneipe. Ach, ich brauche keine Ausreden, ich habe genügend echte Gründe. Nur den Knast kenne ich nicht. Dort will ich auch nicht hin.

So endete der letzte Gruppenabend, Peter. Ich fühlte mich nicht angenommen, saß ziemlich unnütz im Sessel und sah Rüdiger auf mich zukommen. Nun gehe schon und hole deine Ruhigmacher ab, umso schneller wirst du eines Tages nüchtern werden, falls du noch erwachen solltest, sagte er zu mir. Das klang hundsgemein. Ich ging. Doktor Freiberg saß wie immer groß und schmal hinter seinem Schreibtisch und riß Zettel um Zettel vom Rezeptblock ab. Meine Medikamente habe ich fast alle noch, doch versöhnend bestand ich auf Frenolon, um Freiberg ein Lächeln abzugewinnen. Er blieb ernst, als erledige er eine schwere Arbeit. Das Sprechzimmer des Alkoholdoktors Freiberg, die weiße Welt des Wohlbefindens. Ich kenne mich sehr gut aus. Bisher spielte jeder Arzt zufrieden mit. Ja, Peter, die hohe Schule der künstlichen Glücksherstellung, und ich war immer einer der ersten in der langen Reihe. Ein schöner, bunter Regen aus Vitaminen und Tagestransquillizern ergoß sich über alle. Rot, grün, violett und weiß. Immer wieder weiß hagelte es auf uns herab. Zweimal donnerte es: Haloperidol! Zuletzt blitzte es grell: Distraneurin? Ich ging aus dem Sprechzimmer.

Dieter stand vor dem Arzt, und der Arzt fragte: Distras, müsse das sein? Dieter nickte stumm. Gut, er würde die gelben Kapseln ambulant bekommen, nur, dafür müsse er jeden Tag in die Klinik gehen und sie persönlich abholen.

Das war die Ouvertüre vor Dieters Untergang. So einer läßt sich doch nicht mehr kontrollieren, und wenn er sich dreimal danach anstellt.

Norbert kappte eine kleine Wodkaflasche. Er bot mir einen Schluck an. Ich lehnte ab und zeigte zum Sprechzimmer. Norbert grinste, doch als Rüdiger kam, steckte er die Flasche weg.

Unten, auf dem Ranneckplatz, verabschiedeten wir uns flüchtig voneinander. Es sah so aus, als eile jeder auf umständlichem oder direktem Wege zur Flasche. Gern wäre ich zu dir gegangen, Peter, brachte es aber nicht fertig. Du hattest zuwenig Zeit, und ich hatte zuviel Bier in mir. Auf dem Kohlenhof, so dachte ich, würden wir die Zeit finden, um über alles zu reden. Einseitig ist es zwischen uns geworden, Peter, weil du dich davongemacht hast. Was gab es denn für Gründe? Herrgott – alles lief so gut, und jetzt liegst du hier. Hier, vor mir! Wir waren gut aufeinander eingespielt. Manchmal hast du mich morgens abgeholt, und wir sind gemeinsam zur Arbeit gefahren. Mittwoch früh, das hat Spaß gemacht. Jeden zweiten Mittwoch, immer nach den Gruppenabenden. Ich hätte gern gewußt, wo du dich herumgetrieben hast. Ob das dein Unglück war?

Die Stadt hat sich unter der Sonne gedreht. Mein Schatten ist fast um mich gewandert und mit den herabhängenden Zweigen der Birke verwachsen. Ich habe meinen Schnapsspiegel hochgetankt und halte Maß. Noch ein knappes Drittel faßt die Flasche. Sie glitzert im Sonnenschein. Ein amputierter Regenbogen im Glas.

Es ist niemand zu sehen. Das ist die Gelegenheit. Die hellblaue Wassertonne. Erheiternd, wie ich mit meinem Strahl den flinken Wasserläufer scheuche. Ich laß ihn leben. Wie gewandt und ruhig ich bin, halte ich einen ausgewogenen Spiegel in mir.

So ein Friedhof hat vieles für sich. Er hat ausgesprochen ruhige Plätze zu bieten und schützt vor aufdringlichen Blicken. Um meine Wangen fächelt ein milder, warmer Windhauch. Wie angenehm. Ich setze mich und zünde mir eine Zigarette an.

Den Mantel kann ich öffnen. Ich muß meine Brust massieren. Dumpf, aber friedlich rumort der Schnaps. In mir ist es nicht so still wie in dir, Peter. Unvorstellbar, ein langer, schöner Mann liegt wie ein Baumstamm in der Erde, und in ihm ist es total still!

Wie meine Gedanken schwimmen. Eine endlose Welle aus Eiskorn. Dünung im Gehirn. Ich trinke einen harmlos kleinen Schluck, damit die Welle rauscht. Es hat für mich keinen Sinn, im Alkoholozean den Tropfen klaren Wassers zu suchen, der mein Wille ist. Ich bin müde. Wie angenehm.

Als ich herkam, ging es mir schlecht, Peter. Ich stolperte an Tausenden von Grabsteinen vorbei, um dich zu finden. Jetzt muß ich mich belohnen, denn ich bin durch die Trockenheit zu dir gekommen. Der trockene, der nasse und der normale Verstand, jeder ist eben ein anderer Verstand. Wer soll das verstehen?

Drüben findet ein Begräbnis statt. Hoffentlich das letzte heute. Hier ging es den ganzen Tag rund. Der Herr in der Tracht, begleitet von zwei Ministranten, schwenkt ein Töpfchen hin und her und her und hin. Er sollte es mal herumwirbeln! Den Mund bewegt er. Ich bin sehr sehscharf, habe ich genügend intus. Nur in meinen Ohren knackt und reißt es. Das wird der Splitt gewesen sein. Meine Trommelfelle sind betäubt.

Hinter dem Würdigen schreiten junge Weiber. Eine große Schar, wahrscheinlich Studentinnen — mein Gott, wer hat die denn verlassen? Sie üben wohl feierliches Beerdigen. Eine alte Dame stützen sie — wie die in der Mitte auf Krücken schwebend mit der Schar mitgleitet. Nein, einfach zuviel Helfer für eine Hilfsbedürftige, das sieht wie ein Überfall aus. Die Alte kommt auf ihren Krücken besser voran als ich ohne, aber ich werde niemanden brauchen.

Wenn ich mir das so vorstelle: Auf Flaschenkrücken gestützt schwebe ich durch die Stadt. Rings um mich Bäume, die dicken, grünen Flaschen ähneln. Die Türme der Stadt — schlanke Weingläser. Die neuen Hoch-hoch-Häuser — umgestülpte Sektkelche. Überall Antennen aus Glas. Ich sitze unter einer glitzernden Antenne und gehe auf Empfang. Mein Programm wäre: Nieder mit dem Alkohol! Nieder mit jeder Flasche im Land! Sollen sich die Häuser und Türme biegen!

Das einzige, was ich selber täte, wäre, über die Straße in die Kaufhalle gehen. Eine klirrende Welt ist das, ich brauche nur mich zu nehmen.

Zum Wohl, meine jungen Damen, ich grüße Sie!

Ich, ein Nichts! Meine Damen, sollten Sie heute zu später Stunde . . . den Popo Ihres Geliebten oder den schmalen eines Ministranten umklammern, dann denken Sie bitte daran, auch er wird eines Tages zu Staub und Asche werden. Drücken Sie nur fest zu, meine Damen, denn vergänglich ist das große Glück. Irgendwann wippt der schönste Arsch nicht mehr! — er entschwindet als Gott.

Eine schaut zu mir. Hoffentlich will die mir nicht helfen. Ich muß mich zusammennehmen, sonst jagen die mich mit guten Worten fort. Mein Abgang wird eine Blamage. In der Verwaltung werden sie mir ein Friedhofsverbot aussprechen — auf Lebenszeit.

Was für Verbote es gibt! Ich bin kaum eine Woche auf Fuseltrip, da haben sie mir tatsächlich in zwei Kneipen ›Gaststättenverbot‹ ausgesprochen. Für die Straßenbahnlinie 6 wurde mir ein ›Mitfahrverbot‹ ausgesprochen. Zwei Straßenbahnfahrer bezeichneten es so an der Endschleife. Ich bin doch nur einen Abend im Kreis gefahren. Die Bahn hatte mich fast nüchtern geschaukelt. Träger eines ›Bergzooverbotes‹ bin ich seit einer Woche. Da staunst du, he, Peter? Vorige Woche, als meine Trinkerei begann — meine Periode, würde der Doktor sagen —, bin ich mit Brenner-Norbert losgezogen. Ich dachte, daß es dir gut geht, Peter. Du hattest immer so wenig Zeit. Mit Bier stieg ich ein. Einen Tag später bin ich mit Norbert im Zoo gewesen. Letzten Sonnabend war es, glaube ich. Ein Herrenspaziergang. Wir blieben vor dem Eisbärenzwinger stehen. Ich hatte das Bedürfnis, eine Wette abzuschließen. Kaum hatte Norbert eingeschlagen, da sprang er über die Absperrungen, brüllte furchtbar laut, balancierte neben dem ausbetonierten Wassergraben entlang und schlug einem Eisbären, der sich aufrichten wollte, eins mit der bloßen Faust gegen die Brust. Es puffte dumpf, der Eisbär brüllte: Maaah – und setzte sich auf seinen Stummelschwanz. Der war fertig vor Schreck und ich natürlich auch. Ich hatte zehn Mark verloren. Als Norbert wieder bei mir war und ich ihm die zehn Mark gab, da stürzte die Garde des Zoodirektors heran. Ich spüre noch heute den Schmerz am Hinterkopf.

Der Beerdigungstrupp bleibt inmitten eines granitenen Waldes stehen. Grotesk, wie eine Puppenfamilie.

Es kann doch nicht wahr sein, daß du nicht mehr lebst, nein! Peter! Peter komm, wir spinnen uns ein Märchen aus. Ich bin der dicke, gemütliche Koch, der mit einer supergroßen Kelle lebenslang Rotweinsoße abschmecken muß. Du bist das Dornprinzchen, das jahraus – jahrein im Turme schlummert. Du hattest zuviel Rasierwasser oder Parfüm getrunken. Strafe muß sein. Eine fette Fee will uns erlösen. Sie wird von Stachelhecken aufgehalten, und sie kommt und kommt nicht durch, denn ach, diese Hecken sind moralisch. Die Fee hält ein Schraubglas in der feinen, fleischigen Hand. Es ist gefüllt mit gelben Kapseln. Jawoll, Peter, damit kann sie dich erwecken.

Was sind die Stacheln doch spitz und boshaft. Sie wachsen so schnell nach wie Vorurteile. Sie schafft es nicht, die gute, fette Fee, und ich kann meine Suppenkelle nicht aus der Hand legen, um euch zu helfen. Mich hat der Teufel zum Verkosten verurteilt, der Idiot.

Nein, es ist keine Kelle, es ist eine durchsichtige Flasche – keulenförmig, blau etikettiert und mit ein wenig Eiskorn gefüllt. Peter, wir geben es auf, es wird nichts mit dem Märchen. Ich kann dich nicht zurückholen, lieber Freund. Zum Trost nehme ich einen Hieb aus der Flasche. Ich habe Vorrat hier – und zu Hause die ovalen, gelben Kapseln. Jetzt eine Zigarette und dann ein Stündchen schlafen. Darf man auf einem Friedhof ruhen?

Ich müßte essen, sonst reißt mich der Schnaps um. Ja, ich gehe in eine Kneipe und werde was Vernünftiges essen. Dann stelle ich mich aufs Essen um und höre mit dem Trinken auf. Dafür brauche ich Zeit. Über Doktor Freibergs Hemmschwelle bin ich längst hinweg. Essen, um nüchtern zu werden? Zurück führt nur noch der Weg über ein immer langsameres Trinken. Hemmschwelle, Kontrollverlust, nein, nein, der Filmriß ist nicht gemeint, meine Herren, würde Frau Kern sagen. Der Kontrollverlust — Ihr Feind — ist das nicht mehr steuerbare Verlangen nach Alkohol. Ja, ja, Frau Kern, ich weiß es. Dieses Nicht-mehr-hören-Können auf die innere Stimme, die ›genug‹ sagt. Ich kenne diese Stimme genau. Ich will sie hören, damit sie meinen Willen beeinflußt. Es ist zwecklos. ›Ruhe sanft‹ steht dort geschrieben. Sanft mit einer Tonne Erde auf dem Bauch. Zu leben wird besser sein, als sanft ruhen . . .

. . . Ich bin abgerutscht. Mein Kopf dröhnt. Ich muß geschlafen haben. Unwirklich, die bizarren Schatten, die über mir tanzen. Regentropfen fallen von den Birkenblättern herab mir in den Mund. Sie schmecken nicht. Regentropfen schmecken scheußlich.

Ich muß meinen Kopf vorsichtig anheben. Als ob ein Knüppel im Genick steckt und es versteift. Knorrige Stämme, Gebüsch und schemenhafte Steine schweben zwischen gleißenden Lichtpunkten vor mir.

Der Friedhof ist so leer, die Gräber sind so kalt. Sie atmen Eis aus. Abendnebel steigt hoch. Er schleicht auf mich zu. Warum sitze ich hier?

Gierige Finger greifen nach meinem Hals. Lachhaft. Ein feuchter Schleier schwebt über den Edeltannen. Ich schwanke einen Moment. Eine graugelbe Säule. Die Flasche brauche ich nicht mehr. Sie ist doch leer. Warum halte ich sie in der Hand? Ich kann sie fallen lassen. Anderthalb Flaschen — leer.

Wo ist die Gruppe hin? In meinem Kopf nebelt es. Sehr zähe, meine Gedanken. Ein Labyrinth im Kopf. Wo sind die Menschen, die Straßen, — wo ist mein Bett?

Die Erinnerungen, Peter, das ist die eine Sache. Die andere ist, die Flaschen muß ich nun selber aufheben. So, an der Bank halte ich mich fest. Bänke sind vielseitig. Ich muß gehen. Den Weg finde ich. Mein Körper muß nur funktionieren, dann wird alles weitere unproblematisch sein.

Ich möchte nur wissen, warum die Leute vor einem dunklen

Friedhof irrsinnige Angst haben? Ich bin da ein anderer Kerl. Angst habe ich nicht. Ich bin eher vorsichtig. Bestimmt gibt es kaum einen Ort auf dieser Welt, der sicherer ist.

Leute, die nicht trinken — es soll sie geben —, denken immer, daß unsereiner blöd ist und nichts mehr wahrnimmt. Wie sie irren, was, Peter? Ich trinke mich sogar nüchtern, sollte es darauf ankommen. Wir, Peter, würden sogar unseren Tod überleben, hinge nicht der dämliche Körper dran. Dein Körper hat dich ins Grab gezogen, mein Freund. Wieso?, frage ich dich. Ich muß mich von dir verabschieden. Meine Arme breite ich aus, bin ein Kreuz unter Kreuzen: Guten Abend.

Die langen Reihen der Gräber verdoppeln sich und wachsen ins ferne Laternenlicht. Mit zugekniffenem Auge wachse ich mit auf dieser Straße aus Licht.

Peter, ich kann es nicht glauben, daß du tot sein sollst. Ich komme wieder. Ich liebe dich, Peter. Mach's gut. Mach's gut.

Ja, ich schleppe mich dem Ausgang zu. Geht es mir gut? Mir geht es gut! Ich habe nur zuviel Gewicht. Die grünschwarze Wand vor mir weicht zurück. Der Splitt unter meinen Sohlen ist kaum zu hören. Seltsam. Dort ist das Tor. Heute früh war es höher. Ich falle — fett bin ich, schwer bin ich. Gehe hin — gehe her, ich. Kreuz und quer — die Straße lang. In meinem Mantelll!

Ich gehe die Richtung, die mein schwabbelnder Bauch mir zuweist. Nicht der Nase nach, dem Bauch nach mußt du gehen. Ich höre meine Stimme. Die Flaschen klirren in der Tasche.

»Ein einsamer Sänger bin ich — ein Pianist — ihr Leute!«

Die Gruppe und die Frau Kern habe ich weggesteckt. Ha — der Doktor liegt weiß und leer auf dem Friedhof, und Peter Brauer ist in der Wassertonne ersoffen.

Es ist schön, ein einsamer Mensch zu sein. Einsamkeit ist nicht peinlich. Ich bin niemandem Rechenschaft schuldig.

»Niemandem!«

Vor mir biegt sich die Straße. Ich trete sie. Sie windet sich.

»Schlange du!«

Eine fremde Stimme. Sie klingt kalt. Was wird gesagt?

»So ein besoffenes Schwein.«

Das war nicht an mich adressiert, sollte es aber doch so sein, dann geht diese Person sehr fahrlässig mit sich um. Muß sie mir vor die Beine laufen? Sie geht schneller, diese Person. Ich gehe ihr nach. Soll warten, ich hab' mit ihr zu reden.

Wo bin ich jetzt? Der Johannplatz könnte es sein. Meine Stirnhöhle schmerzt – oder sind es die Augen? Diese Person, das Singen oder das Denken ist schuld daran. Bald bin ich zu Hause. Ein Strahlenkranz, die Straßen. Sie beben unter meinen Schritten. Ist das eine stumpfsinnige Stadt. Kein Leben hier. Die Straße ist gewellt. Es ist nicht mehr weit. Ich muß schlucken. Tak-tak-tak, meine Schritte. Das Wasser im Mund, wo kommt das Wasser her? Der Schlucken hüpft in meiner Kehle auf und ab. Dort die Wand – dagegen lehne ich mich. Sie wird schon nicht umfallen, die Wand. Eine Wand aus Glas, also eine Fensterscheibe. Erst die Stirn kühlen, dann wird mir besser.

Unten drückt es. Alles fließt – hat auch ein Philosoph gesagt. Es fließt mäßig und unphilosophisch. Weiter mit dir, Naumann, bald bist du zu Hause. Wo stecken meine Zigaretten? Die Streichholzflamme blendet. Das Schaufenster eines Bäckerladens.

Nächste Querstraße um die Ecke herum, dann habe ich es geschafft. Wohltuend die Luft. Der Regen kam gerade richtig. Die rechte Zeit für frische Luft. Luft für mich, damit ich klarer sehe und denke. Es geht abwärts, um den Konsumladen herum. Meine Straße, mein Haus, ich habe es geschafft. Wie spät wird es sein? Nachts auf der Straße und der Krankenschein, wenn das jemandem nicht paßt, irgendeinem, der meinen Betrieb kennt ... Was nicht zu sein braucht, soll nicht werden.

Immer die Tasterei nach dem Lichtknopf, und das nur, weil ich im Hinterhaus wohne. So, schön vorsichtig, es geht um meinen Krankenschein. Der Schein ist nicht nur ein Wechsel auf Gutgläubigkeit, er ist mein Brot. Im Hausflur ist es dunkel wie im Loch der Löcher.

Wo ist der Lichtschalter?

Sollten sie mir wieder das Krankengeld sperren, dann komme ich nicht mehr zurecht. Vor drei Monaten war nur ein Drittel in der Lohntüte. Brauer schleppte mich zum Arzt.

Das finanzielle Loch, es ist das schwärzeste aller Löcher. Paarmal habe ich es mit Schrott gestopft. Schrott ist wertvoll. Ich bin Schrott, nein, ich bin Buntmetall.

Verflucht, hier steht was! Es ist der Kinderwagen von Buschendorfs. Der steht immer hier. Wenn der hier steht, dann ist der Lichtschalter dort drüben.

Der hat hier nichts zu suchen, der braucht hier nicht zu stehen, den zerquetsche ich, den Kinderwagen. Jetzt rollt er weg. Meine Knie — hier ist der Lichtschalter. Nanu, jemand hat schon?

»Muß das sein, Herr Naumann?«

»Frau Buschendorf, der steht im Wege!«

»Ich glaube, Sie sind sich eher selbst im Wege.«

Was die sich einbildet, die Buschendorf. Den Wagen rollt sie wieder in die gleiche Ecke.

»Was soll denn das? Der kann woanders stehen!«

»Unser Kinderwagen stand noch nie woanders. Guten Abend!«

So eine Frechheit.

»Na hören Sie mal, ich will hier durch, den Schalter finde ich nicht, und ich stoße dagegen. Schieben Sie Ihren Scheißwagen in den Keller oder in Ihre Wohnung. Man stößt sich ja die Knochen dran kaputt!«

Das hat gewirkt. Jetzt bleibt die Buschendorf auf der Treppe stehen. Mit der — sie verschränkt die Arme unter ihren kleinen Brüsten. Aha, ihr Alter. Wie er sich lauernd hinter seine Frau stellt. Sein Turnhemd ist zu kurz, und prallt sitzt die Badehose.

»Es wäre besser, Herr Naumann, Sie verschwinden, und lassen Sie unseren Kinderwagen in Ruhe!«

»Ist ja schon gut, Herr Buschendorf, schon gut. Entschuldigung, ja.«

Sie gehen die Treppe hoch. Vor ihrer Wohnung, auf dem Podest, dort werden sie stehen und warten, bis ich über den Hof bin. Das Licht ist ausgegangen.

Wäre Norbert Haber hier, der würde es ihnen zeigen. Meine Knie zittern. Der Stoß vorhin, der war nicht schlecht. Das war kein Kinderwagen, das ist ein Panzer. Ich muß nur noch über den Hof, dann habe ich es endlich geschafft. Licht blitzt auf. Es wird hell.

Blaue Flämmchen tanzen um mich herum. Ich greife nach einem blauen Flämmchen, doch es weicht zurück. Hier wohne ich, über der Werkstatt. Ein Glück, daß die PGH nicht in drei Schichten Schuhsohlen schneidet.

Das blaue Flackern zeigt mir den Weg. Im gleichen Rhythmus, wie ich gehe. Die Flämmchen sind nur dort, wo ich hinschaue, und sie schwanken mit mir mit. Der Lichtschacht strahlt mich an. Mein Treppenhaus. Gottchen, ich bin gleich zu Hause. Den Schlüssel müßte ich mal nachfeilen. Hoppla, zu die Bude. Ihr könnt mich alle mal am Arsche lecken, Tra-la-la-Rumms.

Die leeren Regale, daran muß ich mich noch gewöhnen. Die schönen Bücher, sie sind futsch. Lieber hätte ich den Kühlschrank verkauft. Kaputt ist er. Ein guter, aber leider defekter Kühlschrank. Vorige Woche ist er in den Eishimmel eingegangen. Brenner-Norbert, der dumme Hund, hatte den Schrank ausgestemmt. Das war, bevor wir in den Bergzoo gingen.

Ein Glas, zwei Löffel Salz ins Wasser. Schmeckt ekelhaft, soll aber helfen. Pfui Teufel.

Na, was haben wir noch? Die Vitamine liegen im Kühlschrank, die grünlichen Dragees auch. Wieviel gelbe Kapseln habe ich? Eins — zwei — sieben, zwölf Distras. Doktor Freiberg vertraut der Frau Kern sehr, oder war es Absicht? Alle wollen mir einreden, ich dürfte nie wieder einen Tropfen Schnaps trinken. Jedes Mittel ist denen recht, mich davon abzubringen.

Sie reichen weder zum Umsteigen noch zum Aussteigen. Sie reichen nur zum Lindern, teile ich sie richtig ein. Bin ich erst im Abklappern, dann hauen mich die Distras aus dem gröbsten Entzug heraus. Ich qualifiziere mich zum Kunsttrinker. Kontrolliertes Trinken soll es auch geben, eine Methode, die aber nicht verbreitet werden darf. Der Staat und die Industrie, die würden dann keine Geschäfte mehr machen. Eau de Cologne hatte es in der Gruppenstunde herausgestottert. Doktor Freiberg wollte allerdings davon nichts wissen. Kontrolliertes Trinken gäbe es nicht, behauptete er.

So, zwei Dragees müssen genügen. Vielleicht noch eins. Man kann nie wissen. Und, wenn der Schlaf erst nach Stunden kommt, ich liege ruhig.

Ich muß essen. Eine Büchse Schweinefleisch mache ich mir auf. Der Topf könnte auch mal wieder Wasser vertragen. Morgen spüle ich das Geschirr und räume die Wohnung auf. Das Fleisch rühre ich mit Kräuterlikör an. Dann bleibt es im Magen.

Es ist kalt im Zimmer. Wieso hatte der Buschendorf eine Badehose an? Ich friere im Mantel. Sieht meine Wohnung aus! So kann ich sie doch nicht verlassen haben? Sonst stand das Radio auf dem Ofen. Bei mir hat einer eingebrochen! Wo ist mein Geld? 135 Mark. Ein Fünfmarkstück – sonst alles Scheine. Hier liegt nichts. Die Regale, auch nichts. Natürlich, ich hatte 192 Mark und 32 Pfennige. Das kann es doch nicht geben, das darf doch nicht wahr sein – ich brauche das Geld! Ich brauche die hundert-fünf-und-dreißig Mark! Peters Bücher, dort könnten sie sein. Nein, nur zwei Briefe. Die kenne ich nicht. Das Buch habe ich ja noch nicht gelesen, kein Wunder. Zugeklebt sind die Briefe, aber noch nicht adressiert. Für mich? – das glaube ich nicht. Die Bücher habe ich schon lange. Es werden keine Abschiedsbriefe sein. Vielleicht ist Geld drin? Das macht dem Peter Brauer nichts aus. Nein, kein Geld.

Wo ist mein Geld? Auf dem Schrank? Zu blöd, meine Füße werden steif. Das gottverdammte Mittel beginnt zu wirken. Doktor Freiberg hat mal gesagt, es beruhigt das periphere Nervensystem – mitunter bis zur Lähmung der Extremitäten. Ich weiß zwar nicht genau, was das ist, aber in ein paar Minuten werde ich kaum noch laufen können.

Na, was sehe ich denn da, na-na-na! Im Blumentopf liegen die Scheine und das runde Fünfmarkstück obenauf.

Meine Beine! Ich gehe nicht mehr, ich rolle hin und her. Das Radio, ach, ich lasse es. Schlafe ich ein, dann jubelt die Kiste die ganze Nacht.

Der ABV, der duzt mich und sagt, er wäre mein Freund, aber auch unter Freunden würde es mindestens 150 Mark kosten. Neulich hat er gesagt: Schon wieder? – Mußte das sein, Michael? Er seufzte, und ich versuchte, den Preis fürs Anhören der Pastorale herunterzuhandeln. So schwerhörig, wie der Beethoven war, sind die meisten Leute eben nicht. Naja, nicht jeder kann sich ein Konzert für 150 Mark leisten, dazu noch nachts um zwei mit der Polizei vorm Haus.

Erhebend schmeckt das Essen nicht. Im Fleisch ist zuviel Fett. Ich hätte Pfirsichgeist zuschütten müssen. Alkohol spaltet Fett. Schwere Säufer sind oft magere Leute.

Was sind das eigentlich für Briefe? Peter an — an Susanne. Offenbar nie abgeschickt.

Meine liebe Susanne! *A., den 8.11.*
Heute habe ich Geburtstag. Er ist ein Grund für mich, um über alles nachzudenken. Nachdenken ist gut, aber ich denke nur im Kreise herum. Es ist die Klinik, die einen Kreis um mich zieht.

Leider habe ich von Dir keine Post bekommen. Daß Du wegen der Kinder nicht kommen konntest, damit wäre ich schon einverstanden gewesen, aber einige Zeilen von Dir, die hätten mir sehr geholfen. Haben wir uns nichts mehr zu sagen? Verstehe doch, es ist eine Krankheit. Früher habe ich das nicht begreifen können (wollte es auch nicht), und noch zuvor, da habe ich nichts darüber gewußt. Wer hätte mir sagen können, daß ausgerechnet ich eines Tages alkoholkrank werden könnte?

Ich möchte Dir berichten, wie es hier zugeht, wie es anderen Patienten und mir geht. Hoffentlich siehst Du dann alles ein wenig anders (hoffentlich) . . .

Er schreibt aus der Klinik. Ist nicht mein Fall. Für sogenannte Indiskretionen bin ich wenig geeignet. Nie abgeschickt. Hat er sich für den Brief geschämt? Aus der Klinik, ich muß ihn trotzdem lesen. Peter, vielleicht verstehe ich dich?

Nach irgendeiner Nacht stellst du fest, du hast das Delir überlebt. Du hast es überlebt, und der Grund, der dich am Trinken festhielt, diesen Grund gibt es nicht mehr.

Erst konnte ich es nicht begreifen, Susanne, als Mensch sowieso nicht. Eher als Patient. Weißt Du, zu wissen, ein Patient zu sein, das ist etwas anderes, als sich der Welt stellen zu müssen.

Du liegst auf dem Rücken und bereitest dich auf den Tag vor, der dich aus deinem Dösen reißen und dich beschäftigen wird. Du bist mit Medikamenten vollgepumpt, wie fast alle auf dieser Sta-

tion, und fühlst dich wenig gestört. Mit dumpfem Interesse musterst du deine Leidensgefährten, blickst apathisch nach dem Deckenlicht, das dich ständig begleiten wird, wahrscheinlich bis zur letzten Stunde, die du hier bist. Eine Ahnung kommt dich an: Da gibt es ja noch eine andere, intakte und gut funktionierende Welt ohne dich.

Deine Welt, Susanne, der ich nicht angehören darf. Jedenfalls in der nächsten Zeit noch nicht. Ich liege hier, und Du wirst mit den Kindern Eis essen gehen. Ich mag nicht daran denken.

Fällt dir hier alles wieder ein, dann möchtest du dich verkriechen, schließt die Augen und genießt den Schutz der geschlossenen Station.

Jetzt schreibe ich an Dich, und da fällt mir doch einiges bei mir auf. Wenn ich daran denke, wie ich Dich gehaßt habe, auch nach der Scheidung. Ich mußte Dich doch hassen, denn wie sollte ich es ertragen, daß ich allein an allem die Schuld trage?

Mutter sagte mir, Du würdest Dir einen anderen Mann suchen, um die Kinder großzuziehen. Laß Dir Zeit, ich bitte Dich darum. Gut, es hätte alles anders sein können, doch nun ist es mal so gekommen. Ich begreife nur sehr langsam, was mit mir los war.

Hier gibt es einen Plan, nach dem du aufstehen mußt, dich reinigen sollst und zur Toilette hinter dem Vorhang verschwindest. Umständlich baust du an deinem Bett herum, und du packst es nicht, und es wird für dich zur Arbeit, und darüber ärgerst du dich sehr. Da war noch etwas, und du weißt es nicht mehr, und einer sagt laut: Es gibt Frühstück. Doch, das war es auch nicht. Dir fällt ein, daß du noch nicht geraucht hast. Die Zigarette, und die Suche nach einem geeigneten Ort stimuliert, und die zehn Züge (sitzend auf der Klobrille der Personaltoilette) empfindest du als Wagnis und Abenteuer. Du rauchst noch eine, und dir wird schlecht.

Danach sitzt du auf der Bettkante und wartest, bis der nächste Kumpel den Vierkantschlüssel von dir holt und auf das Herrenklo der Assistenzärzte verschwindet. Eine Schwester wechselt mit dir einige persönliche Worte. Du antwortest mit zufriedenstellenden, scheinbar gutüberlegten Worten.

Du schaust zur Uhr, und da kommen sie schon wieder mit ihren

Pillen. In einer halben Stunde ist Visite. Die Geschäftigkeit der Schwestern bereitet dir Unbehagen. Verstohlen blickst du in den Spiegel über dem Waschbecken, und dir wird kurz bewußt, daß dein Gesicht ein Gesicht von denen ist, die noch bleiben müssen. Du wirst sehr ruhig, denn es wirkt auf dich mehr als die Station. Du entscheidest dich für eine deiner wenigen Rollen, und du legst dich hin.

Der Herr Oberarzt ist heute freundlicher, und du stehst auf, schaust an ihm vorbei. Ausgangspunkt deiner Überlegungen ist immer das gleiche: Willst du hier heraus, um deinen Problemen ›draußen‹ entgegenzutreten, denen du nicht ausweichen kannst, oder bleibst du hier, weil du Essen, Trinken, die Gemeinschaft und keine Entscheidungen willst? Draußen heißt: Du, liebe Susanne, die Kinder und Mutter. Draußen, das heißt aber auch: der Vater und seine Angriffe, der Gerichtsprozeß und die Folgen, die ausgeräumte Wohnung, die Arbeit, die ich nicht mehr halten kann, und heißt: die Flasche!

Fast stehst du stramm am Bett, und der Oberarzt entscheidet. ›Mit Ihnen, das wird noch dauern.‹ Du legst dich wieder hin und trommelst vor Freude die Saaldecke mit Blicken ab. Der Oberarzt geht mit seinem Begleiterschwarm, und das Personal fällt im Schwesternzimmer über einen großen Frühstückstisch her – es ist geschafft –, raucht Zigaretten, trinkt Bohnenkaffee, ißt belegte Brötchen und raucht wieder. Leise gehst du vorbei und findest die Personalklobrille, die noch warm ist, weil dir einer entgegenkam, und sein Atem roch nach Rauch . . .

Nein, nein, ich gehe in keine Klinik, ich nicht! Was soll ich dort? Mich kaputtmachen lassen? Ausruhen von der Welt, das ist ja nicht schlecht, aber so? Nein! Weg mit dem Brief.

In drei Tagen höre ich mit dem Trinken auf. Klinik, das trifft doch nicht auf mich zu. Ob ich schon morgen aufhöre? Nein, ich muß langsam aussteigen. Ganz allmählich, nur so schaffe ich es, sonst geht es mir schlecht.

Meine Finger krümmen sich um meine Füße, die kalt und fast leblos sind. Das macht nichts. Heute bin ich genug gerannt. Die Flasche ist noch in der Manteltasche. 0,5 Liter, Frau Kern. Vielleicht brauche ich noch einen Schluck zum Einschlafen. Nachher. Pinkeln muß ich. Wäre ich doch vorhin gegangen.

Peter Brauer, dein Brief hat mir nicht viel zu sagen. Den zweiten lese ich nicht. Was soll's. Auf mich trifft das nicht zu, was du erlebt hast.

Verflucht, ich komme nicht mehr hoch. Ich kann doch nicht auf der Matratze. Meine Beine knicken weg, einfach so.

Peter, morgen wird alles anders werden. Ich räume meine Bude auf, gehe zur Firma und überzeuge Weißenbach – wovon? Ich werde es mir morgen überlegen. Einiges ist schon in Ordnung zu bringen. Ob die es mit Peter schon wissen? Frau Kern wußte auch nur, daß er verunglückt ist.

Peter, du hast dich umgebracht. Auch Frau Kern wird es mir nicht ausreden können. Na klar, du hattest die Schnauze voll von allem. Eindeutig. Bei dem Leben – Mensch! Trotzdem, es ging dir gut in der letzten Zeit. Ach, ich weiß es nicht.

Die Kern, die hat mir diese mistigen Dragees gegeben, ich wollte aber mehr Distras haben. Nur gut, daß sie nichts von meinem Krankenschein zu wissen scheint. Ausdrücklich habe ich ihr versichert, daß ich Urlaub mache, Urlaub. Sie würde sonst sofort den Betrieb anrufen. Da bin ich sicher. Die stecken doch alle unter einer Decke. Naja, jedenfalls sah sie mich so an, als ob sie mir alles glauben würde. Erst wollte ich noch am gleichen Tag zum Friedhof. Ich hätte mich aber angeschmmiert. Peter, wo hätte ich dich finden sollen?

Das Nachdenken hat keinen Zweck. Gegen diese Mauer aus weicher, endloser Watte in mir kommt nichts und niemand an. Einen kleinen Schluck werde ich nehmen. Nur nicht zuviel. Es ist meine letzte. Die brauche ich morgen noch. Die drei kleinen, die sind morgen auf einen Ritt weg. Sinnlos, heute pumpe ich den Schnaps in mich hinein, und er macht mit mir nichts mehr. Vielleicht bringen mich die Dragees in den Schlaf?

Eine Zigarette rauchen. Meine Finger sind steif. Die Streichholzschachtel klemme ich zwischen die Knie. Es geht – ratsch, sagt es, so was von Leistung, das bringt nicht jeder. Eigentlich geht es mir gut, es fehlt nur ein bißchen Bewegung, bis zum Waschbekken wengistens. Ich muß mal. Ich bin ein stilles Gefäß, in dem hochprozentiger Alkohol und Pharmakaschnee verbrennen. Aber nicht alles wird umgesetzt, ein Teil muß abfließen. Noch einen Minischluck, der gibt Kraft. Der Gürtel klemmt. Ich schaue nicht hin und werde an die hellblaue Wassertonne auf dem Friedhof denken. Den Topf muß ich schräg halten. Ich hätte die Dragees noch nicht einnehmen dürfen.

Heute mache ich alles verkehrt. Von wegen Kunsttrinker, Kunstpisser, dazu reicht es gerade. Trotzdem, ich werde nicht verkommen. Eines Tages werde ich die Wände tapezieren. Es würde gut riechen in der Bude. Bloß den Topf weit weg von mir.

Wo ist der andere Brief? Ich werde ihn mir doch vornehmen. Denke ich über dich nach, Peter, brauche ich nicht über mich nachzudenken. Ich liege im Bett und du auf dem Friedhof. Das ist ein Unterschied!

Warum hat der Kerl das geschrieben? Seine Susanne hätte es nie gelesen. Die waren doch geschiedene Leute. So was Unsinniges, die hatte mit dem Oberkellner mehr Perspektiven als mit ihm. Er hätte an seine Mutter schreiben sollen. Aber Mütter sind auch nicht das. Bestimmt hat er es nicht gewagt. Wie oft erzählte Peter mir, daß seine Mutter schwer in Ordnung sei, aber sie würde ihn nicht verstehen. Es wäre viel zu kompliziert für sie, sagte er einmal. Das Haus seiner Mutter kenne ich nur von außen. Ich mußte warten. Er ging allein, um sich Geld zu holen. Das war schon komisch.

Meine Familie habe ich mir abgeschminkt. Solche Briefe hätte meine Mutter vor unseren Nachbarn zerfetzt. Nein, an meine erbärmliche Verwandtschaft denke ich besser nicht . . .

Liebe Susanne! *A., den 27.12.*

Ich denke, daß ich zu denen gehöre, die in Zukunft ohne Alkohol leben müssen. Glaubst Du mir?

Ich habe während der letzten Tage derart gelitten, daß ich es herunterschreiben muß. Es war, als ob alles von vorn beginnen würde. Die Situation war folgende:

Du gehörst also zu den Patienten, von denen die Ärzte erwarten, daß sie zukünftig ohne Alkohol leben können. Inzwischen hat man dich von den akuten Fällen entfernt. Aber es sind immer noch dieselben Krankensäle, Gerüche und gleichaussehenden Normaluhren. Das Licht brennt hier auch rund um die Uhr.

Der diensthabende Arzt kündigt dir so nebenbei die Alkoholprovokation an, und trotzdem tut sich während der folgenden Tage nichts. Die Schwestern und die Pfleger wissen es, du weißt es und all die anderen hier, die wundern sich.

›Wieso bekommt der Patient Brauer nichts weiter als diese gelben Eierchen, wo es doch üblich ist, in der Schale des Trostes Medikamente in reichlicher Menge zu finden.‹

Du erinnerst dich an eine ferne Zeit. Es gab Bewegungs- und Arbeitstherapie, und gerade hast du begonnen, dich wohl zu fühlen, da bist du auf dieser Station gelandet. Jetzt bist du ein schwerkranker Patient, der unausweichlich auf die Provokation zusteuert.

Die Endstation Sehnsucht, du hast sie erreicht. Du sehnst dich nach immer mehr Distras. Sie benutzen es und setzen dieses Mittel ab. Danach beginnt die Disulfiram-Einnahme.

Vor dem Wort Provokation habe ich Angst, Susanne. Früher klang es belanglos für mich, und da hätten mich die vielen Fachausdrücke verwirrt und ängstlich gemacht, mit denen ich jetzt umherwerfe, nur nicht die Worte Alkohol und Provokation. Die Sache läuft so ab:

Du hast endlich genug Disulfiram intus. Du wirst genau informiert und rechnest dir aus, wann dein Autodafé stattfinden wird. Du erhoffst dir eine gute Wirkung davon, siehst dich schon halb getröstet, immerhin gibt es Schnaps. Stundenlang denkst du darüber nach, welche Sorte sie für dich besorgen werden, und weil du dann im Mittelpunkt stehst, rechnest du dir aus, daß du die Sorte vielleicht selbst bestimmen könntest. Irgendwo in deinen Klamotten hast du noch ein paar Mark, die würdest du dazugeben, wegen der Wirkung und der Qualität.

Es scheint, nicht alle Schwestern erleben während ihrer Ausbildung so eine Provokation. Da sitzt eine Junge bei dir auf der Bett-

kante, und sie macht dich vertraut mit dem, was folgen wird. Sie ist aufgeregter als du und erkundigt sich mehrfach, ob das ›Giftzeug‹, ob die Flasche schon da ist.

Dann ist es soweit. Der Schnaps ist endlich auf der Station angekommen, und es ist die billigste Sorte überhaupt. Zu der Sorte hast du früher gegriffen, kurz bevor das Delir kam, als das Saufen ins Schütten überging, und das Rauschempfinden zu fehlen begann.

Die Schwester redet dir beruhigend zu. In ihrer Hand zittert die Flasche.

›Es ist die letzte Flasche in Ihrem Leben‹, sagt sie zu mir. ›Dann haben Sie es geschafft.‹

Was hast du dann geschafft, fragst du dich. Die Flasche ekelt dich an, und — sie macht dich neugierig.

Nun darfst du in kurzen Abständen so viel ›Doppelte‹ trinken, wie notwendig sind, um deinen Blutdruck zu erhöhen. Du lehnst dich tief ins Kissen zurück, bittest die Schwester, doch wegzuschauen, denn es ist dir sehr peinlich. Immer hast du heimlich getrunken, und jetzt mußt du trinken auf allerhöchsten Befehl, denn der Herr Oberarzt ist ein Gott.

Die Schwester schaut weg, und du kicherst über das Fatale und Blöde der Situation. Du verschluckst dich, und die gute Schwester, sie heißt Annemarie, hat Angst, doch sie ist tapfer. Es darf dazu geraucht werden, sagt sie, und du fragst zurück: Rauchen Sie mit? Sie verneint, denn in der Klinik schicke es sich nicht, zumal noch vor Patienten.

Du trinkst und trinkst und wartest auf den Rausch, doch da macht sich nichts auf in dir wie Traum, Euphorie oder wenigstens ein bißchen Glücksgefühl. Du fühlst dich betrogen und registrierst mit Besorgnis die roten Flecken, die sich unter der Haut bilden, sich vergrößern und bald den Körper bedecken. Es scheint ja alles wie im Lehrbuch der Medizin zu klappen. Dein Herz schlägt von Minute zu Minute härter, der Schweiß bricht aus allen Poren, und dein Kopf schwillt ins Ungeheure.

Schwester Annemarie hält die Brechschale bereit. Es kommt wie eine Eruption. Du erbrichst dich unaufhörlich wie bei einer schweren Alkoholgastritis. Das kennst du ja, nur die Schwester nicht. Sie ist sehr unruhig, sie hat Mitleid und zündet dir eine Zigarette an, läuft zum Stationsarzt.

Sehr wichtig, meldet das Personal, der Patient Brauer hat gekotzt. Der Patient soll weitermachen.

Sie kommt wieder und gießt Schnaps nach. So viel wolltest du gar nicht trinken, aber ach, wie wenig ist es doch.

Susanne, es ist nur ein Bruchteil von dem, was ich ständig zu Hause hatte und vor Dir versteckt hielt.

Schwester Annemarie mißt den Blutdruck, stellt eine Tabelle mit allen möglichen Reaktionen von dir her, und wenn du nicht kotzt, dann ist sie zufrieden, obwohl es im Lehrbuch anders steht.

Dein Herz rast, und du denkst, dein Kopf muß platzen. Die Schwester redet mit dir über alles mögliche, und es rauscht in deinen Ohren. Über Alkoholismus spricht sie nicht, und nebenher stellt sie fest, daß du gewissermaßen ein intelligenter Mensch seiest, um den es doch eigentlich sehr schade wäre.

Erst nach Stunden hat sich dein Blutdruck normalisiert. Dein Magen ist umgestülpt, und du bist völlig erschöpft. Du denkst, so fertig warst du noch nie. Nun steht der Rückkehr ins ›Patientenkollektiv‹ nichts mehr im Wege. Der Stationsarzt begleitet dich und redet dir noch streng ins Gewissen: Man solle sich unbedingt an den Mahlzeiten beteiligen.

Deine Leidensgefährten (hier leiden alle) werden völlig darüber im dunkeln gehalten, was sich abgespielt hat. Sie scheinen nur etwas zu ahnen und bringen dies durch ihr Bedauern zum Ausdruck. Am Abend ist alles vergessen, und nur du, du gehst mit einem Faustschlag im Magen hin und her. Doch du bist nicht unglücklich, denn ein Ende des stationären Aufenthaltes ist damit wieder ein wenig nähergerückt, und du bist fest davon überzeugt, und darin fühlst du dich unheimlich sicher: So etwas passiert dir nie wieder — nie!

Liebe Susanne, das Weihnachtsfest ist vorüber. In wenigen Tagen ist Neujahr. Nächstes Jahr werde ich entlassen. Wenn ich nur wüßte, wann.

Ich möchte die Kinder wiedersehen. Grüße Ricardo und Katrin. Sag ihnen, ich bin nüchtern!

Dein Peter.

... Was würde ich dafür geben, wäre ich jetzt nüchtern. Der erste, der zweite, eventuell der dritte Rausch ist solide, aber dann. Peter, warum bist du nicht nüchtern geblieben? Du konntest doch sowieso nicht mehr saufen. Junge, du warst doch am Ende. Hättest du mit mir zusammen gesoffen, wärst du besser gefahren. Bestimmt hast du gekippt, bevor du abgegangen bist. Diesmal hätte ich durchgehalten und dich rausgeschleppt.

Wie mich das Zimmer anekelt. Die Kippen liegen wie gesät. Der süßliche Gestank. Überall die leeren Flaschen. Die letzten zwei Nächte hatten es in sich. Eine ganze Woche habe ich mit dem Fusel gespielt, kokettiert und was weiß ich noch alles. Es wird mit mir ernst, Peter.

Doch was ist schon gut an einer Klinik? Eine Frau im Bett, das ist eine gute Sache. Mit der jungen Schwester Annemarie im Rollbett liegen und Zigaretten rauchen. Der Stationsarzt würde uns schieben und mit uns herumalbern. Die Klinik würde er mir erklären. Der Doktor hat Freibergs Gesichtszüge. Er lächelt und verabschiedet sich. Eine Alkoholprovokation endet mit dem Herzstillstand. Soll er gehen, der Arzt. Schwester Annemarie ist bei mir. Ich möchte Herr Jedermann sein und sie mein rettender Engel. Ich wünsche mir ein Paar Flügel und bekomme sie ...

— Ich flattre mit der schlanken Annemarie durch Krankensäle. Sie im Brautkleid und ich im Arbeitsanzug. Oh, ein gigantischer Saal schließt sich vor uns auf. Hier liegen sämtliche Alkoholiker und Idioten dieser Erde. So großartig baut nur Gott. So pompös und riesig.

Dort liegen Männer und unendlich viele Frauen. Annemarie will mich fortziehen, doch meine kurzen, hornigen Flügel ziehen stärker. Sie ziehen uns hinab. Wie eine gewaltige Hornisse stehe ich senkrecht in der Luft, und unter mir, dort liegt ein junger Mann oder ein Kind. Es sieht durch mich durch, und es spricht ununterbrochen. Ohne aufzuhören. Gnädig höre ich zu, verstehe aber nichts und entschließe mich, das plappernde Kind anzusprechen. Es hört nicht auf mich.

Es liegt in einem Gurtbett, und darüber ist eine dicke Sanduhr befestigt. In ihr diese weiße, graurote Masse – das ist Gehirn. Schleimig glitscht und schlemmt es durch den Glashals. Die Kavernen des Hirnes glätten sich durch das Gewisper wie unter winzigen Erschütterungen, und die Masse formt sich zum Strang.

Annemarie wendet sich ab. Ich muß zusehen. Ich muß sehen, was passiert.

Der rotbleiche Strang berührt den Glasboden und bedeckt ihn allmählich. Hastiger flüstert das Kind. Die Vibrationen laufen heftiger ab. Jetzt zuckt und bäumt sich das Hirn im oberen Glaskolben. Gleitend fällt es durch die Röhre und bleibt auf dem Boden der Sanduhr formlos liegen. Ich will fragen, doch der Mund des Kindes bewegt sich nicht mehr.

Im Nachbarbett liegt ein Kerl wie ein dösendes Rind. Er ist so gewaltig, daß die Arme am Bett herabhängen. Ich flattre näher und rüttle diesen Menschen. Er bewegt sich nicht, und wütend darüber, daß er nicht reagiert, ziehe ich meine letzte Nullkommafünfer aus der Arbeitsjackentasche und schlage sie ihm auf den Schädel. Er öffnet ein Auge, grinst mich an und winkt ab.

Überall liegen Männer, die auf mich wie Gletscher wirken. Neben ihren Betten hängen Plasteflaschen. Aus ihnen fließt Schnaps in die wächsernen Gesichter. Annemarie sagt, der Tropf läßt nach. Und dahinten? Nur eine Frau sitzt auf der Bettkante. Wie schön ist sie, und sie bettelt mich um gelbe Eierchen an. Aber meine brauche ich für mich. Annemaries Flügelschlag wird stärker. Eifersucht verleiht Kräfte.

Dort geht ein Pfleger. Der Gang zwischen den Betten fließt am Horizont zusammen. Ich frage einen Pfleger nach Propanol, ich muß meine versengten Flügel kühlen. Annemarie nickt dazu. Der gute Mann greift in die Kitteltasche und reicht mir eine braune Flasche. Sofort löse ich mich von Annemarie und entschwebe in die Höhe. Immer höher fliege ich, öffne die Flasche und schlucke. Im Feuer des ersten Schluckes verbrenne ich und stürze in die Tiefe.

Ich liege in einem gemachten Bett. Laken und Decke kühlen.

Neben mir hockt ein alter Mann. Er onaniert und flüstert heiser: Ikarus, geliebter Sohn, komme herunter. Ich erwidere, sein Sohn müsse schweben.

Ich bin ein guter Patient. Annemarie flattert um mein Bett und singt. Ich scheuche sie fort, denn ich bin mit einer neuen Krankheit beschäftigt, und darum sollte sie sich gefälligst kümmern.

Er hat recht, sagt der Pfleger und tritt an mein Bett. Im Mittelpunkt all unseres Strebens steht der Mensch. Er zieht eine Aerosolflasche aus der Kitteltasche und sprüht den Onanisten an. Der löst sich auf. Nun habe ich das Bett für mich allein. Besorgt dienert der Krankenpfleger und fragt, ob die weißen Elefanten schon durchgekommen wären.

Nein, antworte ich, aber die würden bestimmt noch kommen. Ich erhebe meine Stimme: Bringen Sie mir bitte ein Tablett. Ich wünsche fünfsternigen Kognak und ein geschliffenes Glas. Bitte kein Propanol!

Sehr wohl, Herr Michael. Er lacht und geht.

Ich plane und verwerfe meinen Selbstmord. Das ist ein trauriger Zustand, bemerke ich, und Annemarie nickt traurig dazu. Sie steigt auf und nieder, singt dabei Psalmen und läßt ein Hosianna erschallen. Wie bringe ich mich um? Eine Hälfte meines Gehirnes, es ist die rechte, wird allen meinen Suizid mit der Rasierklinge vorgaukeln. Glauben sie mir nicht, dann werde ich ihn durchführen. Die linke Hälfte sehnt sich nach Schnaps.

Hallo, Pfleger, wo sind Sie geblieben? Na endlich. Er bindet mir einen Sabberlatz um. Wegen der Hygiene, Herr Michael. Er hat meine Sorte gebracht und stellt mir den Kognak samt Tablett und geschliffenem Glas auf den Bauch.

Wohl bekomm's, Herr Michael. Ich danke ihm rülpsend. Er lächelt freundlich.

Ich trinke in langen Zügen und kühle meine brennende Brust. Mein Magen saugt den Kognak in sich hinein. Eine Pumpe. Mein Bauch schwillt an. Ich schließe die Augen. Mein Mund krampft sich nach innen, und da kommt es. Das hat es noch nie gegeben!

Die Fontäne, die aus meinem Mund herausschießt, steigt irrsinnig schnell in die Höhe, und vergeblich flattert die wunderschön singende Annemarie davor her. Der geballte Strahl erreicht sie, fetzt ihren Kittel weg, prallt gegen ihren weißen Hintern und hebt sie hoch und höher. Annemarie entschwindet auf meiner Fontäne zwischen klumpigen Wolken mit einem frommen Schrei ins All. Mir stehen die Tränen in den Augen, und lachen muß ich — lachen. Ich habe mich verschluckt und muß ersticken. Niemand hilft! Endlich kommt mein Pfleger. Er streichelt über meine feuchte Stirn. Herr Michael, sind die weißen Elefanten schon durch?

Wieso?

Sie sind ein hoffnungsloser Fall! Er richtet die Aerosolflasche auf mich. Ich hebe die Hände, doch es ist zwecklos. Ich falle. Im freien Fall sortiere ich meine Glieder. Mein Bauch, mein Glied und mein Kopf formieren sich zu einem Gebilde. Wurstig schwelle ich an, und ich falle.

Das ist die Hölle. Hier blitzt und schillert Chrom und Stahl. Greifer packen mich und ziehen mich in einen Tunnel hinein. Ein warmer Hauch bläst mich durch die Röhre, und ich schwebe langsam auf eine Glasplatte zu. Wieder kommen die stählernen Arme und wenden mich. Ich soll geröstet werden. Kontrollämpchen blinken heftig.

Eine Porzellansäule beugt sich über mich. Meinen Kopf drehe ich mit den Händen. Mein Gesicht lächelt die biegsame Säule an. Es ist zu spät. Blitze schlagen in meinen zerspringenden Körper. Sie suchen den irren Lebensfunken in mir und laden ihn auf. Meine Hände sind überall.

Plötzlich herrscht dumpfe Dämmerung. Ich spüre die Nähe des Todes. Ich schreie ihn an. Er kommt wieder, er umhüllt meine Füße, meine Beine und fließt um meinen Bauch. Ein greller Blitz blendet mich. Was an mir lebt, ist mein Glied, das sich mächtig aufrichtet. Frauen fallen auf mich, und ehe ich sie festhalten kann, verschwinden sie im Tunnel. Ich federe hoch und greife ins Leere. Einen Schritt, einen zweiten, und ich stürze ...

Unter mir liegen fremdartige Gegenstände. Weit öffne ich die Augen, um nach ihnen zu sehen. Alles rings um mich flimmert ...

Es ist Nacht. Mühsam hebe ich den Kopf und versuche mich im

Dunkeln des Zimmers zurechtzufinden. Flaschen klirren, als ich die Ellenbogen nach vorn schiebe. Vorsichtig stemme ich meinen Oberkörper hoch, ziehe die Knie an und stütze mich am Schrank ab. Als ich mich aufrichten will, schlage ich hin. »Annemarie!«

Ich taumle hoch, gehe an den Wänden entlang, unsagbar langsam und beharrlich, schiebe meine Beine in die Küche, mich überall abstützend.

Ich stoße gegen den Kühlschrank und beginne, in der Finsternis im Schrank zu kramen. Ich hebe das Schraubglas, halte es gegen das schwache Licht, das durchs Fenster dringt, und drehe den Deckel behutsam auf. Mit beiden Händen drücke ich den Glasrand an meine Lippen. Zwei Kapseln fallen auf die Zunge. Ich würge und schlucke.

Ich knie mich hin und krabble auf allen vieren ins Zimmer zurück. Das Schraubglas mit dem Distraneurin klappert in meiner Hand.

Einen Schrei stoße ich aus. Er geht ins Weinen über. Mir laufen die Tränen, und blind drücke ich die Matratzen zur Seite. Sie riechen säuerlich. Ich drehe mich um und falle auf den Rücken. Es poltert und kracht.

Ich weine. Ich höre mir zu. Aus meinen Augen fließt das Wasser. Es schmeckt nach Salz. Laut und hemmungslos heule ich. In meiner rechten Hand zittert die Flasche. Ich nehme einen mit Tränen vermischten Schluck, hebe das Kinn und biege den Rücken durch. Steif und gespannt wie eine Blattfeder liege ich da, Erschütterungen durchbeben mich schwer und gleichmäßig. In mir macht sich ein schweres Gefühl der Süße breit – eine große Wollust. Ich sauge an der Flasche und weine. Ich weine. Irgendwo splittert Glas. Unter mir . . .

Freitag

Das Ende vom Fest

Meine Augenlider sind verklebt. Mit zitternden Fingern reibe ich, bis ich verschleiert die Dinge im Zimmer wahrnehme. Unter mir, in der Werkstatt, bedienen sie die Zuschneidemaschine. Sie brummt und summt in monotoner Folge. In meinem Kopf surrt sie auch. Die Schuster stellen Jesuslatschen her.

Ich beobachte meine Hand. Sie zuckt im Gelenk und gibt dem Daumen den Impuls, nach meinem Zeigefinger zu schnappen. Die Hand will ein Eigenleben führen. Ich lasse das nicht zu und zwinge sie zu einer Bewegung, die zum Hosenbund führt. Ich fordere mich auf, meinen Hintern zu heben und mich seitlich zu drehen. Mit der linken Hand – sie ist ruhiger – fummle ich den Gürtel durch die Schnalle, bis ich es fein klicken höre. Ich habe es geschafft, ich bin angezogen.

Ich richte mich auf und halte mich am Schrank fest. Ich ziehe mich hoch, bis ich stehe. Ich schlurfe breitbeinig in die Küche. Ich schwenke die Kühlschranktür auf und betrachte meine Vorräte. Meine Hand tastet voller Gier zur zerknautschten, bunten Schachtel. Die Verschlüsse mit dem Abziehring sind praktisch. Die Hersteller haben ein Herz für flatternde Finger. Ich schütte die kleine Pfirsichgeist in den Mund, halte die Flüssigkeit, und meine Backen blähen sich. Ich drücke den Schnaps in meinen Schlund.

Es ist immer so, bin ich erst im Suff: Ich schüttle mich, krümme den Oberkörper nach vorn, erschrecke, weil der Alkohol nicht im Magen bleiben will, bäume mich auf, verschlucke mich, und zwischen krampfartigen Hustenreizen und würgenden Brechanfällen kämpfe ich um einen Schluck Schnaps.

Das wären die Spasmen und der Vagusnerv, sagte Doktor Freiberg einmal. So einfach ist das.

Die Tränen haben meine Augen munter gemacht. Ich gehe ins Zimmer zurück und taste mit argwöhnischen Blicken den Fußboden ab. – Da sind sie ja, die gelben Kapseln. Ich würge zwei herunter und gehe wieder in die Küche. Jetzt ist der Wodka dran, und nach dem Frühstück der Weinbrand.

Unbeschwerter verlasse ich die Küche, denn der Wodka ist in mir. Meine Zigaretten, da sind sie.

Machen die Schuster einen Krach in der Werkstatt. Am frühen Morgen noch dazu. Ich bin doch krank geschrieben.

Das Radio werde ich anmachen. Mal hören, wie das Wetter ist, und was sonst noch passiert. Es gibt da Sachen: Forscher trugen grüne Sonnenbrillen und hielten die Arktis für eine Wiese – drei Mann erfroren!: Amerikanische Wissenschaftler führen den derzeitigen Höchststand der Arbeitslosigkeit auf Veränderungen der Spermatogenese der frühen fünfziger Jahre zurück – die von einer Bahnabweichung des Pluto her resultieren könnten! Ein Erfurter Meisterschwimmer der internationalen Spitzenklasse mußte zum Startpodest getragen werden – da er vor Kraft nicht mehr laufen konnte! Ein Konzert wird übertragen – und das lasse ich laufen.

Eine Scheibe Brot essen. Ich muß essen, sonst macht mich der Hunger verrückt. Wer kräftig trinkt, muß einen vollen Bauch haben. Das Brot wird mehr und mehr im Mund. Mir ist so, als ob meine Zähne in die Länge wachsen. Das Zeug quillt auf und drückt gegen den Gaumen.

Unten, die haben eine Pause gemacht. Jetzt schneiden sie wieder Sohlen. Dieser Jesus hat die Speisung der 5 000 bestimmt mit Alkoholikern durchprobiert. Mit Leuten, die sich im dritten Aggregatzustand befanden und für die eine Speisung lediglich einen Destillationsvorgang bedeutet. Ein Happen ist herunter. Der genügt, mehr kann ich nicht essen.

Wieso ist Peter nicht mehr am Leben? Hat ihn das Trinken fertiggemacht? Ach, ich war gestern zu voll. Wie war eigentlich alles? Vorgestern hatte die Kern zu mir gesagt, daß der Herr Brauer verunglückt sei. Ja, vorgestern. Das kann doch nicht wahr sein! Und gestern? – Das war nur Spuk. Ich bin auf dem Friedhof gewesen, das weiß ich, denn ich habe dort anderthalb Flaschen gesoffen. Vorher war ich in der Verwaltung.

Nur mit Peter, das kann nicht stimmen, ich kann es nicht glauben. Das ist doch heller Wahnsinn! Vor knapp zwei Wochen haben wir einen Nachmittag im Terrassencafé gesessen. Er war wie immer. Er hätte nur sehr wenig Zeit, sagte er mehrmals.

Vielleicht belügen mich alle, damit ich mit dem Trinken aufhöre? Ein Komplott könnte dahinterstecken. Die Kern hat es mit Brauer abgesprochen, und das auf dem Friedhof war nur eine mittelmäßige Inszenierung, um mir einen Schock zu verpassen. Einen Kranz und eine Karteikarte fälschen, was ist das schon?

So, ich habe gefrühstückt. Pfirsichgeist öffnet den Magen, und Weinbrand schließt den Magen. Heute wird alles anders werden. Meinen Spiegel werde ich langsam nach unten drücken, um dann in den nächsten Tagen auszusteigen. Doch vorher überprüfe ich die Sache mit Peter. Kann sein, er ist tatsächlich verunglückt. Wie ein Schwein würde ich mir vorkommen, würde ich mich nicht um ihn kümmern.

Meine Wäsche muß ich wechseln. Hätte ich eine Frau, die würde sich um den Kleinkram sorgen. Alles muß ich selber machen. Im Schrank sehe ich fast nichts. Mein Zimmer ist zu dunkel – Hinterhaus, hinten 'naus. Ich räume nachher auf. Das Hemd ziehe ich an. Eigentlich ist es nicht schmutzig. Es riecht kaum nach Schweiß, aber es sieht aus wie der magere Hintern eines Totengräbers. Einmal werden ja bessere Zeiten auf mich zukommen. Heute muß es so gehen. Hosen, andere Hosen brauche ich. Die ich anhabe, sind fleckig. Die dunklen, die sind in Ordnung.

Ich hebe ein Bein und sehe mein schaukelndes Geschlecht. Es reagiert nicht und ist genauso müde wie mein Verstand. Die gelben Kapseln wirken, und wenn ich mich nicht anschauen würde, wäre ich jetzt zufrieden.

Ich hätte ein Mädchen werden müssen. Meine Mutter ist eine harte Frau, und ich wäre dann auch eine geworden und kein sentimentaler Mann, der zuviel trinkt.

Ich funktioniere selbsttätig und nehme den Besen. Langsam geht alles voran. Wie es klirrt und scheppert. Ich stelle das Radio auf den Ofen. Wir haben Sommerzeit. Die Matratze muß auf den Sims. Nur nicht zu weit und schön vorsichtig. Die Sonne wird die Matratze trocknen. Ja, die Sonne ist für alle da und nicht nur für die Tomaten der Kleingärtner. Besser, ich verschwinde vom Fenster. Da werkelt schon wieder einer mit seinem Nachbarn um die Wette.

Topf und Teller gehören ins Waschbecken. Wie fremd und unwirklich sich alles in meinen Händen anfühlt. Eine Zigarette muß ich rauchen, sie ist mir näher.

Nein, wie die da unten pochen und klopfen. Gleich gehe ich. Nur noch das Geld und den Ausweis. Die Bücher von Peter? — Ich werde nur noch meine verkaufen. Die Briefe bleiben in seinen Büchern. Ob die Sache mit Peter wirklich stimmt?

Fünfunddreißig Mark nehme ich mit. Nein, die fünfzig Mark brauche ich auch, wer weiß, was kommt. Die Welt ist so tückisch. Der letzte Fünfzigmarkschein bleibt im Blumentopf. Hoffentlich vergesse ich ihn nicht. Mitunter kommt es vor, daß ich Kleinigkeiten vergesse. Drei Eierchen nehme ich mit. Sie liegen wie ein kurzer Bleistift in der Brusttasche. Ich werde das Hemd offen lassen, damit die Kapseln nicht schmelzen.

Eine Ruhe ist im Treppenhaus. Die Schuster beobachten mich. Sie bohren ihre Blicke in meinen Nacken, der sich aus Protest versteift. So will er nicht angesehen werden. Ich zieh' meinen Hals ein und mache große Schritte, um schneller über dem Hof zu sein. Mein Nacken zittert wie Gelee, und dieser neue Zustand pflanzt sich in der Wirbelsäule fort, erreicht die Beine, die mir nicht mehr zu gehören scheinen, und schlackernd verlasse ich den Hof. Ich schlage das Tor zu und bleiben hastig atmend stehen. Für mich braucht sich niemand zu interessieren. Ich brauche keine Blicke! Ich schrecke zurück und streife den Mauerputz, der an meinem Ärmel einen weißen Streifen hinterläßt. Hier steht sonst Buschendorfs Kinderwagen. Ich möchte auch ein kleines Kind sein und herumgefahren werden. Eine Klapper würde die Pulle ersetzen, und die gelben Kapseln, die würde ich nicht mögen, denn ich hätte Mutters kräftige Brust. Frau Buschendorfs Busen — ihr Enrico hat mein ganzes Mitleid.

Nein, so was, Frau Sonne knallt eine Hitze auf die Straße. Da habt ihr sie, die Wärme. Menschen, ich gebe sie euch umsonst. Würdet ihr das begreifen, dann brauchtet ihr keine Psychiater anzubetteln.

Die liebe, liebe Sonne, wie sie mich kitzelt, und wie der sanfte Wind an den Lindenblättern herumspielt. Ich muß niesen und gehe in den Tag hinein. Der ganzen Stadt muß ich entgegentreten.

Ein Gewimmel. Komische Menschen, sie schleppen ihren Kram, und doch, sie haben Zeit, mich anzusehen und zu mustern. Dann blicken sie weg. Warum nur, ich habe doch nichts, was sie gebrauchen könnten? Meinen Oberkörper drücke ich nach vorn durch. Über meiner Brust spannt sich das grüne Hemd. Sehe ich so gefälliger aus? Ja, ich bin Naumann. Sie schauen flüchtiger über mich hinweg, doch gänzlich lassen können sie mich nicht.

Ich möchte stehen bleiben, jemanden festhalten und sagen: Ich bin nicht der, für den Sie mich halten. Ich bin ein anderer. Aber, wie viele Leute sollte ich festhalten und erklären: Guten Tag, ich bin nicht der ... Guten Tag, ich bin nicht der ... Krampfhaft umspielt ein Lächeln meine Lippen.

Auf der Brücke bleibe ich stehen. Ich beuge mich über die Brüstung. Für Sekunden fühle ich mich allein auf der Welt und lache mein verzerrtes Spiegelbild an. So ein Dreck. Drüben treibt der Dom im Wasser. Die Sonne glitzert ölfleckig. Sechshundert Jahre soll der Dom schon stehen. Mit Peter war ich mal drin. Er hat mir die Architektur erklärt. Danach hörten wir ein Stück Orgelprobe. Das Thema habe ich Peter erläutert.

Eine rotgelbe Straßenbahn steigt im Wasser hoch. Sie ruft hinter meinem Rücken, als sie in die Kurve zieht: Komm miiit, Miiichael, komm miiit! Ja, ich komme. Der letzte Wagen streift mich fast. Ich erschrecke nicht. Die Stadt hat mich geändert. Ich auf den Gleisen, das wäre eine äußere Situation. Eine Situation für die Leute.

Ich gehe über den Markplatz. Die Stadt ist nicht gut zu mir. Sie will mich nicht verstehen, und sie ist mir gegenüber unaufmerksam. Sie ist kalt zu mir.

Ach, die Stadt, sie ist mir egal. Und sollte ich im Schnaps ersaufen, dann möchte ich ihr auch egal sein.

Heute ist Freitag. Lohntütenball. Den Krankenschein trage ich schon den dritten Tag bei mir. Vorher zwei Fehltage — wenn schon, denn schon.

Ich muß mich setzen. Die Luft ist heute stickig. Sanft dreht sich der Marktplatz. Was ist los mit mir? Ein Mann mit Heliomatik — rauchbraun eingefärbt — bleibt vor mir stehen und schaut mich an.

Er soll gehen. Ich atme tief durch. Meine Brust spannt das Hemd. Er winkt ab und geht weiter. Mit meinen Schwierigkeiten werde ich allein fertig. Die sanfte Drehung des Marktplatzes kommt zum Stillstand. Auf dem Boulevard gehen die Menschen weiter. Wie immer und unaufhörlich.

Ich spüre mein Gewicht. Ich erhebe mich plötzlich. Erst will ich nicht und gehe zögernd, bis meine Schritte zu eilen beginnen. Meine Hand sucht den Hals, fährt und fühlt über den Kehlkopf – er schmerzt. Nein, es ist kein Kehlkopf, denn kaum denke ich an ihn, da hat er die bedrohlichen Ausmaße und die Stacheln einer dicken Kastanie. Schlucke ich, rutscht diese Kugel schmerzhaft im Hals hin und her.

Ich stoße die Tür auf, lasse die Körbchen stehen und greife sofort in die Kästen. Zwei Flaschen klemme ich unter meinen linken Arm. Mit der dritten in der rechten Hand suche ich das Fünfmarkstück aus der Hosentasche. Ich wollte zur Limonade greifen, doch mein Arm senkte sich wie von selbst in einen Bierkasten. Eilig habe ich es nicht mehr. Ich nehme das Wechselgeld, laß es in die Brusttasche gleiten und bin im Nu wieder auf der Straße.

Drüben, am Hochhaus, ist eine kleine Parkecke. Röschen bilden eine Girlande; ich gehe hindurch, übersteige das graue Krokodil im Sandkasten und wähle die mittlere Bank. Sorgfältig stelle ich die Flaschen auf die geharkte Erde, setze mich und nicke meinem Banknachbarn zu. Wir sind allein.

Wie er aussieht. Ein Typ von einem Säufer. Er reicht mir seinen Öffner. Es knackt und faucht unter meinen Händen. Ich spreize die Beine und lege meinen Kopf weit in den Nacken. Das Bier spült die Stacheln von der Kastanie, und Sekunden danach ist die dicke Kugel keine Kugel mehr, die mich stört, sondern sie ist mein Kehlkopf, und der stört mich nicht. Der Kerl nickt mir anerkennend zu.

»Das erste heute?«

Ich schüttle den Kopf und setze nochmals die Flasche an. Eine kleine, schillernde Blase zerplatzt zuletzt im Flaschenhals. In mir staut sich ein wenig Druck und bläht meine Backen auf. In meiner Hand fühle ich Kühles und spüre das Gewicht der nächsten Flasche. Einen kurzen Schluck nehme ich nur und schaue meinen Banknachbarn dankbar an.

»Heute früh habe ich schon, aber nicht viel.«

Er nickt mir zu. Aus einem Sack hebt er ein Netz.

»Hier, willst du einen kaufen?«

Ich möchte schon. Blumenkohl, das ist was Gutes für einen versauten Magen. Schön weich gekocht, vielleicht noch mit brauner Butter übergossen.

»Nein, lassen Sie mal. Ich bin unterwegs.«

»Dann nimmst du zweie und das Netz. Das Netz ist nicht schlecht. Es hält was aus.«

Er zeigt mir das Netz und läßt es über seine rissigen Finger kräuseln. Ich sehe mir das Netz genau an und überlege. Es wäre ja nicht schlecht, mit so einem Netz über den Kohlenhof zu gehen. Das sieht sogar ordentlich aus, richtig nach Krankheit. Doch, wie kommt ein Netz mit zwei dicken Köpfen Blumenkohl zum Kohlenhof? Tragen muß ich es!

»Es ist richtig, das Netz ist nicht schlecht.« Ich lasse es über meine Fingerkuppen gleiten. »Es ist ein sehr gutes Netz. Geben Sie mal den Blumenkohl – einen.«

Ich nehme das Gemüse, lege es auf meine hohle Hand und wiege es. Der Kohl ist weiß, hart und schwer. Sorgfältig betaste ich die buchtigen Buckel, knipse ein Sträußchen weiße Masse ab und lege es auf meine Zunge. Vorsichtig beiße ich darauf, wiege meinen Kopf hin und her und spucke den zerkauten Brei aus.

»Hier, ich habe besseren Blumenkohl gesehen. Wenn Ihrer der bessere wäre, ich hätte ihn glatt gekauft, wirklich, sogar im Netz.«

Er schaut mich nachdenklich an, hebt eine Schulter und läßt sie geringschätzig fallen.

»Ich habe noch mehr. Du kannst sie dir aussuchen. Heute früh war ich auf dem Feld. Vor Sonnenaufgang. Einen und das Netz?«

Warum handelt er mit mir? Versteht er mich nicht?

»Nein, ich hatte es schon gesagt. Hier, Kumpel – nimm!«

Ich halte ihm die angetrunkene Flasche Bier hin. Sozusagen als Trost. »Komm, wir trinken auf deinen Blumenkohl, du wirst ihn schon noch los. So schlecht ist er ja nun auch wieder nicht.«

Er nimmt mein Bier und trinkt. Er scheint über den leidigen Blumenkohl nachzudenken. Kann der Kerl überhaupt denken?

»Wenn er nicht so schlecht ist, warum nimmst du denn keinen? Ich gebe ihn billig ab.«

»Na komm, nun höre mal auf.«

»Und mein Blumenkohl, der taugt nichts – oder wie?«

»Das hab ich nicht gesagt. Ich meinte damit nur, daß ich besseren Blumenkohl gesehen habe.«

»Wo? Wo hast du besseren Blumenkohl gesehen? Das möchte ich jetzt wissen!«

»Na ja, wo war es denn, in der Südstadt draußen. In der Kaufhalle war es!«

»So, so, denkst du dir. Glaubst du also. Ich werde dir mal was sagen, du Spinner, gestern habe ich vor einer Kaufhalle gestanden und meinen Blumenkohl verkauft, jawoll, meinen Blumenkohl! In der Kaufhalle gibt es noch keinen, nur in ein paar einschlägigen Geschäften gibt es welchen. Du lügst, du Schwein!«

»Ich und lügen, – und das mit dem Schwein, das läßt du besser weg – ja!«

Ich weiß genau, daß ich jetzt meine Augenlider zusammenkneife und den Kerl mit starrem Blick fixiere. Er legt Netz und Blumenkohl in den Sack zurück, duckt sich und schnellt von unten hoch. Seine rissigen Finger klammern sich um meinen Hals. Ich packe seine Handgelenke und drehe sie nach außen. Mit meiner rechten Hand fahre ich ihm an die Kehle und drücke mein Kinn gegen die Brust. Nun habe ich beide Hände frei und fasse zu. Eine Bierflasche klirrt.

Stumm und endlos lange schauen wir uns in die Augen und drücken mit unseren Händen fest zu. Mir fällt das Atmen schwer, aber auch ihm, er läuft dunkelrot im Gesicht an. Er hat braune Augen. Seine Finger sind kräftiger als meine. Ich habe mehr Kraft in den Armen, und es gelingt mir, ihn nach hinten zu drükken. Der Blumenkohlsack fällt um. Beide schweigen und schnaufen wir.

Fast gleichzeitig sehen wir einen kleinen Jungen, der in unser Blickfeld läuft und auf das Krokodil klettert. Dort bleibt er sitzen.

Er schaut uns zu. Seine Mutter tritt durch die Röschengirlande und ruft: »Sven, komm bitte sofort zur Mutti!«

Der Satz schwingt und gellt in meinen Ohren. Wir lassen voneinander ab und richten uns auf. Jeder für sich, nehmen wir unsre Bierflaschen. Er schaut mich bösartig an, doch er reicht mir den Flaschenöffner. Ich schnipse den Verschluß ab und rücke von dem Kerl weg. Es ist ihm recht, auch er rückt dem Bankende auf seiner Seite zu.

Als wir die Flaschen absetzen, sehen wir die grünen Uniformen. Die Streife steht unter dem rosagesprenkelten Bogen. Mein Banknachbar sagt:

»Erst den Blumenkohl mit angebratenen Semmelbröseln bestreuen und dann braune Butter drauf.«

Ich schlucke verkrampft und nicke.

Die Streifenpolizisten stehen noch einen Moment. Der mit dem Sprechfunkgerät sagt einige Wort zu der Frau.

»Keine besonderen Vorkommnisse«, sage ich halblaut und proste mit der Flasche. Ich möchte lachen, doch es gelingt mir nicht. Ich gluckse und kollre nach innen los. Der Kumpel lacht leise mit.

Die Streife verschwindet. Wir schauen uns mehrmals an, doch der Abstand zwischen uns bleibt. Ich gähne und sage leichthin: »Ich muß gehen. Hast du einen Fahrschein?«

Er nickt und greift in seine Hosentasche.

»Was willst du dafür haben?« frage ich. Wir sehen uns nochmals in die Augen. Er antwortet nicht. Die leeren Flaschen werde ich stehenlassen. Ich gehe und sage zum Abschied: »Nächstes Mal kaufe ich dir zwei Köpfe ab!«

»Wenn ich dann will!« ruft er mir nach.

Ich sehe Menschen vor mir, die Stadt hat mich wieder. Ich fühle mich besser. Das Bier tat mir gut, und ich spüre, wie ich wachse. Es kommen und fahren die Straßenbahnen, dicht nacheinander. Meine Bahn kommt nicht. Warum soll auch gerade meine kommen? Ich werde warten und zünde mir eine Zigarette an. Die Stufen am Denkmal gefallen mir. Ich setze mich. Erregt kreisen meine Gedanken um eine Bilanz: Was habe ich heute geschafft, was habe ich heute noch vor?

Ich spüre die Sperre, die das Medikament in mir aufgerichtet hat. Doch je länger ich an den Säufer denke, der mir seinen Blumenkohl verkaufen wollte, um so mehr steigt mir die Wut in den Nacken, überflutet meinen Gleichmut und schwemmt meine Ruhe fort. Es treibt mich in die Höhe. Es ruckt heftig im Magen, als ich aufstehe, taumle und mich an dem Denkmal festhalten muß. Ich schleudre meine Zigarette in einen Papierkorb, remple zwei Damen an, teile ein Liebespaar und schreite über den Marktplatz. Die Straßenbahn, aus der Gegenrichtung kommend, bimmelt erschreckt.

Mit großen Schritten biege ich um die Ecke, zerteile vor mir Büsche und stehe in der Parkanlage.

Meine Fäuste sind geballt. Nachdrücklich schlägt mein Herz und pumpt ungeheure Blutmengen in meine Arme. Wo ist der Kerl? Ich rüttle am Maul des Krokodils, doch es rührt sich nicht, und mich wirft es fast um. Ich trete an die mittlere Bank heran. Ich lege meine große Wut in einen Fußtritt, der die Bank polternd umwirft. Noch einmal blicke ich lauernd in die Runde.

Er ist tatsächlich verschwunden!

Meine Atemzüge werden regelmäßiger. Nun kann ich wieder gehen. Meine harten, verkrampften Fäuste schiebe ich in die Hosentaschen und stakse langsam zum Markt zurück.

So nicht — mit mir nicht! Wer bin ich denn? Ich bin ein Mann, der niemanden zu fürchten braucht. Das ist doch klar.

Endlich kommt meine Bahn. Ich muß den Kopf einziehen. Sie wippt unter meinem Tritt, die Bahn. Der Triebwagen jault auf und wirft mich gegen eine Scheibe, wirft mich gegen einen Sitzplatz. Nervös ziehe ich den Fahrschein aus der Brusttasche und versuche, ihn in den Schlitz des Entwerters zu stecken. Beharrlich fingre und fummle ich. Das Schleudern der Bahn nimmt mir den Halt und macht mich initiativlos.

»Darf ich?« Ein Schulmädchen, das meine Tochter sein könnte, nimmt mir den Fahrschein aus der Hand. Geschickt streicht sie das lappige Billett glatt und steckt es in den Kasten. Sie reicht mir den Fahrschein entwertet zurück. Zwischen dankbar und blöd nicke und grinse ich. Sie flüstert ihrer Schulfreundin einige Worte zu, und beide schauen mich an. Die Bahn hält, sie lachen und steigen aus. Der Schweiß bricht mir aus den Poren.

Ich wende mich von den Leuten ab und stelle mich in eine Ecke. Die Bahn saust mit mir in den Norden der Stadt. Meine Finger flattern kraftlos in der Brusttasche. Ich halte zwei Kapseln zwischen meinen Fingerspitzen, lasse eine fallen, senke das Gesicht und schiebe das Medikament zwischen meine schlaffen Lippen. Der Schwächeanfall wirft mich fast um. Ich hänge an der Haltestange – ein willenloses Stück Fleisch. Was ist bloß mit mir los? Liegt es am gestrigen Tag? Entzugssyndrome, sagte Doktor Freiberg dazu, es ging um Eau de Cologne. Quatsch, ich habe es gelernt, jedes Dragee, jede Tablette und jede Kapsel trocken zu schlucken. Ich greife zu schnell zum Medikament. Wie es im Hals würgt!

Eine ältere Frau bietet mir ihren Sitzplatz an. Erst als sie aussteigt, lasse ich mich auf den Sitz fallen. Hinter meinen Ohrmuscheln sammelt sich Schweiß und rollt in die Nackenhaare. Ein Anfall, es war nur ein Anfall. Ich sollte Aufregungen meiden.

An der Endschleife steige ich aus. Ich brauche noch Zeit. Die zwei Stationen laufe ich zurück.

Es geht mir besser. Mit jedem Schritt geht es mir besser. Ich bin allein auf dem Bürgersteig. Ja, viele Menschen auf engstem Raum, das hat mich schon immer kaputtgemacht. Sie nehmen mir den Atem direkt vom Mund weg.

Da ist die Toreinfahrt. Ich weiß nicht, ob ich hineingehe. Warum eigentlich nicht? Ich habe den Krankenschein, und das Geld vom Abschlag steht mir zu. Den Lohn auszahlen, das ist gesetzliche Pflicht. Was man hat, das hat man, und damit hat es sich.

Drüben, in der Sonnenglut, rollt ein LKW aus. Das ist Thomas, der aus der Fahrerkabine springt. Ja, er klappt die Motorhaube hoch. Das einzige, was er von der Welt versteht. Ich gehe zu ihm. Jetzt klappt er die Motorhaube zu. Sein Verstand bleibt nun unter Blech. Ich werde ihn ausfragen

»Hallo, Thomas!«

Wie er mich anschaut, wie eine Eule!

»'n Tag, Michael. Lebst du noch?«

Er legt einen Schraubenschlüssel weg und schiebt mit dem schwarzen Zeigefinger seine verspeckte Jeansmütze hoch.

»Klar lebe ich. Ich will zum Chef. Wir haben einen Termin.«

Ich lasse es offen, was wir voneinander wollen.

»Der Peter Brauer soll tot sein. Weißt du was darüber?«

Thomas beugt sich vor, gähnt mich tief und ausgiebig an.

»Du bist gut! Wenn du nichts weißt, wer dann? Ihr habt doch oft genug zusammengesteckt.«

Ich winke ab, hole das Päckchen Zigaretten heraus und biete Thomas eine an.

»Thomas, woher soll ich das wissen? Ich bin krank geschrieben, nur stundenweise geht es mit mir einigermaßen. Ich hörte, Brauer wäre verunglückt? Zur Beerdigung wollte ich, kam aber zu spät. Ich fühlte mich nicht gut.«

Thomas nickt. Was wird er denken?

»Tut mir leid, daß du krank bist. Hm, der Brauer, ein Sonderling mit einer mittelgroßen Meise, der soll früher mal was gewesen sein. Bauleiter, erzählen die Kumpel. Finde ich seltsam. Wir haben doch alle geahnt, daß mit ihm was nicht stimmt. Vorgestern hat uns der Alte erzählt, der Peter wäre abgekratzt, unter unwürdigen Umständen. Hatte keine Familie und keine Freunde, der arme Hund.«

Abgekratzt hat er bestimmt nicht gesagt, nein, abgekratzt nicht. Freunde? — Er hatte doch mich. Aber das kann nur Weißenbach wissen.

»Wann hast du Peter das letztemal gesehen?«

»Mitte voriger Woche, glaube ich. Wir hatten 'ne fette Tour, haben gefeiert. Brauer machte sonst nie mit. Haben wir uns gewundert, als er gegen Mittag verschwand und eine große Pulle holte. Er trank nicht mit — schade, ich hätte ihn gern mal freundlich erlebt. Der war immer so trocken, ohne Witz, na, du kennst ihn ja. Uns sagte er, daß er gekündigt hätte. Eigentlich ein guter Mann, wenn es um die Arbeit ging. Nee, sonst gab er nie einen aus.«

Was sollte ich dazu sagen? Ich weiß doch, was mit ihm los war. Weißenbach müßte auch Bescheid wissen. Der macht die Kaderfragen, und das ist in der Kohle nicht einfach. Man muß dichthalten können. Nein, Thomas sage ich nichts. Das mit der Kündigung, das soll begreifen, wer will, ich begreife es nicht. Aber die Flasche, die Peter für die anderen holte? Thomas schaut mich so neugierig an.

»Vielleicht hatte Brauer mal Grund, einen auszugeben?«

»Nein, Michael, der hatte nie einen Grund. Ach, was mache ich mir einen Kopf. So, fertig!« Er wischt sich die Hände.

»Und, ist er wiedergekommen – nach der Feier?«

»Nee, einer hat ihn in der Schwemme gesehen. Er hat ins Glas gestiert und gesoffen. Hätte er mit uns haben können. Vielleicht war's eine Affäre oder so ein Ding, mit einer Frau? Hau ab, Micha, ich muß jetzt fahren!«

Die Tür knallt. Der Motor heult auf. Ich springe zur Seite und stolpre. Beinahe wäre ich gefallen. Der Idiot, früher hätte ich mit dem keine drei Silben gewechselt. Sechste Klasse und einen Zylinderkolben im Kopf. Die Zugmaschine rollt an und verläßt schwerfällig den Hof.

Ich stehe allein auf dem weiten Platz. Frühmorgens parken hier zwanzig bis dreißig Fahrzeuge. Der Boden ist zerfahren. Hinter der Siebkohlenhalde rasselt es. Eine feine Staubfahne steigt in den blauen Himmel. Davor die Bürobaracke, sie flimmert in der Hitze und scheint zu zerfließen. Ich muß hin. Ach, die Waggons aus der Brikettfabrik, eine dämlich-dreckige Arbeit.

Weißenbach kommt und winkt mir zu. Ich höre nichts, Briketts prasseln in die Bunkertaschen und werden von schnarrenden Bändern erfaßt. Peters Arbeitsplatz. Ich zögere, denn Weißenbach dreht sich herum und ruft einige Worte in die Staubfahne.

»Die werden heute entladen!« schreit er und kommt näher. Ich hätte den Krankenschein doch per Post abschicken sollen. Das Datum des Poststempels genügt. Zu spät. Weißenbach reicht mir die Hand. Sonst habe ich Kraft in meinen Händen, heute nicht.

»Komm mit«, sagt er, mehr nicht. Seit einer Woche der erste Händedruck. Ich ärgere mich heftig, aber lautlos, weil ich keine Kraft mehr habe. Ich trotte neben ihm her und schweige.

»Und, was ist mir dir?«

»Nichts weiter, ich bin krank geschrieben.«

»Ach, und das fällt dir heute erst ein?«

»Laß mich doch, Alfred. – Peter ist tot.«

Weißenbach nickt mir zu. Ich stolpre über ein Brikett, er fängt mich ab. Ganz nah steht er vor mir und schaut in meine Augen. Mein rechtes Augenlid zuckt. Kurzzeitig breitet sich eine Lähmung über meine Wange aus. Unbeherrscht bin ich, eine Hand fliegt nervös hoch. Ich stehe da, als hätte ich eine Ohrfeige bekommen.

»Ich wollte dich suchen lassen. Du bist seit einer Woche überfällig. Mann, was denkst du dir bloß!«

Was soll ich ihm sagen? Uns schluckt der Mittelgang der Baracke. Er geht vor mir und reißt die Bürotür weit auf.

»Setz dich. Du wartest, ich muß telefonieren.«

Eine heiße Schwingung breitet sich in meinem Gehirn aus. Direkt unter der Schädeldecke, dort, wo ich mein Denken vermute. Die Schwingung durchfließt glühende Drähte. In meinen Ohren rauscht und knackt es.

Die wollen mich rausschmeißen. Die entlassen mich. Der Alte wird kommen. Die entlassen mich fristlos. Meine Papiere sind vorbereitet. Das halte ich nicht aus.

Ich fordere meine Hand auf, in die Brusttasche zu greifen. Nein, eine süßlich-muffige Wolke würde mich umgeben. Weißenbach braucht nicht alles zu wissen. Das mit der ambulanten Gruppentherapie vielleicht, das reicht schon — ist viel zu viel.

Ich bin schwerkrank. Eine Apotheke bin ich. Meine Augen sind schwarze Pillen und möchten herauskullern. Ich bin nicht öffentlich, ich bin zu. Meine Nase ist eine Kapsel, die feindselig und blaßgelb grinst.

Weißenbach hantiert am Apparat herum und quatscht. Ich spitze meinen Mund und lecke ihn mit der Zungenspitze ab. Er schmeckt metallisch. Ich halte die Augen geschlossen, und doch sehe ich Weißenbachs rundes, braunpigmentiertes Gesicht, sehe seine Halbglatze und seine dicken Finger.

Ich öffne die Augen und genieße befreit das Herabrollen der Tränen. Er sitzt mir gegenüber und wartet.

»Ich war auf dem Friedhof. Peter liegt auf dem Friedhof.« Ich sehe die hellblaue Wassertonne, die flimmernden Birkenblätter, die Bank und denke daran, daß ich fristlos entlassen werde.

»Jetzt reden wir über dich.«

Meine Tränen fließen, und Weißenbach, er ist ein harter Hund. Am Ende bin ich, total am Ende. Wieso sagt er ›wir‹! WIR, das können nur Mellmann, die Gewerkschaft und er sein. Ja, die können WIR sagen. Ich kann nicht WIR sagen. WIR, das wäre die Flasche, mein Körper, das arme Schwein, und ich – mein Verstand?

Hitzegefühle dringen in meine Augen und hauchen die Nässe weg. »Hier!« Er nimmt meinen Krankenschein. Ich beginne, eine sanft steigende Überlegenheit zu empfinden. Er wirft den Schein achtlos auf den Tisch, streift ihn nochmals mit einem kurzen Blick und sagt zu mir: »Du bist also herzkrank? Warum auch nicht, Herr Naumann! Während die Kollegen deine Arbeit machen, säufst du wie ein Loch. Du hast bestimmt einen Stein in der Brust.« Er brüllt: »Du Herzkranker! Warum gehst du nicht zur Beratungsstelle, so wie Peter?« Er wird leiser.

»Obwohl, bei ihm hat es nicht geholfen, aber er hat es wenigstens versucht!«

»So ist es nicht. Ich war oft dort. Frau Kern hat mir ein Rezept gegeben – vor drei Tagen erst! Sie hat es mir gesagt, das mit Peter. Nein, die helfen mir nicht.«

Dunkel beschleicht mich eine Ahnung. Peter hat mich benutzt! Schamlos ausgenutzt und mißbraucht. Er schickte mich in die Gruppe und käute bei Weißenbach alles wieder. Abgemacht war es, daß ich für ihn in die Gruppe gehe, aber . . .?

»Hier ist mein Krankenschein. Ihr könnt mich mal allesamt.«

Ich will aufstehen. Er schnaubt verächtlich. Was will er noch von mir?

»Das ist deine neueste Ausrede, was? Mensch, gehe in die Klinik oder gehe sonstwohin! Hier drei Fehlschichten, da eine Woche Urlaub abgebettelt – mitten in der Saison. Das hat Peter für dich organisiert. Weiter, Vergehen gegen die Krankenordnung. Im Winter eine Woche blau – die hast du schon vergessen? Weitere Fehlschichten voriges Jahr, hier, im Herbst – da hat noch keiner was gesagt. Das sind deine Spitzenleistungen, und ich möchte nicht wissen, wie es in deinen Betrieben vorher aussah! Heute die Krönung: vier Fehlschichten und einen Krankenschein erschlichen!«

»Zwei oder ...«

»Ach, halt doch die Klappe. Was soll ich mit dir machen? Der Chef sagte schon, rausschmeißen! Ich habe mit Willi gesprochen. Die Gewerkschaft will, daß du in eine Klinik gehst. Ansonsten, rausschmeißen!«

»Mich kann man nicht entlassen, ich bin krank geschrieben. Das wäre ungerecht — unmenschlich, und solche wie du wollen die Welt verändern.«

Will er über den Tisch springen? Er beugt sich weit vor, setzt sich wieder und grinst mich an.

»Ja, ja, einen Krankenschein hast du. Wir sprechen mit dem behandelnden Arzt. Er wird dich überzeugen, in eine Nervenklinik zu gehen. Dort läßt du dich entgiften, sonst fliegst du. Mann, wie du stinkst! Ist gut, kannst gehen, deine Brigade kommt ohne dich aus. Na geh ...«

Jetzt macht er Nägel mit Köpfen. Ich muß ihm das erklären. Er kann mich doch nicht links liegenlassen!

»Alfred, mich müßte die Bereitschaft einweisen. Sonst kann ich warten, bis ich schwarz werde.«

Ich knöpfe den Hemdkragen weiter auf. Ich stinke, hat er gesagt. Ich halte es kaum noch aus in diesem Raum. Besser, ich ziehe den Kopf ein, wer weiß, was kommt. Ich habe keine Nerven mehr. Meine Hand gleitet spielerisch über den Kragen und rutscht in die Brusttasche. Schnell verschlucke ich die Kapsel. Weißenbach hat es nicht gesehen, oder er ignoriert es.

»Was soll ich mit dir machen? Schlage selber was vor. Hör auf mit dem Saufen, du verträgst es nicht.«

So ein Laie, der kann gut reden. Was weiß er davon, wie es mir wirklich geht? Der sollte mal in meine Haut schlüpfen, dann würde er ganz anders reden.

»Ich kann nicht aufhören.«

»Mensch, du kannst doch nicht bis an dein Lebensende saufen. Einmal muß Schluß sein. Höre bitte genau zu: Ich beantrage einen zweiten, strengen Verweis beim Betriebsleiter für dich. Er soll deine letzte Chance sein. Eigentlich müßten wir dich entlassen ...«

»›Rausschmeißen‹ hast du gesagt.«

»Das kann man dir nicht oft genug sagen. Noch einmal, dann ist Schluß. Nachher sagst du mir, was du vorhin geschluckt hast. Dir fallen ja bald die Augen zu. Weiter: Deinen Lohn zahle ich dir erst aus, wenn du gesund geschrieben bist und nüchtern kommst. Falls du jetzt darauf bestehst, brauchst du nur noch zu kommen, um deine Papiere zu holen. Wir hätten einen Vorschlag: Du könntest auf dem Zentralhof arbeiten, hier bei mir. An der Waage, und du machst mir keinen Beschiß. Geh heute noch in die Poliklinik und laß dich ab Montag arbeitsfähig schreiben.«

»Ich denke, ihr wollt mich entlassen?«

»Ja, wollten wir auch. Es wollen fast alle, die da ein Wörtchen mitzureden haben. Vielleicht hat uns Peters Tod verunsichert. Wir könnten dich gebrauchen — nüchtern!«

Er brennt sich eine billige Zigarette an. Für einige Sekunden wird es still im Büro. Ich sehe die abgeschabten Sessel in der Sitzecke, den verschlossenen Schrank. Mein Blick bleibt am Fenster hängen. Es ist vergittert, wahrscheinlich wegen der Akten.

Ein feiner, schwärzlicher Schleier steigt über Bunkertaschen hoch. Die Baracke raunt und vibriert.

»Was soll ich machen, Alfred?«

»Aufhören wahrscheinlich, und wenn es geht, für immer.«

»Ich schaffe es nicht. Vorhin habe ich dir noch sagen wollen — es hat keinen Sinn. Du kannst mich nicht verstehen. Ich kann nicht einfach mit dem Trinken aufhören. Das geht nicht mehr.«

»Irgendwann mußt du aufhören. Sei froh, daß ich das kapiere. Nachfühlen kann ich das allerdings nicht. Ich saufe nicht. Ich habe noch nie Freude dran gefunden.«

In mir wird es bitter kalt. Peter hat Weißenbach nie aufgeklärt. Über erhöhtes Selbstwertgefühl und sinnvolle Freizeitgestaltung wird er gequatscht haben. Was denn sonst? Es ist alles anders. Wie ich heute erwachte. Die letzte Nacht. Die wahnsinnigen Träume. Die unfaßbare, lauernde Angst. Die Medikamente werden knapp. Was weiß der Kerl vor mir davon?

Mich fröstelt. Feine Härchen richten sich steil auf. Fern, sehr fern läuten Glocken – mein Herz – meine Angst. Was hat er gesagt? Höre mit dem Trinken auf?

Ich wippe nach vorn und stehe steif vor ihm.

»Mit Peter, das weißt du alles?«

»Sein Vater war bei uns. Er verzichtete auf die Teilnahme der Belegschaft. Die Beerdigung sollte im Kreise der Familie stattfinden.«

»Ich kann mir diese Kreise vorstellen.«

»Was soll das? Nein, der alte Brauer hat nur mit dem Kollegen Mellman gesprochen. Was anderes, Michael. Du siehst einigermaßen manierlich aus. Ich habe hier eine Adresse. Peter hat sie mir gegeben, falls mal was ist. Verheiratet ist er ja nicht gewesen, aber der Frau muß Bescheid gegeben werden. Von seiner Verwandtschaft sollte niemand die Adresse bekommen. Also, geh du dort hin.«

Weißenbach reicht mir den Zettel, der vom Rechnungsblock für Anlieferungen stammt. Meine Hände zittern. Seine Freundin – hatte er deswegen so wenig Zeit für mich? Was hat die mit Peters Tod zu schaffen. Zögernd schiebe ich den Zettel in meine Brusttasche.

»Ich soll zu dieser Frau gehen?«

»Was hält dich davon ab? Es braucht nicht heute zu sein. Geh erst mal in die Poliklinik. Du hast Zeit bis Montag. Ich denke, du warst sein Freund?«

»Gut, ich gehe zu ihr.«

Weißenbach reicht mir die Hand. In seinen Augenwinkeln sitzt etwas Rätselhaftes – etwas Freundliches?

»Gut, bis Montag, Alfred. Ach so, was ist mit meinem Lohn? Der Abschlag war doch fällig?«

»Sagte ich doch: Ich zahle ihn dir aus, wenn du dich zurückmeldest, nüchtern meldest, und pünktlich.«

Wir nicken uns zu. Ich gehe durch den dunklen Mittelgang. Das Gespräch lief anders – nicht wie üblich –, ganz anders. Weißenbach ist ein feiner Kerl. Ich hätte mit ihm über alles reden sollen. Nein, dazu ist es zu früh. Erst höre ich mit dem Trinken auf. Ich komme durch, ich schaffe es, ganz bestimmt werde ich es schaffen.

Ein häßlicher Gedanke: Das Prädelir wird auf mich zukommen. Eine Kapsel habe ich bei mir. Fünf sind noch zu Hause. Es reicht weder zum Ein- noch zum Aussteigen. Nein, ich packe es. Schon wegen Alfred Weißenbach muß ich es packen, wegen Peter und wegen ... na ja, ich packe es schon.

Peter, bis zuletzt hat er Weißenbach beschwindelt, doch das erklärt gar nichts. Ich begreife Peter nicht. War er so intelligent, oder war er verrückt?

Nun vorwärts, Michael, tritt der sommerwarmen, feindlichen Welt entgegen. Beinahe wäre ich in ein Auto gerannt. Ich gehe zur ›Schwemme‹ und frage mal, vielleicht sitzt einer von uns drin.

Die Kneipe ist leer. Der Wirt poliert Gläser für den Schichtwechsel der Arbeiter aus den Kraftwerken Nord. Er deutet mit einem Glas auf mich.

»'n Bier?«

»Nein, kein Bier, eine Cola.«

Ich stehe am Tresen und nicke den leeren Stühlen, Bänken und Tischen zu. Mir fehlt das Knallen der Würfel, der Ruf ›Lange Straße‹ oder ein ›Sechser-Pasch‹, und mir fehlt Peter, der immer in der gleichen Ecke saß und in der Kaffeetasse den Zucker verrührte, derweil ich ihm meinen beruflichen Abstieg bis zum Trinkgeldnehmer erzählte.

»Sag mal, hat hier vorige Woche ein Kumpel eine mächtige Ziehung gemacht? Einer mit Vollbart, die Augen braun? Er trank sonst nur Kaffee.«

»Vorige Woche? Woher soll ich das noch wissen? Was willst du? Kollege, es ist gescheiter, du haust ab!«

Wie genau er mich anschaut. Er kann es sich leisten, er ist der Wirt. Es fehlte nur, er würde behaupten, daß ich ihm das Geschäft versaue, obwohl hier kein Mensch sitzt. In Gedanken forme ich das schöne Wort ›Ochse‹. Er trocknet sich die Hände ab, als ob er mich gehört hätte. Die Cola im Glas schaukelt. Ich stelle es auf dem Tresen ab. An der Tür holt er mich ein. Er hält mir die flache Hand hin. Ach ja, ich lege eine Mark auf die breite Handfläche. Seine Finger kippen zum Handballen.

»Hau bloß ab. Kollege!« Ich haue ab, vertrete mir meinen Fußknöchel auf den Stufen und humple zur Straßenbahnhaltestelle. Ich setze mich auf den Rand eines Papierkorbes und massiere meinen Fuß. Der stechende Schmerz verschwindet bald, doch ich sehe noch immer den beleibten Wirt vor mir. Die Worte ›hau ab‹ trafen mich an meiner empfindlichsten Stelle.

An der nächsten Ecke ist eine bessere Kneipe. Eine der schönsten der Stadt, doch das wissen nur Kenner. Ich bin ein Kenner. Vorsichtig rolle ich meinen kranken Fuß im Sitzen ab.

Ich erhebe mich, lasse die Straßenbahn sausen und gehe in den ›Sargdeckel‹. Vielleicht war Peter hier, bevor er seinen letzten, großen Ausstand gab? Der Raum ist kühl. Leise surren zwei Ventilatoren.

Gundi, die Tochter der Chefin, bedient die Gäste. Drei steife, alte Herren und eine üppige Blonde. Umständlich setze ich mich und blase winzige Blütenblätter von der weißen Tischdecke.

»Tag, Micha. Ein Bier?«

»Laß es, Gundi, hat bei mir keinen Zweck. Kaffee bitte.«

»Nanu, ist dir nicht gut?«

»Komm mal her, ich muß dir was sagen.«

Sie beugt sich vor. Ich vertraue ihr mein großes Geheimnis an. Ich spreche leise, damit mich niemand hört. »Gundi, ich will mit dem Trinken aufhören – endgültig!«

Erwartungsvoll schaue ich sie an. Sie lächelt, ihre Zähne schimmern.

»Ich bringe dir ein Kännchen, ist's recht?«

Ich glaube, ich strahle sie an. Sie geht zu den alten Herren und stellt dort ein Bier mehr hin. Das sollte mein Bier sein. Es ist das erste Bier, auf das ich freiwillig verzichtet habe! Ich staune über meinen Willen.

In meiner Brusttasche knistert die Adresse. Das werde ich heute erledigen. Wie wäre ich mit der Welt zufrieden, wenn ich nicht genau wüßte: Es ist noch nicht einmal ein Beginn. Mein Spiegel wird sinken, bis zu siebzig Stunden kann der Entzug andauern, begleitet von Stoffwechselzusammenbrüchen und Halluzinationen, sagte Doktor Freiberg – und dann das Höllenfeuer eines Delirs? Kleine Schweißperlen sammeln sich auf meiner Stirn. Noch hält mich das

Medikament mit seiner dämmenden Macht ruhig. Ich schaffe es nicht bis Montag, nein, das schaffe ich nicht.

Ich schaffe es doch. Ich muß in eine Klinik gehen. Ein paar Medikamente brauche ich nur. Ach, Weißenbach, wenn du wüßtest, wie mir zumute ist.

Gundi bringt den Kaffee. »Danke, Gundi.«

»Meiner Mutter habe ich es erzählt, hinten, in der Küche. Sie sagt, wenn du dir helfen lassen willst, dann schaffst du es.«

So ein Unsinn, mir hilft kein Schwein. Ich schüttle den Kopf. Sargdeckel-Martha drückt mir die Daumen. Das macht sie nicht mit jedem Gast. Der Kaffee, ich muß ihn mit beiden Händen halten. Gundi gießt nach. Sie lehnt sich an den Stuhl.

»Du hast einen ganz schönen Tattrich, Micha.«

»So? Hier, ich bezahle gleich, sonst mußt du mich noch ausziehen und flöhen.«

»Warum nicht, aber vorher würde ich dich in die Badewanne werfen. In dir steckt ein ordentlicher Kerl, hat meine Mutter gesagt.«

Ich brummle was von meinem müden Puller, der zur Zeit nicht begeisterungsfähig ist, und das Wechselgeld schiebe ich in die Brusttasche. Gundi geht und läßt mich zufrieden. Ich lehne mich gegen den kalten Ofen. Das erfrischt, und ich schließe die Augen, taste mit der Hand nach der Kaffeetasse und brühe meinen Rachen mit kleinen Schlucken. Mir ist, als wenn heißes Leben in mich fließt. Für die Leute bin ich sicher ein verschwitztes Monster, mit dem sie mitunter Mitleid haben dürfen. Das arme, böse Tier Naumann, es ist fertig und unfähig. Ich wollte ja nach Peter fragen, aber ich lasse es lieber. Mein Atem pfeift leise. Einer der alten Männer dreht sich um, begutachtet mich verächtlich grinsend und wendet sich ab. Halbtote Typen scheint er zu hassen. Gundi ist in der Küche. Sie ist wenigstens ein Mensch.

Der Kaffee klopft in meinen Schläfen. Vorsichtig drücke ich den Stuhl zur Seite. Ich gehe leise zur Tür. Ich schwanke und fasse neben die Klinke, stütze mich gegen die Tür und öffne sie.

Die Sonne blendet herzlos und grell. Gerade kommt eine Bahn. Mir ist egal, wohin sie fährt. Hauptsache, sie rumpelt mit mir in die

Stadt. Mit meiner Nase nehme ich klar und trocken Dutzende von Duftnuancen wahr. Der Plastsitz duftet nach Bohnerwachs, die Glasscheiben nach Poliermittel, und die Sonnenstrahlen, ja, ich kann sie mit den Nasenlöchern einfangen und abriechen, sie riechen nach frischem Bäckerbrot und warmem Metall. Meine Nase, ich weiß nicht mehr, wo ich bin. Im heiteren Himmel drehen sich Häuser, die in Seitenstraßen fallen. Das Stadtviertel biegt sich in den Himmel hinein. Ich fahre in einer schimmernden Schale aus Licht und Schatten. Die Hitze krümmt die Straßenschluchten. Die Bahn dreht sich um sich selbst, schwenkt wieder in die Schale hinein. »Hinaus!« Die Menschen drehen sich um. Ich habe die Hand am Haltegriff und drücke wie verrückt die Öffnungstaste der Tür. Aus der Schale, aus der Bahn, aus diesem ganzen Raum muß ich hinaus, und ich brülle nochmals.

Endlich hält die Straßenbahn auf dem Platz der Klassiker. Ich stakse mit hölzernen Schritten über das Katzenkopfpflaster. Ich falle. Wie eine Puppe stehe ich auf und denke ständig daran, daß ich nicht trinken darf. Jetzt nicht und später nicht. Meine Beine, wo sind meine Beine? Sie sind zu gefühllosen Stöcken geworden — darauf wackle ich biegsam und weich zu einem Kiosk und hauche die Worte: »Ein Würstchen, bitte . . .«

Ich weiß nicht, warum, aber ich muß mich bewegen, etwas machen, mich von mir wegdenken, denn ich darf mich nicht dem Selbstlauf überlassen, der mich von Signal zu Signal in den Rausch leiten möchte. Ich konzentriere meine Kraft auf die Bockwurst. Wenn ich esse, dann lebe ich. Ich beiße zu und muß den kitzelnden Brechreiz unterdrücken, doch dann kommt es. Vor mir steht ein Korb mit Essenresten. Mir platzen gleich die Augen aus den Höhlen. Scheißleben — du! O nein, ich gehe hier auf dem öffentlichsten aller Plätze dieser Stadt kaputt. Hinter mir rasselt das Fensterchen des Bockwurststandes herunter. Ich bin keine gute Werbung, ich halte noch zwei Drittel in der Hand. Mit vertränten Augen sehe ich einige Leute, die mich mitleidig anschauen. Meinen Körper schüttelt es durch und durch. Himmel, es ist vollbracht. Der Platz, die Straßen und die Stadt, sie drehen sich nicht mehr. Alles steht auf seinem Platz, ich kann das nicht mehr ertragen. Eine Straßenbahn bimmelt aufgeregt.

Schwankend mache ich mich auf den Weg. Ich gebe es auf. Ich habe keine Kraft mehr, mich zu wehren. In einer Kaufhalle suche ich den Schnapsstand. Ich lege das Geld hin, verlange zwei Bunte für je einsfünfundzwanzig und Zigaretten. Die Verschlußkappen reiße ich mit rüttelnden, aber starken Griffen ab und kippe mir das Zeug in den Hals.

Tränen laufen über mein Gesicht. Mich interessieren die Menschen nicht mehr, die mich anstarren, sich Worte zuflüstern. Ich stecke die leeren Spaßmacher in die Hosentaschen und verlasse den verständnislosen Raum.

Der Einkaufswagen fliegt in meiner Hand hin und her und zieht mich zwischen Regalfluchten, die mir Backpulver, Marmeladen, Konserven, Kämme, Bücher, Wischtücher und endlich, endlich braungelbe Bierflaschen anbieten. Ich greife zu. Jetzt erst kann ich an meinen neuen Anfang denken. Der Wagen rollt mit mir zurück. Ich lege eine Tube Zahncreme hinein. So werde ich beginnen. Eine Flasche Haarwaschmittel nehme ich auch mit. Meine Kopfhaut juckt. Mir geht es nicht gut, aber deutlich spüre ich, wie sich der Schnaps in mir ans Werk macht. Viel ist es nicht, auch nicht die fünf Flaschen Bier, da sammelt sich noch nichts an. Zur Poliklinik gehe ich heute nicht. Eine Bierfahne mögen die nicht. Morgen werde ich dem Arzt erklären, daß ich beim Abklappern bin und mich bis zum Montag stabilisieren werde.

Die Kasse macht mir Schwierigkeiten. Wo soll ich mit den Flaschen hin? Ein alter Kartoffelbeutel, der macht es auch. Es wäre schade um die Flaschen, gerade jetzt, wo ich mich abtrinken will. Irgendwas drückt im Hals. Ich muß hier 'raus. Hinter dem Platz der Klassiker ist eine Parkanlage — mit einem Terrassenspringbrunnen in der Mitte. Ich habe was übrig für Wasserspiele.

Schwimmen gehen und eine prickelnde Brause trinken, wie gerne täte ich das jetzt, doch ich kann nicht . . . ich kann nicht . . . jetzt kann ich noch nicht. Ich verstehe es nicht, aber ich kann nicht plötzlich mit dem Trinken aufhören, heute schon gar nicht. Das halte ich nicht durch. Mein Körper hält das nicht aus. Wer ist mein

Körper, und warum hält er das nicht aus, und warum halten das die Körper anderer Menschen aus, so ohne Bier und Schnaps? Wer und was hat mich dazu verurteilt, trinken zu müssen? Mir hat der Schnaps noch nie geschmeckt. Erst macht er froh, dann dumm und später krank. Woher soll ein Dummer wie ich die Einsicht nehmen?

Ich möchte stehenbleiben und wie ein Idiot in den Himmel schreien. Ich möchte herausschreien, daß die Menschen sich immer mit neuen Möbeln, aber nie mit mir beschäftigen. Nur einige Mediziner stehen für uns Idioten Spalier. Meine Flaschen müßten wie Granaten in die Höhe fliegen und auf dem schönen Platz der Klassiker explodieren – aber vorher trinke ich sie aus. Sieht denn keiner mein Elend? Ihr bleibt stehen und redet über mich, aber ihr helft mir nicht.

Ich bin am Brunnen. Ein feiner Wasserschleier umspielt meine bloßen Arme und mein Gesicht. Das Wasser liebt mich, und später werde auch ich das Wasser lieben. Sollte ich herauskommen aus meinem Elend, werde ich zur Ehre des Wassers jeden Morgen ein Glas auf nüchternen Magen trinken und während des Schluckens daran denken, wie es war, als ich Äthanol soff wie ein Roboter Spezialöl. Ach was, ich bin ein Mensch und keine Maschine. Jetzt könnte ich vor mir ausspucken, aber ich haben keinen Speichel im Mund. Weißenbach denkt, ich sitze in der Poliklinik. Ja, ja – und die anderen? Sind das Menschen, kümmern die sich um mich? Die lassen mich doch glatt verrecken. Bald wird die Zigarette schmecken. Das Zittern kommt von innen. Nur sehr langsam werden meine Hände ruhiger. Die leeren Kleinen, ich werfe sie in den Springbrunnen. Sie gluckern schnell unter. Ich betrachte meine Hand. Es ist meine schöne, kräftige Hand, meine ganz persönliche Hand. Die kann mir niemand nehmen. Abhacken, aber warum? Es ist meine linke Hand, mit der ich im Wasser spiele. Mit der rechten muß ich trinken.

Wie sich die Sonnenstrahlen im Wasser brechen und meine Hand fein schattieren. Was hat diese Hand schon alles getan? Nein, daran möchte ich nicht denken. Wie ich meinen Sohn mit ihr streichelte – vor anderthalb Jahren, nach der Scheidung. Seitdem habe ich meinen Jungen nicht mehr gesehen. Meine Frau ist hysterisch geworden. Mein Suff sei schuld, sagte sie damals. Sie wird sich nicht ändern. Ihr Leben wird ein kaputtes Suchen bleiben. Wird der Junge mal ein anderer Kerl werden als ich? Sie wird ihm schon beibringen, den Schnaps zu verteufeln. Nichts wird mehr bleiben von seinem Vater. Später wird der Junge mich nicht mehr verstehen können, und er wird auf die Suche gehen – von den Weibern weg, die mit ihrem gluckenhaften Gehabe ihn sonst ersticken würden.

Ich bewege meine Hand und will das Bild wegwischen. Das Wasser schüttelt meine Finger.

Das ist der Daumen ...

Mit meinem Daumen beginnt und hört alles auf. Er ist mein wahrer Weg. Ich muß trinken. Von den Möglichkeiten, die ich kenne, ist es die einzige für mich. Was soll ich bloß machen? Mein Daumen ist der Imperator, der mich regiert. Ich nehme meinen Daumen sehr ernst, denn er ist der dickste meiner Finger. Ich muß zugeben, er beherrscht meine Hand vollkommen.

Der schüttelt die Pflaumen ...

Ich sehe den Zeigefinger der Dame von der Friedhofsverwaltung, wie sie mich mit ihm kreuzigt. Der Zeigefinger der Gesellschaft, der mich die Flucht ergreifen läßt. Der Zeigefinger des Krankenträgers: Da liegt der erfrorene Mann. Der Zeigefinger des Transportpolizisten, der zum Gleis hinschnippt: Da, er wurde aus dem Zug geschüttelt, der Kerl. Wie? Ja – muß besoffen gewesen sein.

Der liest sie auf ...

Aber, es kann nur gut aufgehoben werden, was sich nicht mehr bewegt und auch nicht zappelt. Der Mittelfinger – die Doppelflügeltür in der Dispensaire. Eine Menge Gründe kann es geben, sich suizidreif zu denken.

Der trägt sie heim ...

Was ist für mich ›heim‹? Wer trägt mich? Der Ringfinger? Was stülpe ich über meine Sucht? Die Verlagerung auf eine nächste?

Und der ißt sie ganz allein ...

Du lieber, egoistischer kleiner Finger! Würde ich nur ein wenig

Egoismus oder ein bißchen Mitleid mit mir selbst aufbringen, könnte ich dann das Trinken lassen? Wenigstens für einige Monate, ein paar Wochen vielleicht — alle wären zufrieden mit mir. Also, der kleine Finger ist ein Weg.

Ich balle die Hand zur Faust. Blödsinn, heute ist mir der Daumen das Liebste auf der Welt. Weißenbach hat gesagt, ich würde nicht ewig saufen können. Nein, Alfred Weißenbach, es gibt noch andere Wege, als nüchtern zu werden. Mein Daumen ist ein Weg: Nach unten, nach oben, nach unten, nach oben. Aufhören — das packe ich nicht. Was wollt ihr von mir? Ich brauche euch nicht. Ich möchte allein sein. Weg mit euch! Mit euch nehme ich es auf. Kaputt macht ihr mich nicht. Und wenn ich bis zu den Knöcheln im Dreck stehe und die Flasche mit dem ausgestreckten Arm hochhalte, ihr macht mich nicht klein. Ich kämpfe!

Ich, ein Gladiator mit der Flasche. Allein in der Arena. Der Imperator gibt das Zeichen. Er trägt einen Januskopf — Buschendorf und Mellmann in einem.

Ich kämpfe mit der Pulle, sie ringt mich nieder, weil ich sie austrinke. Auf den Rängen johlt, pfeift und brüllt mein Publikum. Auf den Knien trinke ich. Der Daumen des Imperators senkt sich und reißt mich hoch. Um mich herum hüpfen und singen Wahnsinnige. Sie stören mich, denn ich bin der Größte, ich bin die größte Größe überhaupt, und ich prügle auf die anderen ein.

Sie sitzen auf ihren Sonderplätzen, die Sozialaristokraten mit ihren dicken Autos. Sie haben sich Leute bestellt. Von denen lassen sie sich hochklatschen, um mich zu demütigen. Da sitzt er, der geistige Adel — nichts Menschliches ist uns fremd, plappert er nach, aber er kann meinen Anblick nicht ertragen und wendet sich von mir ab.

Sehr nah, auf den unteren Rängen, da sitzen die Moralisten mit spitzen Fingern und mit gespaltenen Zungen. Nur die Jugend brüllt mir zu. Ich gebe an mit meiner Kunst, eine Flasche auf ex zu leeren.

In den Logen sitzen die Mediziner. Doktor Freiberg und Frau Kern. Sie versuchen, das Phänomen zu diskutieren. Die heimlichen Trinker entrollen ihre Protestfahnen und verlassen das irre

Oval. Durch einen dunklen Gang flüchten sie in die Weinkeller der Stadt. Vor mir steht plötzlich eine schweigende Minderheit: Mütter, nachdenkliche Ärzte, Kinder, Theologen und Totengräber. Ich schwanke, falle und stehe auf, taumle hin und her und gröle. Ich bin Sieger!

Der oberste Herrscher, die entfesselte Kraft der öffentlichen Meinung — das ist der Daumen, der über mir schwebt. Er senkt sich, und winzig klein zapple ich vor dieser Macht. Jetzt fallen die Entscheidungen: Delirium tremens, Siechtum durch Lähmung oder Psychoknast. Ich ergebe mich noch nicht. Ich will die Bedingungen wissen. Welchen Preis zahlt ihr mir für die Kapitulation? Na los, redet! — Verstehe, weiß schon, Daumen nach unten. Ich schaue auf meine tropfnasse Hand. Wenn ich ab heute nur Bier trinken würde, wäre ich übermorgen nüchtern. Die Flüssigkeit spült die Schlacke heraus. Nur keinen Schnaps, keinen Tropfen Schnaps mehr. Ich gehe sonst kaputt, ganz fürchterlich kaputt. Ja, durch Schnaps bleibe ich auf der Strecke.

Eine Flasche Bier habe ich noch. Die trinke ich in aller Ruhe aus. Die vier leeren Pullen versenke ich im Springbrunnen. Wie schön es wieder gluckst. Sie liegen auf dem Grund. Ein Kind wird sie sich herausholen und dafür billige Schokolade kaufen. Durch das Rauschen des Wasserspiels höre ich:

»Eine Sauerei ist das!«

»Laß ihn, der spinnt doch!«

»Sag ihm, er soll das unterlassen. Im Wasser spielen Kinder.«

Ein Streichholz wird angezündet. Ich drehe mich um. Ein schönes Liebespaar ist das, wirklich, aber leider nur äußerlich. Sie sollen mich ja zufriedenlassen. Ich kneife meine Augenlider zu einem Spalt zusammen. Die Dame spielt mit den Händen im Wasser, als ob nichts gewesen wäre, und er schaut uninteressiert in die Bäume und bläst blauen Rauch ins Geäst.

Die Flaschen bleiben im Wasser liegen!

Jetzt nimmt er ihre nasse Patschhand, die er heute noch küßt und von der er übermorgen eine Backpfeife bekommt, weil er besoffen gesehen wurde. Sellerie, so ist das Leben. Ich haue ab. Es gibt stillere Plätze, und etwas zu erledigen habe ich auch. Den Zettel darf ich nicht verlieren. Claudia Lohmann heißt sie, und sie wohnt in der Schnellerstraße 6.

Was soll ich dort sagen? Guten Tag, Frau Lohmann! Mein Name ist Naumann, und ich muß Sie informieren — jedenfalls, Herr Peter Brauer ist verstorben. Vor einer Woche, da war . . .! Und da hat diese Frau die Tür schon zugeknallt. Was ist vor einer Woche passiert? Kommt in den Betrieb und will kündigen, was ist da vorgegangen? Ein Mann, der vorbildlich seine Arbeit macht, der anderen hilft und über eine beneidenswerte Gesundheit verfügt — warum läßt er sich sterben, ja, klingt besser als Selbstmord. Peter sah gut aus. Seine Zähne waren so weiß und so kräftig, damit hätte er sich noch Jahrzehnte durchs Leben beißen können. Wäre ich eine Frau, dann wäre ich glatt mit Peter ins Bett gegangen.

Fest stehe ich auf dem Platz der Klassiker. Der Bockwurststand hat wieder geöffnet. Die Verkäuferin schielt zu mir herüber. Keine Angst, mein Mädchen, deine Glibberwürste kannst du alleine essen. Ich fahre jetzt zum Rosengarten hinaus. Im Wohnbezirk Rosengarten wohnen die feineren Vertreter der Gesellschaft. Ich werde mit der Straßenbahn hinschweben. Seine Majestät, der Alkohol, hat meine Wirbelsäule fest im Griff und wird mich tragen. Ich bleibe beim Bier. Ich freue mich so, daß ich die Leute angrinsen muß. Ich werde das Abklappern in ein Auspendeln verwandeln. Über das Malheur meiner innersten Auflösung und Zerrüttung hebe ich mich mit Bier und Medikamenten hinweg. Himmel — was bin ich zufrieden.

Ja, ich will erfahren, was mit Peter war, wie es mit ihm kam. Die Mutter wird es wissen. Sie soll eine vernünftige Frau sein.

Im Interhotel — wie die Straßenbahn daran vorbeiflitzt — arbeitet Peters geschiedene Frau. Eigentlich müßte sie auch Bescheid wissen. Nein, ins Interhotel gehe ich nicht. Dort machen sie Unterschiede wegen der Kleidung. Das würde mich nur aufregen. Die Leute in der Bahn sind angenehmer. Sie riechen auffällig durcheinander und sind bunt gekleidet. Nicht so auf ›Inter‹. Ein junger Mann im Blauhemd schaut mich unablässig an. Er wird über mich nachdenken und sich mit mir vergleichen. Damit er nicht zu lange im unklaren über meine Person bleibt, atme ich kräftig aus. Er verzieht das Gesicht. Warte nur ab, mein Junge, im Leben kommt erstens alles anders und zweitens, als man denkt! Du erschaffst dir deine bleibenden Werte durch Aktivität und Transpiration, ich mir die meinen durch Passivität und Inspiration. Schade, nun steigt er aus.

Der Rosengarten. Zweimal war Peter mit mir hier draußen. Er besuchte seine Mutter. Ich durfte warten vor der Gartenpforte.

In einem mächtigen Kirschbaum hocken Stare. Das Haus davor könnte es sein. Ich muß langsamer gehen, am besten erst mal vorbei und dann wieder zurück. Was will ich eigentlich? Will ich mit den Staren pfeifen und Kirschen klauen? Eine Gardine bewegt sich. Also ist Frau Brauer zu Hause.

Hoppla, die Buchstaben sind wie schwarze Käfer. Angestrengt schaue ich auf das Namensschild und lese: BRAUER.

Sie ist im Haus und hoffentlich allein. Ein Klinkendruck würde genügen, und ich könnte zu ihr gehen. Besser, ich warte vor der Tür.

Irgendwann hatte Peter zu mir gesagt, daß seine Mutter schwerfällig und gemütlich sei, ginge es um Alltagskram, doch sobald Probleme anständen, verändere sie sich. Sie wäre dann sachlich bis sittlich und kaum zu ertragen.

Sie kommt. Ach, dicke Frauen sind mir zuwider. Sie haben zuviel Herz. Sie sieht sehr alt aus. Das Gesicht, auch die Haare — betongrau. Nur über der Stirn liegt eine gelbe Haarsträhne. Lärmend fliegen die Stare hoch. Frau Brauer schaut mich an und geht mit trägen Schritten auf mich zu.

»Ja?« Mehr sagt sie nicht. Sie bleibt hinter der Gartentür stehen. Ein sanfter Windhauch, einer, der sonst die Wärme der Sonnenstrahlen in schattige Ecken drückt, zerwebt meine Bierfahne, trägt sie von uns fort, und ich bin ihm dankbar: »Guten Tag, Frau Brauer. Ich heiße Naumann, Michael Naumann. Sie kennen mich bestimmt noch, ich war mit Peter befreundet.«

»Ja — und?«

»Ich wollte Ihnen mein Beileid aussprechen. Getroffen hat es mich . . .«

»Danke, und sonst?«

Kühl und auf Distanz bedacht schaut sie mich an. Wie sie mich beäugt, ihr Blick rutscht ruckartig über meine Gestalt. Warum sagt sie nichts? Sie muß doch was sagen. Mit forschenden Blicken prüft sie meine Kleidung. Auf meine Brusttasche schaut sie länger, dann tastet sie die Partien meines Gesichtes ab.

»Ja, das war es wohl, Herr Naumann.«

Keine Betroffenheit liegt in ihren Worten. Wie sie spricht, die blanke Monotonie. Ihr graues Haar, es ist so sauber und gut gelegt, wirkt unerträglich auf mich. Verhaltene Wut puckert in meinen Schläfen. Meine Gedanken stauen sich. Sie trauert, doch sogar der Briefträger würde denken, er hätte sie durch das Klingeln von Torte und Kaffee weggerissen.

»Ja, das war es eigentlich.«

Sie nickt mir zu, und ich setze meinen Weg wie einen Spaziergang nach einer unliebsamen, aber unumgänglichen Unterbrechung fort. Ihre Blicke lösen in meinem Rücken ein dumpfes, unangenehmes Druckgefühl aus und schieben mich voran. Ich bin allein, ich bleibe allein, da ist noch Weißenbach — na gut —, und damit hat es sich. Nein, die alte Brauer kann mich mal kräftig.

Winzig klein zieht die ferne Stadtbahn einen Bogen um die Siedlung. Sogar sie ist fein und leise. Unter meinen Schuhen knirscht Splitt. Wie unangenehm! — Ich trete mit wahnsinniger Wut in den Splitt und brülle über die Gärten hinweg: »Tor!«

Mein Gelächter kollert. Ich drehe mich um. Nicht sehr groß, aber stämmig, steht Frau Brauer noch immer hinter der Gartenpforte und schaut mir nach.

Ich trete den nächsten Ball und schreie über Gärten, gepflegte Häuser und geputzte Menschen hinweg: »Tooor!« Die Splitter schwirren wie kleine Schrotkugeln durch die Gegend.

Elegant gleitet die Stadtbahn über eine Taxushecke, die den Bahndamm verdeckt, und verschwindet zwischen Neubauten. Diese fortgleitende Bewegung und der tobende Rhythmus meiner Schritte ziehen mich mit. Was interessiert mich Frau Brauer? Was interessieren mich Peters Rückfall und seine seltsame, unnütze Kündigung?

Ich bin ich, weil ich hier gehe und deshalb ich sein kann. Was wollen die alle von mir? Ich bin mein eigener Herr! Wenn es nach denen ginge, dann könnte ich hier tot umfallen und wäre dann die neuste Kreation aller Komposthaufen der Siedlung. Wenn ich in einem Garten zwischen Erdbeeren oder am Bahndamm neben Disteln sterben würde, dann wäre mein Tod nur ein mistiges Ereignis in einer Siedlung am Rande der Stadt. Ein Ereignis, das in einer Blechwanne mit einem Feuerwehrauto – wegen des Gestanks – hastig entfernt würde. Die Rentner würden darüber reden, aber auch nur beiläufig, denn soviel Unanständigkeit könnte daran erinnern, auch wie das liebe Vieh sterben zu müssen.

Was ist mein wahres Unglück? »Tooor!«

Mein Unglück, das sind die Menschen, die ganze Welt. Sie mögen mich nicht. Wie oft gehe ich auf Menschen zu und will, daß sie mit mir reden, doch sie belehren mich oder sie wenden sich auf eine so ruhige, überlegene Art und Weise von mir ab, daß ich vor Ärger ersticken möchte. Mein anderes Unglück sind vielleicht die Medikamente. Und die Erinnerungen. Ich lehne sie ab, doch sie fragen mich nicht, sie drängen sich auf.

Wie freundlich das Geld in meiner Tasche klimpert. Jetzt fliege ich der Stadtbahn nach. Mein Körper ist ein leerer Schlauch, der sich dehnt und streckt. Mein aufgeblasener Kopf schwebt über den Baumkronen. Verächtlich sehe ich auf die Kleingärtner herab. Selig genieße ich meine Überlegenheit, die meinen Ärger neutralisiert. Die Umgebung verwackelt im Blickfeld, denn ich strecke mich hoch und höre und finde mit meinem feinen Gespür das Dach einer Gartenkneipe heraus. Ich taste die Taschen ab, freue mich, daß das Haarwaschmittel auf der Bank am Terrassenspringbrunnen steht, und ich wünsche mir, daß es ein Kind findet und in den Springbrunnen schüttet. Es soll sich über die Seifenblasen freuen.

Ich bin in der Kneipe und flattre mit heißen Sohlen auf einen Tisch zu, lande mit lautem Getöse auf einem Stuhl und bestelle klar und vernehmlich: »Ein großes Bier und einen doppelten Korn!«

Er läßt es sich gefallen. Er hat mindestens ein halbes Jahrhundert hinter dem Zapfhahn heruntergerissen. Ich kenne die Kneipenwirte. Da gibt es die väterlichen Wirte, die mitunter am Tisch des Gastes sitzen und ihm zuhören, die adretten Wirte, die einen Schlips tragen, Ökonomie studiert haben und eiskalt ihr Geschäft betreiben – und da gibt es noch die seriösen, gesprächigen Wirte. Bei denen merkt keiner, daß sie Geld verdienen wollen, denn sie geben sich familiär und wenig politisch. Natürlich gibt es auch Auswüchse nach allen Seiten, wie die Sargdeckel-Martha und der Wirt der Schwemme. Eines haben sie alle gemeinsam, die Kneipenwirte, sie sind das organisierte Henkertum der Trinker, und sie können noch nicht einmal was dafür.

Wie er heranschlurft. Mein Wirt ist ein väterlicher Typ, und er sagt zu mir: »Ein wenig leiser, junger Mann.«

Mit einem Lappen wischt er um meine aufgepflanzten Ellenbogen herum, stellt das Bier und den Doppelten hin.

»Da!« sagt er noch. Er bleibt neben mir stehen. Worauf wartet er? Gierig taxiere ich die Gläser. Er steht immer noch und schaut. Vorsichtig schiebe ich die gespreizten Finger auf das Bierglas zu. Der Wirt schlurft zum Tresen. Ich senke mein Gesicht dem Bierglas zu. Erregt pulsiert mein Verstand und drückt alle Gedanken weg. Ich kose mit der Zungenspitze den Schaum, schmatze ungenierlich laut und hebe beidhändig das Glas an. Das gelbe Naß gluckert im Mund, und ich spüre, wie es meinen Gaumen hinabstrudelt. Zigarettenasche punktiert den Schaum. Wie sich die Kohlensäure zischend löst. Ein Wildbach! Was für ein Gefühl, und jetzt den Doppelten nachstürzen.

Ach, ganz gemein rüttelt er mich durch. Ein Ekelschauer klettert über die Haut meiner Unterarme, durchfliegt meine Brust, schnürt sekundenschnell den Hals zu und zieht meinen Mund nach innen. So ein unvermuteter Ekel, aber ich schiele wieder zum Bierglas. Langsam löst sich der Krampf. Ich spüre eine warme Welle zwischen den Schulterblättern. Mein schlaffer Bauch ist wieder fühlbar geworden. Schwere wandelt sich in Wärme, und Wärme wird sich bald in Kraft umsetzen.

»Noch einen Doppelten, Zigaretten auch, Herr Wirt!«

Er hat mich beobachtet. In der Hand trägt er ein volles Schnapsglas, schlurft heran:

»Da!«

Durch kleine Bierschlucke lindre ich die Ekelwirkung des zweiten Schnapses, der meinen Rücken nur kurz streichelt und sich sofort in Wärme umsetzt.

»Noch einen Doppelten, Herr Wirt!«

Der väterliche Wirt nickt. Aus der Tülle gluckert silbrig der Korn. Das ist meine neue Strategie: Drei Schnaps — ein Bier.

»Da!« Der Wirt bleibt vor mir stehen und zieht einen Bleistiftstummel hinter dem Ohr hervor. Er will Geld, da hat er das Geld. Die Zigaretten, drei Doppelte und ein Halbes, so! Da geht er nun mit meinem Geld. Unauffällig ziehe ich mich an der Tischkante hoch. Ich liebe die frische Luft. Schmerzlich zucke ich zusammen, als ich hinter mir das dumpfe Aufprallen des Stuhles höre. Ich will hier weg und gehe schneller. An der Tür drehe ich mich um und sehe den Wirt neben dem Tresen stehen. Er streichelt seine rechte Faust, grinst und wendet sich wieder den Gläsern zu.

Eine Betonstraße führt von der Gartenanlage zum S-Bahnhof. Drüben rollt ein langer Zug ein. Die Leute aus den Chemiekombinaten betreten den Bahnsteig. Wie sie dem Neubaugebiet zujagen. Vorher treffen Mann und Frau kurze Absprachen: Holst du Karl-Friedrich aus der Krippe oder gehst du einkaufen? So geraten die Kinder aus einem gelben Block in einen blauen Block. Krippe, Kindergarten, Schule. Schlangen vor den Kaufhallen. Sie werden nicht kürzer, und die Bierflaschen, die die Männer tragen, nicht weniger. Abgehetzt kommen alle nach Hause. Sie essen, baden die Kinder und stecken sie ins Bett. Sie waschen Geschirr ab. Ständig läuft der Fernseher. Es macht sie so stumm, daß sie über alles eine Meinung haben, nur nicht über sich selbst. Abends schimmern ganze Häuserblocks im lautlosen Rhythmus weißblau, bläulich, weiß, dunkelblau und wieder weißblau. Alle wählen sie das gleiche Programm. Sie sehen es sich an, und danach gehen sie ins Bett.

Auch da wählen alle das gleiche Programm, weil sie gehört haben, daß nur so die Ehe funktioniert, und von der frühen Sexualaufklärung her wissen sie, daß es erotisch gemacht werden soll, und darum machen sie es erotisch und sehr gut. Bravo!

Ich weiß das ja. Fünf Jahre war ich mit meiner Frau im Neubaugebiet. Wir haben einen Sohn, der dieses Jahr zur Schule kommt. Wie verrückt haben wir drei Jahre auf neue Möbel gespart, und erst dann empfingen wir unseren ersten Besuch. Nein, diese Andacht beim Toasten, und Salzgebäck gab es auch, und Schnaps und Bier. Die Frauen tranken Wein. Ja, so war es oft, und gegen Mitternacht waren die Männer blau. So hätte es Jahrzehnte weitergehen können, doch meine Mutter hat sich zu sehr in unsere Ehe eingemischt, und meine Frau hat es geduldet. Meine Mutter, sie hat schuld an allem. Ach, die ...

Bald muß eine S-Bahn kommen. Egal, wohin sie fährt, ich fahre mit. Ich will hier weg. Mein Körper erinnert mich an Gelatine. Ich stehe fest, solange mich niemand berührt. So kann ich es nicht aushalten, ich muß in die Stadt zurück. Dort werde ich in eine Kneipe gehen und essen. Ich muß essen, sonst falle ich auseinander.

Die S-Bahn fährt ein. Der Triebwagen nähert sich. Er zieht mich zur Bahnsteigkante. Ich möchte mich fallen lassen, aber ich wehre mich dagegen. Mir wird klar, den gewaltigen Druck der Stahlräder halte ich nicht aus. Das Schwindelgefühl weicht, als der Zug zum Stehen kommt. Teilnahmslos drängeln sich Leute an mir vorbei. Für mich haben sie keinen Blick, und eine Frau sagt laut: »Holst du Christoph, ich gehe einkaufen.«

Das Abteil ist leer. Die Bahn hat die Menschen ausgespuckt und mich arme Seele eingesogen. Alle erledigen irgendwas, ich mich. Der Triebwagen jault auf, die Türen fallen zu, und der Schub drückt mich in die Kunststoffpolster. Jetzt werde ich mitfahren, bis ich nüchtern bin.

Warum trägt mich eine Bahn, das Gleis, die Erde überhaupt? Was habe ich von mir? Ich will nicht mehr, nein, ich will nicht mehr leben. Ist denn keiner da, der mich umbringt? Es braucht ja nicht mit der Spitzhacke zu sein. Normale Leute arbeiten damit. Jetzt muß ich trinken, damit sich mein Körper einigermaßen fühlt. Ich sollte in einem Schnellzug sitzen, weg von dieser Stadt. Sie belästigt mich und hindert mich daran, von der Flasche wegzukommen. Das Klappern und Stoßen der Räder raunt und rauscht in mir. Draußen schleift die S-Bahn in einer rasanten Kurve in den Süden der Stadt ein. Die Sonne durchglüht Hochhäuser und Fabrikschornsteine. Gezackte, schwarze Wolken schweben am Horizont. Der gefühllose, gelbe Sonnenball — er kippt ab oder steigt auf. Ist es morgens oder abends? Ich weiß es nicht. Kommt die Nacht, dann kommen auch die wahnwitzigen Ängste, und kommt der Tag, dann kommt das mühsame Abfangen des Zusammenbruches. Ich wünschte, es gäbe keine Zeit mehr.

Der S-Bahnzug trägt mich in den Hauptbahnhof, und ich verlasse mit unsicheren Schritten das Abteil. Schweratmend nehme ich die Stufen des Bahnsteiges und bleibe vor einer großen Digitaluhr stehen. Das rechte Auge halte ich zu. 18.00 Uhr ist es, eine gute Zeit. Ich werde die Stadt verlassen und nie mehr zurückkehren — nie! Weg von meiner Wohnung, weg von diesen Menschen hier, weg von dieser lausigen Stadt. Hier lauert überall das Unglück. Ich brauche einen neuen Anfang, denn mein Elend ist mit dieser Stadt verbunden. Hier habe ich mit dem Trinken begonnen. Noch habe ich eine Chance, ich bin doch kein Alkoholiker, wie mich Doktor Freiberg gern sehen möchte. Neu beginnen — ich muß vor Weißenbach, Kern, Freiberg, Haber und Brauer, vor meiner geschiedenen Frau und meiner Mutter fliehen! Für immer.

Doch vorher hole ich mir eine Flasche Schnaps. Eine große Kräuterlikör? Nein, ohne Tasche ist die große Pulle zu deutlich zu sehen. Die Leute würden mich für einen Trinker halten. Das will ich nicht, denn keiner würde mir helfen wollen. Ich entscheide mich für eine kleine, bunte Schachtel. Oder, ich hole doch eine große Flasche. Ich könnte auch beides kaufen und mitnehmen, so wie gestern. Unsinn, auf jedem Bahnhof kann ich das sagen: »Die vier Wackelmänner im Karton möchte ich haben«, also: Zwischen vier verschiedenen, kräftigen Schlucken kann ich nachher wählen. Immer die gleiche Sorte, das ätzt ja den Schlund aus.

Schulkinder! Sind die Ferien vorbei — beginnen die Ferien? Die Kinder, so ein Gelärme und Getöse. Sie kommen mir vor wie saubere, kleine und sehr laute Tiere. Mein Herz bummert in den Schläfen. Steif bleibe ich stehen. Diese Ausgelassenheit, ich kann sie nicht ertragen. Ich laufe einen Bogen, weil ich ausweichen muß. Der Fahrplan macht mir zu schaffen. Ich begreife ihn nicht. Ach, was brauche ich eine Uhrzeit für die Abfahrt. Ich brauche Geld und krame in meinen Taschen. Es sind etwa fünfzig Mark. Egal, wohin ich fahre und wo ich ankomme, für mich sind Züge nur unterwegs.

Vielleicht schaffen sie mich in ein Krankenhaus – falls ich in einer Ecke liegenbleibe. Papierkörbe werden auch ab und zu geleert. Den Ärzten würde ich schon erzählen, was mit mir ist.

Ich will hier weg, ich will hier weg. Die Kinderkolonne ist endlos lang. Ich werde mich bemühen, gerade daran vorbeizugehen. Nein, ich schaffe es nicht. Die Kinder rempeln mich an und lachen. Ich flüchte zu den Bahnsteigen hoch. Am Bahnsteig 5 steht ein Zug. Der Zug ist leer. Dann wird er eben später abfahren. Auch der Bahnsteig ist ohne Menschen. Das ist günstig, ich kann einsteigen. Keiner wird mich gesehen haben. – War das ein verrückter Tag!

Ich suche mir einen Platz und beginne den Tag zu durchdenken, doch es gelingt mir nicht recht. Mein Tag Leben heute, das waren acht Flaschen Bier, drei Doppelte und ein Halbes. Dazu noch ein paar Spaßmacher. Erschreckend wenig, vergleiche ich es mit früheren Zeiten.

Ich bin müde, kaputt und schlaff. Nur die Gegenwart ist verläßlich. Käme der Tod, mein Tod, wie die Abenddämmerung, ich würde sofort die Augen schließen. Doch, so sanft wird er nicht kommen. Ich habe schon Todesfurcht gehabt. Die Fenster und Türen sind geschlossen. Der Zug steht.

In meiner Hand klebt die Schachtel. Jede klitzkleine Flasche nehme ich einzeln und stelle sie aufs Fensterbrett. Erst werde ich den Korn und den Likör trinken, danach den Pfirsichgeist und zuletzt den Weinbrand-Edel. Schließlich habe ich einen guten Geschmack.

Auf Bahnsteig 4 läuft ein Schnellzug ein. Der Lautsprecher krächzt, Puffer klirren, und die Räder reiben aufreizend grell auf den Schienen. Die Menschen ähneln dicken Hummeln. Sie schleppen Koffer und Taschen, tragen Rucksäcke und Campingbeutel. Eine dunkelblonde Frau rennt schon das dritte Mal den Bahnsteig entlang. GUTE FAHRT! steht auf einem Schild. Die vier Miniflaschen gleiten unter meinen Fingern in die Schachtel zurück. Nur eine bleibt draußen. Mein Griff war richtig. Ich reiße die Verschlußkappe ab und kippe den Korn hinunter. Es geschieht nichts, und ich muß an einen tiefen Festungsbrunnen denken, denn ohne einen Hall fällt der Schluck in die Tiefe meines Körpers. Ich schütte den Likör nach, und wieder passiert nichts. Das ist unheimlich. Ich ziehe mich an der Gepäckablage hoch, drehe mich und gehe die drei Schritte zur Toilette. Dort passiert auch nichts. Ich schwanke zurück zum Sitz und brenne mir eine Zigarette an. Das saubere Abteil geniert mich. Asche fällt von der Zigarettenglut. Ich zertrete die Asche.

Ein seltsamer Zug. Die Fenster sind sehr dreckig, im Gegensatz zum Fußboden. Ich hätte einen guten Start gehabt, denkt Weißenbach, in einen nüchternen Alltag hinein, doch jetzt rühre ich keinen Finger mehr dafür. Ich werde im Zug bleiben und warten, was da kommt. Es kann nicht schlechter werden, Klinik oder Tod, na und? Vor dem Tod muß eben ein wenig gezappelt werden, das gehört dazu.

Fast unmerklich setzt sich der Zug in Bewegung. Weich rollen die Räder auf den Schienen. Soweit ich sehen kann, sind alle Abteile leer. Das wird eine Fahrt! Die brennende Zigarette sengt meine Finger an und meint, daß ich sie fallen lassen soll. Ich lasse sie los und kuschle mich in den Sitz. Meine Augenlider haben es schwer. Sie fallen über meinen Blick. Der Zug schlingert von Weiche zu Weiche, ich schwebe mit ihm. Wolkenweich trägt er mich. Die Stadt, die Stadt, ich verlasse sie für immer . . .

. . . Wasser rinnt an der Scheibe herunter, und erschrocken hebe ich den Kopf. Klatschende, schmatzende und saugende Geräusche und totale Finsternis schließen mich ein. Siedend heiß springt die Angst in meinen Verstand und meinen Körper. Ich höre mich schreien. Um mich rauscht und stöhnt es. Ich presse mein Gesicht gegen die Fensterscheibe, versuche hinauszusehen und pralle entsetzt zurück. Lange, schwarze Haarwellen greifen nach mir. Sie wollen mich umschlingen und erwürgen. Ungeheuer schwimmen hinter Glas und schlagen entschlossen dagegen, um in das Abteil zu gelangen. Ich springe hoch, stoße mich und haste den Gang entlang. Ich suche einen Ausweg, öffne eine Tür und taumle gegen die Toilette. Eine Wasserwand fällt vor mir herab. Kratzende, schabende Laute dringen von allen Seiten auf mich ein. Die Angst drückt mir den Hals zu. Mein Herz zappelt wild in meiner Brust. Ich höre mich hemmungslos »neiiin!« brüllen. Das ist die Hölle, das Delirium, mein Ende. Ein hoher, kreischender Ton zwingt mich auf die Knie, und ich warte darauf, daß die schwarzen Schleier über mich herfallen und mich endlich ertränken. Jeden Moment. Sofort. Jetzt.

Es wird hell. Senkrechte, riesige Bürsten gleiten davon, und das Wasser läuft ab.

Ich setze mich und weine. Nichts kann mich trösten. Was ist das für eine öde Welt. Meine Hoffnung, eine große Reise zu machen, daran zu sterben oder zu gesunden, ist nichts wert. Ich bleibe willenlos sitzen, bis der Zug von einer Rangierlok in den Bahnhof geschoben wird. Jedesmal ducke ich mich, geht neben den Gleisen ein Rangierer vorbei.

Sehr langsam fällt die Aufregung von mir ab. Ich öffne den Pfirsichgeist und den Weinbrand, schütte den Fusel in mich hinein, warte auf nichts, vielleicht noch auf den Irrsinn. Ich helfe meinem Körper aus dem Zug hinaus. Die Digitaluhr zeigt 20.15 Uhr.

Der letzte Abend meines Lebens, dieser schöne Sommerabend. Ich schleppe mich durch den Tunnel an einem Strom von Passanten vorbei, dem sauberen Boulevard zu. Wegwerfen möchte ich mich, weil ich elend, naß und verkommen bin. In einigen Tagen werden sie mich neben Peter Brauer einscharren. Mein Problem mit mir wäre schneller zu lösen, fände ich mit einem kräftigen Schlag mein Ende. Zum Schluß ein Ausrufezeichen, der Naumann, der! Heroinabhängige versetzen sich einen ›Goldenen Schuß‹.

Eine Bank. Ich werde mich setzen und überlegen, was zu tun ist. Die Steinbank ist kühl. Unterhalb einer herrlich ausgeformten Frauenfigur plätschert Wasser in eine bronzene Schale. In mir steigt eine stille Sehnsucht hoch, und ich versuche nicht, sie zu unterdrücken. Wie teilnahmslos das Wasser glitzert. Das Licht der Kugellampen schwebt darüber wie strahlende Trauben. Tausend kleine Leuchten fallen in das untere Becken. Diese Lichttropfen mühen sich ab, um in der Schwebe zu bleiben, und doch fallen sie in das anonyme Wasser.

Die größte und lächerlichste Errungenschaft, die die Natur uns mitgegeben hat, so scheint es mir, ist die Vernunft. Sie weiß von ihrem Tod – milliardenfach. Das Weiterleben nach dem Tode ist da eine gute Ausrede vor der Wirklichkeit. Ich muß lächeln über meine gelungenen Gedanken. Peter ist unwiderruflich heimgegangen. Ein schönes Wort für einen miesen Tod. Wäre nicht besser: heimgegangen worden? Ich hätte seine Mutter doch fragen müssen. So schlecht scheint Frau Brauer nicht zu sein. Der Kummer wird sie so zurückhaltend gemacht haben.

Das kann doch nicht möglich sein, der Brenner-Norbert.

»Na, Micha, denkste darüber nach, wie du zu 'nem Schluck kommst?«

»Kaum, was machst du hier?«

»Das gleiche wie du. Hab ich es dir schon erzählt, mein Knie?«

Er streift das Hosenbein hoch. Ich sehe einen durchnäßten Wundverband, den das Licht der Kugellampen graugelb tönt. Ich will ihn vorsichtig berühren, doch Norbert läßt das Hosenbein darüber fallen.

»Was meint der Arzt dazu? Das sieht nicht gut aus, Norbert.«

»Ich bin nicht krankenversichert.«

»Unsinn, jeder hat Anspruch auf ärztliche Hilfe. Wann hast du dir die Schramme geholt?«

»Na, als sie uns aus dem Zoo jagten. Bist du gut nach Hause gekommen? Du hast am Kopf geblutet.«

»Wennschon. Laufen wir ein Stück?«

»Biste denn verrückt – mein Bein. Hast du 'ne Zigarette?«

Norbert streckt sein krankes Bein aus, dreht sich wie ein Kran und läßt sich auf die Steinbank fallen. Schweigend gebe ich Feuer. Gierig zieht er an der Zigarette, und ich sehe, wie sein Kehlkopf kräftig hervortritt. Das Licht wirft wechselvolle Schatten, und für einen Moment sieht Brenner-Norbert anfällig und verbraucht aus.

»Norbert, den Peter Brauer hat es erwischt. Er hat sich umgebracht und liegt jetzt auf dem Südfriedhof.«

»Der Spinner. Das hätte ich dir gleich sagen können. Nee, solche Spinner knallen nach den ersten Schwierigkeiten die Hufe gegen 'ne Wand.«

Ich kann nicht wütend werden. »Laß ihn mal. Ich glaube, er hatte es nicht leicht gehabt. Zuletzt hat er noch gekündigt.«

»Na, dann ist die Belegschaft wenigstens zufrieden, was?« Norbert haut mit der Hand auf sein krankes Bein, »wir halten durch! Und du, Micha, du auch!«

Ich schüttle den Kopf. Norbert bemerkt es nicht.

»Micha, wollen wir 'ne Raupe machen? So eine, daß die Luft um uns brennt!«

Norbert schaut mich forschend an. Er fragt mich. Mir wird es klar. »Norbert, du hast keinen Pfennig? Hier, ich gebe dir zwanzig Mark, und du verschwindest damit. Einfach so. Ich will nicht mehr, hörst du, ich will und kann nicht mehr.«

Besorgt schaut er mich an. »Ich hole 'ne Pulle. Du mußt was trinken, du hast ja Hummeln im Kopf. Bleib hier sitzen.«

Ich gebe ihm das Geld, damit er geht. »Hau ab, Norbert. Ich habe seit einer Woche durchgezogen.«

»Hör auf 'nen Älteren. Du hast Distras gefressen, was? Mensch, paß auf, du gehst sonst ab. Schnaps ist was Reelles. Laß dich von Freiberg nicht kaputtmachen. Warte hier!«

»Ach, geh!« Ich stecke mir eine nächste Zigarette an. Er drückt sich von der Bank hoch, und unschlüssig klingt es, als er zu mir sagt: »Ich bin gleich wieder da, 'nen Kumpel laß ich nicht im Stich.«

Ich sehe, wie er seine breiten Hände in die Taschen schiebt und an dem Springbrunnen vorbeihumpelt. Ein Wasserschleier streichelt seinen Hals. Mit einer energischen Handbewegung schlägt er den Jackenkragen hoch. Er wird nicht wiederkommen. Das Geld wird er allein versaufen. Der Springbrunnen musiziert. Ich beuge mich vor und lausche. Nein, ich muß mich geirrt haben oder? — Bach?

Im Dom brennt Licht. Menschen sitzen hinter dem dicken Gemäuer und hören ein Konzert. Es zieht mich zur Portaltür hin. Viel kann ich nicht, aber Klavier spielen kann ich. Vielleicht sitzt meine

Mutter im Dom? Sie mit ihrem überspannten Ehrgeiz hat mich fast bis zum Wahnsinn gebracht. Immer und immer wieder vorspielen. Ich sollte perfekt werden.

Die Mauer ist kalt und naß. Nur für meine Mutter habe ich gespielt. Ich liebte sie so sehr. Einen winzigen Spalt breit öffne ich die Tür. Wie vertraut sie sind, diese Töne. Das könnte das Präludium – Fuge a-moll sein. Es ist Bach. Kräftig, aber Ruhe fordernd, hallen die Akkorde. Klänge steigen und verharren im Dom. Mein Arm zittert heftig. Ich schiebe meinen Fuß in den Spalt und streichle die glatte Metalltür. Schweiß steht auf meiner Stirn, fließt hinter meinen Ohren und sammelt sich im Haar. Mein Hals wird naß. Ich möchte mit der Tür hineinfallen, und alle sollen mich sehen.

»Was machst du hier? Ich hab' dich gesucht.«

Norbert steht vor mir und feixt.

»Na, hast du eine Flasche geholt?«

»Nee, ich weiß was Bess'res. Geld habe ich noch. Michael, in der ›Börse‹ sitzen zwei Weiber. Die eine kenne ich. Die hat ihre Tochter mit. Plätze halten sie frei.«

»Quatsch, Geld für Weiber ausgeben!«

»Ich nehme die Mutter und du die Tochter. Sie sind gut eingeritten, die zwei. Los, komm!«

»Ich habe keine Lust. Außerdem sind meine Sachen naß.«

»Komm schon, Micha, du hast doch Grips im Kopf. Gut quatschen kannste auch. Die wollen so was. Vorher, meine ich ...«

»Ich kann mich kaum noch gerade halten.«

»Warte«, sagt er, und seine Hand gleitet in das Jackenfutter, »für den Ernstfall – hier.«

Andächtig öffnet Norbert einen Flachmann und setzt sich neben mich. Vorsichtig hebt er mein Kinn an, und ich öffne meinen Mund. Ich lasse mich mit kleinen Schlucken füttern.

»Haste noch Eierchen? Die Wirkung läßt bei dir am besten nach, trinkste Schnaps. Ich kenne das. So, in der Kneipe lasse ich die Pulle nachfüllen.«

Stöhnen muß ich. »Fünf habe ich noch. Norbert, du bist ein Kumpel.«

»Laß den Quark. Fünfe haste also noch. Nimm die später. Du weißt ja Bescheid. Komm, die Weiber warten nich ewig.«

Norbert hat recht. Wie soll ich über die Nacht kommen? Ich muß einige Augenblicke warten, bis meine innere Erregung herunterrieselt und das Flattern meiner Hände nachläßt. Mit einer Frau zu schlafen, das wäre nicht schlecht. Sie könnte sogar den Notarzt holen, wenn . . . ach, wenn! »Los, wir gehen. Wo ist es?«

»In der ›Börse‹. Den Wirt kenn' ich. Ein Kumpel. Ich hab' für ihn mal was gemacht. War aber nur 'n Pfusch. Nee, der Wirt schmeißt mich nich 'raus und dich nicht 'raus.«

»Kommst du mit deinem Bein nach?«

»Klar, wenn's in die Kneipe geht, immer. Ich laß mir nich durch Eierchen was vorgaukeln und den Willen nehmen.«

Meine Schrittlänge bringt Norbert zum Hinken. Er flucht auf das Bein und hopst nach jedem dritten oder vierten Schritt. Als ich im Türrahmen der ›Alten Börse‹ stehe, muß ich auf Brenner-Norbert warten. Er kommt, drängelt sich an mir vorbei und grüßt zu einem Tisch hinüber. Daneben steht ein Spielautomat, der mit Hebeln und Knöpfen auf Zahlen getrimmt werden kann. An unserem Tisch sitzen drei Frauen nebeneinander, wie Oma, Mutter und Tochter.

»Hier is mein Kumpel Michael.«

Ich gebe allen die Hand. »Seht euch meine Sachen an. Ich bin Michael, der Engel. Ich bin geradewegs durchs Wasser zu euch geeilt — noch ist mein Schwert erloschen!«

Das junge Ding lacht mich an und greift zum Bierglas. »Hier, trink einen Schluck, mein Scheißer.«

Sie gefällt mir, und ich erzähle allen meine Geschichte von der Waschanlage der Deutschen Reichsbahn. Zwischendurch schreit Brenner-Norbert nach Bier und Korn und fragt mich, ob ich ein Rostbrätl will. Ich lehne ab und verschiebe es auf später. Die Frauen sehen mich entsetzt an, als ich von den riesengroßen, schwarzen Bürsten erzähle, wie ich, zwischen Waggon und Bürsten eingeklemmt, daran rüttelte und mich befreite.

Die, die mir gefällt, wird die Tochter sein, von der Norbert schwärmte. Sie ist füllig. Ihre Wimpern sind eintätowiert. Daneben, das ist die Mutter. Sie hat kräftig ausgemalte Lidschatten, die matt wie Blei schimmern. Sie lacht und zeigt uns allen eine durchgängige Reihe schwärzlicher Silberplomben. Vor ihr liegt eine Brille auf dem Tisch. Diese Frau scheint nur aus Metall zu bestehen. Die möchte ich nicht in Wallung bringen, doch warum sollte sich Norbert nicht an ihr erwärmen können. Keinen Anteil an uns nimmt die dünnhaarige Oma. Als alles am Tisch laut auflacht, klingt ihre Stimme durch: »Siebzig Jahre bin ich heute geworden. Sie können mir das ruhig glauben, siebzig Jahre alt. Haben Sie eine Zigarette für mich? Sie sind ein hübscher Mann. Haben Sie eine Zigarette? Ich bin heute siebzig Jahre alt geworden.«

»Halt die Klappe!« Die Junge neben mir kann aber ruppig werden. Was hat die Alte ihr getan?

»Laß sie doch, Elke.« Die Mutter von Elke scheint eine vernünftige Frau zu sein.

»Ich kann das Gequatsche nicht mehr hören. Ich kann es nicht mehr hören.«

»Junger Mann, eine Zigarette nur. Heute bin ich siebzig Jahre alt geworden.«

Ich zögere, dann gebe ich der Alten eine Zigarette. Sie hat keinen Zahn mehr im Mund. Ich lege meine Hand auf Elkes Arm.

»Ich hau der Alten eins drauf.« Meine Elke ist unmöglich.

»Beruhigt euch mal.« Norbert lenkt ein. Auch ihre Mutter versucht zu beruhigen. »Elke, denk mal an Oma.«

»Ausgerechnet du mußt das sagen, Mutter. Oma guckt sich die Radieschen von unten an. Frage mich nicht, wer schuld daran hat, doch nur du selbst.«

Elke ist das blanke Gift. Ihre Mutter kann sich nicht wehren. Wie hilflos sie den Mund auf- und zuklappt und mit der Brille spielt.

»Elke, du weißt, ich ...«

»Ach, halt die Klappe. – Michael heißt du? Wir trinken einen. Manchmal hat meine Mutter die Vornehmheit gepachtet, nein, richtig komisch.«

»Ist schon gut, Elke, wir trinken einen.«

»Eine Runde Bier und vier Doppelte.« Aufgeregt schnippt Brenner-Norbert mit den Fingern. Der Wirt schaut über Rauchschwaden zu uns herüber. Er nickt. Mein Arm saust hoch.

»Fünf Doppelte.« Es wird still am Tisch. Es ist so, als würden alle schweigend zählen.

»Du bist ganz schön bescheuert, Michi, aber wenn du bezahlst, bitte!«

»Laß mich, Elke, ich weiß warum.« Ich nehme wieder eine Zigarette und hole zwei Zehnpfennigstücke aus der Brusttasche. Ich schiebe alles der Alten zu und zeige auf den Spielautomaten. »Hier, vielleicht macht es klinge-linge-ling.«

»Danke, der junge Mann. Danke, siebzig Jahre bin ich alt.«

»Aber ja doch, Alte, feiere deinen Geburtstag.«

Norbert hinkt zum Tresen. Die Alte steht auch auf. Sie geht zwei Tische weiter und legt die Zigaretten einem alten Kerl hin. Der dankt nicht. Böse knurrt er die Alte an. Die geht weiter und bleibt vor dem Spielautomaten stehen. Sie wirft einen Groschen ein – die Zahlen beginnen zu rotieren.

»Warum hast du das gemacht?«

»Damit wir unsere Ruhe haben, Elke. Nicht wahr, junge Frau?« Dankbar nickt mir Elkes Mutter zu.

»Die zahnlose Alte ist doch bescheuert.«

»Eben, und Bekloppte und Bescheuerte sollte man in Frieden ziehen lassen.« Ein Lächeln will in meine Augenwinkel kriechen. Die Alte halte ich in Bewegung, so, wie sie den Automaten in Bewegung hält, der gerade den zweiten Groschen schluckt. Ich nehme Elkes Hand. Sie duldet es. Brenner-Norbert kommt von dem Tresen gehinkt.

»Hoppla, ihr Bande, da bin ich wieder. Bei jedem zweiten Schritt macht mein Bein hoppla. Micha – prost!«

Ich versuche zu überrechnen, wie lange wir ›Prost‹ sagen können. Die Frauen werden sich zurückhalten. Es wird schon reichen, und außerdem hat Norbert noch die 20 Mark von mir.

»Und, was bist du für einer?« Elke tippt mit einem Finger gegen meine Backe, als ich den Kopf zu ihr drehe.

»Ich, ich bin ein Chemiker in unkündbarer Stellung. Mein Spezielles, das sind Oxidationsprozesse biochemischer Natur.« Norbert grinst mich an. Hatte er mitgekriegt, daß der Peter Brauer und ich in der Kohle arbeiten?

»Ja, Chemiker bin ich. Jetzt mache ich Kasse, ich habe einen guten Arzt.«

»Da bist du ja was ganz Schlaues? Ich mache auch Kasse.«

»Ja, man tut, was man kann. Wir hätten Zeit, Elke ...«

»Du scheinst wirklich krank zu sein. Du siehst schlecht aus.«

»Na, so schlimm ist es auch wieder nicht.«

»Vielleicht pflege ich dich? Ehrlich, ich kann das.«

»Sie sind ein hübscher Mann, ich bin heute siebzig Jahre alt geworden. Haben Sie eine Zigarette für mich?«

»Ich werd' verrückt, schon wieder die Alte.«

»Laß sie doch. Hier, ehrwürdige Frau. Es ist ein gesegnetes Alter. Darf ich Ihnen diese bescheidenen Groschen anbieten?«

»Merkst du denn nichts, Michael? Die Alte nimmt dich aus. Die ist total bescheuert!«

»Danke, der junge Herr. Siebzig bin ich geworden.«

»Merkst du nichts, Elke? Sie soll nur kommen, und einen Doppelten bekommt sie auch noch. Prost, Alte! Zum Wohl, Mutter. Norbert — hinein damit!«

»Ich heiße Annegret. Mutter, das klingt so alt.«

Ich sehe, wie die Alte den Korn in ihr schwarzes, zahnloses Mundloch stürzt. Norbert rülpst, alle lachen. Die Kneipe dreht sich langsam. Norbert und Annegret machen ein Geschäft. Interessant daran ist, daß Norbert einen Zehner zugereicht bekommt. »Norbert? Jede dritte Runde zahlst du. Nur die Alte kommt auf meinen Zettel, extra.«

»Nee, wir machen halbe-halbe. Ich gebe dir noch zehn Mark, dann stimmt's.«

Er fühlt sich ertappt. Den Zwanziger hatte ich zwar für Norbert schon verplant, doch jetzt strecke ich meine Hand aus. Der Zehner wandert unter dem Tisch zu mir. Ich drücke Elkes Hand. »Elke, was bist du für eine? Du hast mir noch nichts darüber gesagt.«

»Ich? Ich sollte Verkäuferin werden, es hätte bald geklappt. Beinahe hätte alles mit mir geklappt, doch meine Eltern kamen immer dazwischen.«

»Ach, laß sie aus dem Spiel. Du bist doch alt genug und kannst für dich allein entscheiden.«

»Heute ja, da hast du recht.«

»Siehst du, willst du einen Likör haben — einen Kirsch?«

»Ja, warum nicht. Korn ist mir zu hart.«

»Siebzig Jahre bin ich heute geworden . . .«

Ich hebe meine Hand und lasse eine Zigarette fallen. Einen Groschen finde ich nicht. Elke kramt in einem Täschchen herum. Sie gibt der Alten ein Geldstück. Ich schiebe es über den Tisch. »Hier, gnädige Frau, einen Obolus für Sie, prost!«

Alle heben die Gläser an und trinken der Alten zu. Sie lächelt und nickt. Norbert hält die Zigarette wie einen Dorn und deutet Hammerschläge an. Annegrets Kopf folgt Norberts Bewegungen, und ihre Plomben schimmern im Takt dazu.

»Elke, du bist eine gute Frau. Ich denke, daß du Herz hast, und du tust nur so, als ob du knallhart wärst.«

»Michi, trag nicht so dick auf. Ich war mal in der Schule gut. Bis zur sechsten Klasse. Sogar meinen Staatsanwalt habe ich ausgetrickst — zur Verhandlung alles widerrufen. Die haben das Urteil bestimmt schon fertig gehabt und mußten es wieder in den Kasten legen. Der Kumpel, der mir geholfen hat, sitzt jetzt ein.«

»Du warst schon im Knast?«

»Nur in U-Haft. In drei Monaten wäre meine Bewährung abgelaufen. Vorige Woche ist mir was Dämliches passiert. Ich wollte heute mit Mutter darüber reden, doch sie interessiert sich nur für ihr neues Waschbecken, du siehst es ja. Zu Hause können wir nicht miteinander reden. Mein Vater säuft. Wenn der richtig auftankt, bleib' ich weg.«

»Und, was ist dir passiert?«

»Halb so schlimm; ich war mit einer Freundin im Kaufhaus. Die erwartet ein Kind, hat kein Geld, und da sind wir losgezogen. Babysachen, sie haben uns erwischt. Warum interessiert es dich?«

»Nur so. Ich überlege, ob ich dir helfen kann.«

»Mich kann keiner retten.«

Der Spielautomat surrt aus. Zwischen Elke und mir ist nur ein kurzer Blick der Verständigung nötig. Sie legt auf den Platz der Alten einen Groschen, ich eine Zigarette. Wortlos schlurft sie heran, nimmt beides an sich und geht zwei Tische weiter. Der alte Kerl knurrt böse: »Übertreib nicht, Marie!« und setzt die Zigarette in Brand. Sie geht zum Automaten und steckt den Groschen in den Geldschlitz. Norbert will nach Bier und Schnaps gehen.

»Bringe einen Kiwy mit, Norbert!«

»Einen Kiwy mehr?«

»Ja, und einen Korn weniger. Elke, hör mal zu: Weißt du, was du brauchst? – Ein Kind brauchst du. Du hast dann eine Aufgabe, und in den Knast stecken sie dich auch nicht.«

»Schön gesagt, mein Scheißerle. Ich habe aber keine Wohnung und auch sonst nichts.«

Sie seufzt leidgeplagt. Das hätte ich ihr nicht zugetraut. Sanft drücke ich mein Knie gegen ihr Knie. Sie erwidert den Druck und greift zum Glas. Norbert stellt das Tablett ab. Er beugt sich zu Annegret und erklärt ihr, wie welche Wasserhähne funktionieren und wieviel sie kosten. Elkes Lippen sind fast an meinem Ohr.

»Auf die jungen Kerle ist kein Verlaß, Michi. Was soll ich da mit so einem Wurm? Ich weiß nicht . . .«

»Jedenfalls ist Knast keine Perspektive.«

»Ja, ich habe Angst davor.«

Norbert verteilt Gläser, und Annegret mustert mich neugierig.

»Na, ihr versteht euch wohl? Elke ist ein gutes Mädchen.«

»Kümmre dich um dein Waschbecken! Was geht es dich an, ob mir Michael gefällt.«

»Stimmt!« Norbert macht mit. Annegret zwinkert nervös mit den Augen und fragt nach einem Boiler. Als die Alte kommt, gibt ihr Norbert einen Groschen, und ich schiebe ihr einen Korn zu. Sie lächelt und kippt im Stehen den Doppelten in ihren zahnlosen Mund. Ich stoße mit Elke an. »Prost! Wollen wir nachher ohne die zwei abhauen?«

»Hast du eine eigene Bude?«

Ich fühle meinen Hals steif werden, und mir wird es eklig zumute, wenn ich mir die Matratzen und das Geschirr und die Flaschen vorstelle.

»Falls es bei dir dreckig ist, so ein bißchen, das kann ja sein, dann mach dir nichts daraus, Michi. Ich kann aufräumen.«

Ich wippe mit dem Oberkörper zustimmend nach vorn. Das Schnapsglas schwebt noch immer vor meinem Mund. Entschlossen trinke ich. Nur so kann ich das feinnervige Zittern meiner Beine und meines Bauches bekämpfen. Alles ist verrückt. Seit einer Woche suche ich krampfhaft nach Anschluß, komme aus meinem Suff nicht mehr allein heraus, und neben mir, in dieser verrückten Kneipe, da sitzt ein junges Ding, und sie will mir beistehen. Die liebe kleine Elke, hat die einen Mut. Ja, wenn ich die letzten Medikamente so einteile, daß ich langsam aufhören kann, dann wäre ich den Fusel los und hätte dafür eine Frau an meiner Seite. Eine, mit der ich in die Kneipe gehen kann, eine, die auf mich achtet. Ich umschlinge ihren Ellenbogen und ziehe sie an mich heran.

Ihre Mutter stört uns sehr. Sie lächelt, diese Elke. Wie ihr Haar kitzelt.

»Norbert, wir trinken noch ein oder zwei Korn, dann gehen wir.«

Er nickt, schiebt sein starkes Kinn vor und leckt sich die Lippen. Elke läßt mich an ihrer Zigarette ziehen. Ich sauge am Filter und will die Zigarette aus Elkes Fingern heben. Sie lächelt und spreizt ihre Finger.

»Siebzig Jahre bin ich heute geworden. Sie können mir das ruhig glauben, siebzig Jahre alt. Haben Sie eine Zigarette für mich? Sie sind ein hübscher Mann. Haben Sie eine Zigarette, ich bin heute siebzig Jahre alt geworden.«

»Na klar habe ich eine Zigarette für dich, Alte. Norbert, hast du noch einen Groschen? Danke. Hier Alte, flitze brav zum Spielautomaten. Na, Norbert, hast du der Annegret schon eine Duschkabine eingebaut? Annegret braucht eine Duschkabine.«

»Einen Boiler und 'ne Mischbatterie bau ich ihr ein. Gibste mir deinen Zettel, Micha? Ich hole noch 'ne Runde.«

Annegret streichelt kaum merklich Norberts Handrücken, als er aufsteht und zum Tresen hinkt. Die Zahlenscheiben im Spielautomaten surren. Jemand sagt übertrieben »Oh«, doch im verräucherten Dunst der Kneipe ist das nicht auszumachen. Es wird ruhiger.

Wie das klingt, schon wieder »Oh«. Auch Elke schaut zum Automaten. Die letzte Zahl läuft aus. Norbert kommt mit dem Tablett, doch vor dem Tisch bleibt er stehen und schaut ebenfalls zu der Alten, die gebannt auf die Zahlen starrt. Es wird still im Raum. Ein feines Klicken ist zu hören. »Aaah«, stöhnen die Männer und Frauen im Tabaksqualm.

»Die GOLDENE SIEBEN. Drei Sieben! Siebzig Jahre bin ich heute geworden. Ha, ha, ich habe Glück. Die Glückssieben!«

Im Automaten rattert und schaltet es, und danach setzt ein klirrendes Getöse ein. Die grauhaarige Alte hat ihren Rockrand zu einem Bündchen gerafft und schöpft mit der freien Hand den Geldstrom in die Stoffmulde vor ihrem Bauch. Sie schöpft, es klimpert und klingelt wie toll. Alle reden auf sie ein. Da gibt es einige, die schon mehrmals die GOLDENE SIEBEN hatten, doch noch nie hätte der Automat soviel ausgespuckt.

Die Alte kommt zu uns geschlurft und hebt ihren Rockschoß über den Tisch. Behutsam läßt sie den Stoff aus ihrer Hand gleiten, schiebt das Geld zur Tischmitte und setzt sich. Sie beginnt zu zählen, zählt irgendeine Summe ab und wackelt schwerfällig zum Wirt. Wir schauen ihr nach. Sie kauft ein Päckchen Zigaretten, geht mit schwankendem Bauch an unserem Tisch vorbei und legt dem alten Kerl die Zigaretten hin. Der schaut nur mißmutig hoch, brabbelt einige unverständliche Worte und reißt die Zigarettenschachtel auf. Die Alte lächelt, kommt zu uns und setzt sich wieder. Bedacht sammelt sie das Geld ein und stapelt es zu kleinen Türmchen. Mit offenem Mund lacht sie die Türmchen an und schiebt sie hin und her.

»Na, Marie, gibste einen aus? Nun biste doch reich.«

Sie reagiert auf Norberts Worte nicht und baut eine Reihe auf. Halblaut nuschelt sie das Geld an.

Sie muß sich sehr konzentrieren, drückt ihr längliches Kinn gegen den faltigen Halsansatz und sabbert. Ihre Augen verdreht sie. »Ich bin heut siebzig Jahr . . .«

Wir wenden uns ab. Annegrets Atem schlägt an mein Ohr.

»Schrecklich, die Alte ist ja besoffen.«

»Laßt se pennen, meine ich.«

Ich decke mein Gesicht mit den Händen zu. Ich muß grinsen. Die Alte ist ja noch schlimmer dran, als ich es bin. Sie ist total fertig. Ich stelle mir ihren Unterrock vor, als sie das Geld auf den Tisch ausschüttelte. Elke drückt mir einen Kuß in die Haare.

»Jetzt oder nie. Wir hauen ab ...« Weitere Worte verstehe ich nicht. Sie gehen im krachenden Gepolter unter.

Die Marie ist vom Stuhl gefallen und streckt ihre Beine hoch in die Luft. Erschrocken fahren Köpfe herum. Wir haben uns erhoben. Die Alte liegt mit hochgerutschten Kleidern auf den Dielen. Sie schaut mich an. In ihren trockenen, rotumränderten Augen sammeln sich Tränen.

Plötzlich bläht sich in meinem Mund die Luft. Ich muß laut lachen und lache in bestürzte und angewiderte Gesichter schallend hinein. Dieses Lachen bringt das Blut in mir zum Rauschen und führt mich vom sanften Gliederzittern weg. Ich höre mich selbst, doch ich kann es nicht unterdrücken. Es ist ein hysterisches Kollern aus meinem Bauch. Mein Hals schwillt an, er quetscht mir für Sekunden die Luft ab. Auch als mich eine grobe Stimme anherrscht, kann ich mich nicht beruhigen.

»Du willst zahlen!« Vor mir steht der Wirt. Seine große, feuchte Hand schwebt auf mich zu und packt mich am Kragen. Mein Lachen stirbt unter seinem harten Griff. Ich möchte den Wirt mit einem Faustschlag niederstrecken. Er hat mein Lachen getötet. Er schiebt mich an der Wand hoch und stülpt mit der freien Hand meine Hosentaschen um, wühlt in der Hemdtasche. Ich bin machtlos, und mit hängenden Armen sehe ich zu, wie er das Geld, die Zahncreme und meinen Ausweis auf den Tisch legt. Er läßt mich los, und ich falle auf den Stuhl. Er sortiert mein Geld, gibt auf den Pfennig genau das Wechselgeld heraus und geht zum Tresen zurück. Ich suche meinen Kram zusammen, nehme Elke den Zettel mit der Adresse aus der Hand und ducke mich.

»Geh, sag' ich dir!«

»Der hatte 'ne Menge Ärger.«

»Du kannst bleiben, Norbert, aber der geht!«

Wie der mich anbrüllt und anstarrt. Die Marie liegt immer noch auf den Dielen. Der alte Kerl steht auf. Er schimpft leise und hebt sie hoch. Sie strampelt, aber sie läßt sich in die Höhe kippen. Als sie steht, streichelt der alte Kerl flüchtig ihr dünnes Haar. »Na komm, Marie.«

»Es platzte heraus, ich konnte nichts dafür ...« Norbert schaut weg. Ich stecke mein Geld, die Zahncreme und den Ausweis ein. Hat Elke den Zettel mit der Adresse gelesen?

»Ja, na dann, Micha. Kannst ja draußen warten. Ich mache nur noch das Geschäft mit Annegret perfekt.«

Elke steht auf. »Ein schöner Freund bist du!« Norbert reagiert nicht.

Die Kneipe atmet in einem Rhythmus, wie ein dutzendköpfiges Drachentier, das jeden Moment über uns herfallen will. Hastig drängeln wir uns zwischen Stühlen und Tischen durch. Die Tür klappt hinter uns zu. Vorbei der Lärm und der Rauch. Wir stehen in der Dunkelheit. »Was machen wir jetzt?« Ich zünde mir eine Zigarette an. Im Lichtschein des Streichholzes sehe ich Elkes aufmerksame Augen.

»Ich gehe mit, Michael.«

Elke hakt sich unter meinen Arm ein und zieht mich von der ›Alten Börse‹ fort. Ihr warmer Atem gibt mir Vertrauen. Unsere Schatten verwirren mich und rollen wie dunkle Zungen auf uns zu. Fester klammre ich mich an Elkes Arm. Sie duftet nach einem Parfüm, das mich an überreifes Obst erinnert. Schwer stütze ich mich auf Elke ab.

Ich muß an den Zettel denken. Claudia? Damit keine Ungereimtheiten entstehen, erkläre ich: »Heute war ich im Betrieb. Mein Chef hat mir eine Adresse mitgegeben. Ich sollte es schon am Tage erledigen. Ich habe es versprochen ...«

»Wenn es so ist, dann gehen wir vorbei. Ist es auf dem Weg zu dir?«

»Ein Umweg ist es schon. Vielleicht zehn Minuten.«

»Gut, wir gehen. Ich bin dabei.«

Eine finstere Straßenschlucht nimmt uns auf. An uns jault eine Straßenbahn vorbei und wirft bizarre, gelbe Lichtflecken gegen die Häuserwände. Vor uns kriecht ein Mann auf dem Bürgersteig. Krampfhaft versucht er, sich an einer Säule hochzuziehen. Der

Mann rutscht immer wieder weg. Ich will ihm helfen, doch Elke zieht mich sacht auf die andere Straßenseite.

»Kümmre dich nicht um ihn.« Ich bin Elke dankbar. Sie geht friedlich neben mir. Sicher denkt sie nach, und das soll sie auch. Mit mir wird sie es nicht einfach haben. Jedenfalls in den nächsten Tagen nicht. Eigentlich ist sie ein dummes, junges Ding. Von fern hören wir den Betrunkenen singen. Bestimmt ist es so einer, der sich morgen früh bei seiner Frau entschuldigt und dann in den Keller geht, um Holz zu hacken.

»Mal schweigen ist nicht schlecht.« Wir nicken einander zu. Hier muß die Schnellerstraße sein. Meine Beine wollen mir nicht recht gehorchen.

»Los, Michi, was ist? Das muß es sein.«

Ja, dort müßte es sein. Ein rekonstruierter Altbau. Die Nummer 6. Sogar das Klingelschild leuchtet. Ich zähle ab, Lohmann, die dritte Etage.

»Na los, mach schon!«

»Wartest du hier?«

»Natürlich — kommst du die Treppen allein hoch?«

»Ich werde doch noch geradeaus laufen können.«

Ich werfe die Zigarette in den Abtreter und drücke energisch auf den Klingelknopf. Meinen Kopf lasse ich im Nacken rollen. Sterne und die Dachrinne sind hoch über mir, aber kein Fenster öffnet sich. Im Treppenhaus geht das Licht an, und im gleichen Augenblick wird der Summer betätigt. Das Schnarren fährt mir in die Knochen. Ich muß nochmals klingeln und stemme meinen Fuß gegen die Tür. Hoffentlich ist die Tür nicht verschlossen, denn falls die Frau herunterkommt, kann es mit Elke Ärger geben. Die Tür springt auf, und ich verschwinde ins Treppenhaus. »Warte, bis ich wiederkomme!«

Was ich immer reden muß, sie wird schon warten. Das Stufensteigen strengt mich an. Auf dem zweiten Treppenabsatz bleibe ich stehen und schnappe nach Luft. Mein Atem. Ich habe Angst davor, ihn nicht mehr zu spüren. Drei Etagen, ich gehe langsam. Ich atme mit offenem Mund und gehe auf den letzten Treppenabsatz zu. Sehr langsam steige ich. Hinter dem nächsten Geländerknick wird Claudia Lohmann stehen. Claudia, das soll sie sein, die von Schubert vertonte Goethesche Claudine, die von Peter Brauer angebetete Fleischwerdung. Nun komme ich, Naumann, der Peter einen letzten Dienst erweist — im Auftrag des Kaderleiters Weißenbach. Trinker-Naumann, der die letzten Stufen eilig nimmt, nüchtern kommen sollte und jetzt für jede Etage mindestens drei Tropfen Schnaps verbrennen muß, um vor ihr zu stehen.

So eine Frau. Sofort stecke ich meine Hände in die Hosentaschen. Gut zurechtgemacht hat sie sich. Sie steht vor mir, läßt mich nicht hinein. Ihre Augen sind klar, und gelassen ruht ihr Blick auf meinem Gesicht. Nein, sie wird es noch nicht wissen — woher auch?

»Guten Abend, Frau Lohmann — Peter kann nicht mehr kommen.«

»Wieso? 'n Abend!«

Da steht sie nun in ihrer weißen Bluse.

»Peter wird nicht kommen, ich weiß das.«

Wie sie mich mit schnellen Blicken mustert. Leise und betont spreche ich in ihre schönen Augen hinein: »Peter war mein Freund. Seit einer Woche ist er tot. Gehen Sie nur hin — auf dem Südfriedhof liegt er.«

Sie atmet tief durch, und ich sehe, wie ihre Brüste die weiße Bluse heben.

»Wer sind Sie ...? Sie sind doch besoffen! Mensch, hauen Sie ab.«

Ein heißer Schmerz sticht in meiner Brust. »Was soll ich sein — besoffen? Vielleicht sind Sie es. Sie, nur Sie haben Peter ins Grab gebracht!« Tränen sammeln sich in meinen Augen.

»Gehen Sie, ich kenne Sie überhaupt nicht. Sie reden Unsinn.« Sie geht einen Schritt vor: »Sie sind zum Kotzen. Ein Wort noch ...«

Ihre Hand wandert zum Klingelknopf der Nachbarwohnung. Ich ziehe mich auf die erste Treppenstufe zurück. Wut rüttelt mich, und ich schnappe über. »So seid ihr alle, ihr Lumpen!«

Sie klingelt beim Nachbarn. Auch das noch.

»Gehen Sie doch hin, Reihe 82, Nummer 18, oder fragen Sie Peters Mutter, die wohnt im Rosengarten 7, aber auch das wissen Sie nicht – Rosengarten 7!«

Ich stolpre die Treppen hinunter. Hoffentlich liegt der Nachbar schon im Bett. Nein, so wollte ich es nicht sagen, so nicht. Meine vernünftigsten Worte bleiben mir im Halse stecken, weil mich alle dazu zwingen, ihnen zu erklären, warum ich getrunken habe. Ich taumle gegen einen Lichtkasten. Die Beleuchtung geht aus. Keuchend bleibe ich auf dem letzten Absatz stehen. Elke kommt mir entgegen.

»Micha, was war denn los?«

»Ach die, die haben gerade gefeiert – und ich habe gestört. Eingebildete Leute.«

»So?«

»Ja!«

»Aha, die haben gefeiert. Komm, wir müssen hier 'raus.«

Schwer stütze ich mich auf Elkes Schultern. Sie führt mich durch die Haustür und den Vorgarten.

»Michael, du verscheißerst mich. Wer ist gestorben, und was ist passiert? Trinkst du deshalb?«

»Nun höre auf damit, das braucht dich nicht zu interessieren.«

»Das soll mich also nicht interessieren, aber mitkommen soll ich, und mit dir ins Bett steigen möchte ich bitte auch. Dafür bin ich gut genug.«

»Elke, wir gehen einen Schluck trinken. Bitte, Elke.«

»Du bist ja verrückt, du bist genauso wie die anderen Kerle auch.«

»Elke, wir kaufen eine Flasche Wein, und danach gehen wir zu mir. Höre mal zu! – Ich mache dir ein Kind, damit du nicht in den Knast mußt – ehrlich!«

»Du Schwein!«

Ihr Schlag trifft mich unterhalb des linken Ohres. Ich falle und reiße zwei Mülltonnen mit. Laut scheppert das Blech über das Straßenpflaster.

»Elke!« Im Licht einer Straßenlaterne sehe ich sie gehen. Sie hat nicht nur eine gute Figur, sie hat auch einen schönen Gang.

»Elke, du kommst zurück!«

Ihre Bewegungen verlieren sich im Dunkeln. Noch einmal sehe ich ihre Strickjacke aufschimmern, als sie den Fußweg wechselt. Sie will zum Markt hinunter. Ich werde sie finden. Ich brauche mich nur auf die Seite zu rollen und mich mit dem Ellenbogen abzustützen. An der Mülltonne kann ich mich festhalten. Langsam komme ich hoch, doch die Mülltonne rutscht in den Rinnstein und wirbelt herum. Hilflos suche ich mit den Händen einen Halt, aber ich falle längs auf den Rücken. Die Häuser drehen sich. Schweigend tanzen sie um mich herum und schauen aus gelben Fenstern hochmütig herab. Das ist nicht der Schnaps allein, der sie zum Tanzen bringt. Ich bleibe liegen. Der Damm aus Medikamenten bricht endgültig, und die dumpfe Dämmerung in mir, die meine Schwäche ist, überflutet mich. Jetzt bleibt nur noch die Flucht nach vorn.

Ich muß Elke holen. Elke muß mir helfen. Ich drehe mich auf den Bauch und krieche mit den Knien an meinen Oberkörper heran. Meine Knie sind unter meinem Bauch angekommen. Ich habe Mühe, meinen Arsch in Balance zu halten. Vorsichtig richte ich mich auf. Vor den Mülltonnen habe ich Angst. Ich rutsche zum Zaun. Es ist eine harte Arbeit.

Ich muß auf Schnapssuche für die Nacht gehen, sonst bin ich morgen erledigt. Mein Verstand arbeitet erschreckend hitzig und klar. Soweit war ich noch nie, aber das glaube ich jedesmal. Die Nichttrinker kennen mein Leid nicht, auch nicht die Psychiater. Doktor Freiberg sagt immer: Meine Herren, Sie sind unter sich. Meine Erfahrungen reichen dazu nicht aus! Recht hat er, der Freiberg, doch es hilft mir nicht.

Wo ist bloß diese verfluchte Elke? Sie soll mich mitnehmen zu mir. So, ich stehe. Elke muß mir Schnaps bringen. Hätte ich ihr doch die Wahrheit gesagt. Nein, die hätte mich im Dreck sitzen gelassen. Ihr Vater ist Alkoholiker.

Meine Beine spielen auch wieder mit. Dort ist der Boulevard. Die Straße fällt ab und treibt meine Schritte voran. Nur nicht fallen, nur das nicht. An der Ecke steht das Rathaus. Na, Bürgermeister, gib mir einen Rat oder werde saufsüchtig, dann sitzt du auch ratlos in einer Eckkneipe, und alle ächten dich. Ich kürze den Weg ab. Elke wird an der Haltestelle warten. Sie kann mich nicht im Stich lassen. Strafen will sie mich. Strafe, das Wort schwirrt durch meinen Kopf. Denken ist, an überhitzten Signaldrähten ziehen — immer wieder ziehen müssen.

Ich brauche eine Bank. Unterm Turm ist es schattig. Wie der Marktplatz im roten Licht aufstrahlt. Es ist sündhaft teuer. Wer hat daran seine Freude? Beruhigend und stark steht der Turm hinter meinem Rücken. Er ist düster, ich bin es auch. Er wird langsam zerstört durch Wind und Regen, doch der Zeit hält er trotzdem stand. Ich habe mich in knapp anderthalb Jahrzehnten zur Ruine heruntergewirtschaftet. Mein Kopf, ist er krank? In der Kindheit liegen die Ursachen, die später den Verstand töten können, so ähnlich sagt es Doktor Freiberg.

Ach, ich möchte der Turm sein. Ich würde mich allen Bedingungen anpassen. Der Anpassungsfähigste hält am längsten durch. Wieviel Kraft benötige ich zur Anpassung? Schlechte Erfahrungen habe ich genug. Sie reichen aus, um mit jeder Ordnung klarzukommen. Ohne Schnaps würde ich genauso sicher wie der Turm in der vielgerühmten Brandung des Lebens stehen. Nach den Gesetzen der Statik ruhe ich auf dem Fundament meiner Nüchternheit. Mein inneres Gleichgewicht würde mich lotrecht halten. Kleine Fenster — das wären meine Gefühle. Mein Herz würde noch viele Jahre schlagen ohne die steingewordenen Prinzipien und Verhaltensregeln. Irgendwann würde ich sterben.

Nein, ich bin kein Turm. Ich bin bestenfalls eine winzige Erhebung, die nur aus Schutt besteht, und jetzt will der Schutthaufen Naumann Wasser lassen. Das ganze Bier der Welt möchte durch mich laufen. Doch der Turm ist zu hoch. Er läßt sich nicht stürzen.

In mir ist es geräumiger geworden. Ein flaues Gefühl steigt in meinem Bauch langsam höher. Ob diese Elke in die andere Richtung gegangen ist? Ich muß mich vorhin geirrt haben. Ich hätte auch die andere Richtung nehmen müssen. Ich brauche Schnaps, jawoll, Schnaps brauche ich. Es wird nicht mehr lange dauern, dann halte ich mich nicht mehr aus. Alles ist egal, außer Schnaps.

Eine Straßenbahn kommt — Menschen werden aussteigen. Hier

sieht mich niemand. Ein baufälliges Haus. Die Tür ist vernagelt. Schade, ein schönes Versteck. So ein altes Haus paßt zu mir besser als der Turm. Keiner würde mich suchen. In so ein Haus werde ich gehen. Sobald mein großer Tod beginnt. Ich möchte dann allein sein.

Bis zur nächsten Ecke schaffe ich es. Ich muß warten. Der Mann führt seinen Hund aus. Das Tier schaut mich an. Die Augen funkeln im Laternenlicht. Endlich. Der große Platz ist leer. Kein Auto parkt hier, kein Mensch geht hier. Drüben steht die Burg. Im Burgkeller ist eine Nachtbar. Dort beginnt der Abend jetzt erst richtig. Na, die würden mich aber die Treppen hochjagen. Weg von der Tür, hinter der anständige Leute Wein trinken und sich zum Geldverdienen beglückwünschen. Die werden mich nicht leiden können, denn ich bin denen zu dreckig und zu faul. Wo gibt es Schnaps? Leute, Leute, rückt einen kräftigen, brennenden Schnaps heraus. Danach belästige ich euch nie wieder!

In einem Eingang leuchtet es. Die Tür ist weit geöffnet. Na, wenn die Tür offen ist, dann lädt der Studentenclub ein. Ich muß mich die Treppe hinuntertasten. Ich brauche ein paar Doppelte. Die alte Marie aus der ›Börse‹ hat schuld. Über hundert Gramm hat sie auf meine Kosten getrunken. Sie hat mir meinen Schnaps ohne Gedanken und Gewissen genommen.

Von innen kenne ich den Turm nicht. Peter ist oft hier gewesen, hat er mir erzählt. Seine beste Zeit wäre es gewesen. Bierfässer liegen an der Wand, dann macht der Gang einen Knick nach unten. Interessant, ich werde weitergehen. Musik aus einem Radio oder von einem Tonband – irgendwo. Wer weiß, ich gehe dem nach. Der saure Biergeruch ist von feinem Schnapsduft durchsetzt. Eine Flasche nur, eine einzige Flasche möchte ich kaufen, dann wäre ich froh. Ich habe so eine Ahnung. Studenten sind auch bloß Menschen. Die laufen manchmal herum, aber so dreckig wie ich, so fertig wie ich, sind sie nicht, glaube ich. Der gefährliche, schwarze Knick. Ich muß weiter. An der Wand stütze ich mich ab. Eisig kalt ist die Wand. Eine Garderobe, und niemand ist zu sehen?

»Eeeh, was machst du hier?«

Ich ziehe Speichel im Mund zusammen, sonst kann ich nicht

antworten. Besser, ich lehne mich an, die Wand schützt meinen Rücken. Bärtig sind sie beide, aber noch sehr jung.

»Na, was ist los?«

»Ich wollte nur fragen ...«

»Was willst du fragen?«

»Bekomme ich einen Schnaps?«

Ich halte ihnen den Zehnmarkschein entgegen. Ratlos schauen sie mich an, bis der Rotbärtige verneint. »Kollege, hier ist doch keine Kneipe. Geh nach Hause.«

»Nur einen einzigen Schnaps, einen doppelten Korn?« Sie sind unsicher. Ich überzeuge sie. »Ich bitte um einen Schnaps.« Der Bärtige kann meine Worte wohl nicht verstehen, denn er dreht sich um und winkt jemanden heran. Er lacht gutmütig. »Hier, Holger, der Herr wünscht Schnaps. Na, ich empfehle mich.«

Er haut ab. Dieser Holger baut sich vor mir auf. Er trägt einen gelben Bart und ein straffes Kugelbäuchlein mit sich herum. Wie er mich durch seine blitzende Brille abschätzt. Es wäre besser für mich zu gehen.

»Du hast also Durst!«

Was soll ich davon halten? Ich hebe das Geld höher.

»Du hast also Durst auf Schnaps? Ich habe hier nichts zu sagen, komm mit!«

Er verwirrt mich. Ich denke, ich träume, und ich gehe ihm nach. Die Treppe ist ein guter Platz. Ich setze mich. Wortlos nimmt Holger mein Geld. Ich muß vertrauen. Neben mir steht ein Klavier, dahinter ein ausgestopftes Pferd. Wie mag es in den Keller gekommen sein? Ich werde mich auch präparieren lassen — als Trinkerdenkmal. Eine Ruine in Blau.

Holger kommt wieder. Schön von ihm. Er trägt einen Stamper und einen halben Liter. Wie das Körnchen funkelt und schillert. Meine Hände fliegen vor wildem Verlangen. In meiner Brusttasche knistert der Zwanziger. Den schiebe ich tiefer ins Hemd. Jetzt kann ich die Zigaretten herausholen und Holger eine anbieten. Ist das ein Kumpel.

»Da!«

Ich nicke dankend mit dem Kopf und lehne mich an das kühle

Gestein. Ich will trinken, aber mit einer Hand geht das nicht. Ich werde beide Hände nehmen. Holger beobachtet mich und nimmt mir die Konzentration. Ich kann von ihm aber nicht verlangen, daß er wegschaut, nur weil ich Durst habe.

»Du bist ein Alkoholiker.« Er nippt vorsichtig an seinem Bier. Mir ist das egal, doch ich grinse verlegen.

»Wir hatten ein Seminar über Alkoholismus.« Er schwenkt sein Bierglas zum Innenraum. »Du bist nicht falsch. Hier sitzen nur Säufer. Ihre Gespräche sind zum Kotzen. Du scheinst mir wenigstens ein ehrlicher Kerl zu sein, denn du sagst, was du willst — saufen. Halte mal deine Hände gerade.«

Warum soll ich ihm den Gefallen nicht gönnen? Meine Finger spreize ich aber nicht. Ich kann es nicht.

»Na also, hochgradiger Schütteltremor. Dein Kreislauf wird bald zusammenbrechen, und die Pupillenreaktion?«

Ich schieße mit dem Hinterkopf gegen die Kellerwand, als er ein Streichholz vor meinen Augen zündet.

»Also, die ist stark gemindert. Du bist schlecht dran.«

Ich gebe ihm das Schnapsglas. Wortlos stellt er sein Bier ab, geht um das Pferd herum und verschwindet ins Innere des Turmes. Der meint wirklich, daß ich fertig bin. So ein Dilettant, der hat vielleicht ein paar Semester Medizin studiert und wurde dann gefeuert. Nun sitzt er im Turm. So ein Angeber, aber immerhin, er bringt mir einen nächsten Schnaps, und das ist sehr vernünftig.

Ob das Klavier noch in Ordnung ist? Es reizt mich. Nein, ich probiere es nicht aus, sonst läuft hier alles zusammen, und dann ist es vorbei mit Korn und Sitzen. Holger kommt wieder und bringt mir diesmal zwei Korn mit. Sein Bier steht noch halbvoll neben mir. Ich habe es nicht angerührt. Jetzt schiebt der Schnaps langsam, aber sicher die Krallenhand in mir von meinen Eingeweiden weg zur Wirbelsäule hin. Ich spüre, wie ich durchatme und mich gerade aufrichte.

»Holger heißt du, bist ein prima Kumpel. Du, ich spiele Klavier.«

»Ich auch.« Er schwingt sich von der Teppe hoch, tritt an das Klavier und klimpert ein hastiges ›Hänschen klein, ging allein‹. Ich muß lachen, und es ist wahrhaftig ein gutes Lachen. Den letzten

Tropfen Korn lasse ich über meine Zunge in den Bauch rinnen. Ich strecke die Arme aus und spreize meine Finger. Das Zittern ist verhaltener geworden. Es schüttelt mich in nur großen Abständen an den Schultern durch. Hin und wieder tanzt der kleine Finger meiner rechten Hand, doch das ist für ein verstimmtes Klavier nicht so sehr von Bedeutung. »Holst du noch einen Doppelten für mich?«

»Kannst du nicht langsamer trinken?«

»Ich kann gut und fehlerfrei aus dem Gedächtnis spielen. Bringst du noch einen, dann spiele ich.«

Wie er mich angrinst und geht. Ich werde warten. Er glaubt mir nicht. Ich werde dem Pferd etwas vorspielen. Nur das traurige Pferd wird mein dankbarer Zuhörer sein. Das Pferd hat keine Zähne. Die verspielten Studenten werden sie herausgepult haben. Das arme Pferd. Holger kommt wieder. Er ist nicht mehr allein. Mir egal.

»Holger, wieviel kostet bei euch der Schnaps?«

»Ladenpreis!«

Beruhigt gehe ich zur Garderobe und hole einen Stuhl.

»Hier verkehren nur unkonventionelle Leute. Na los, spiele!«

Ich setze mich und breite meine Arme aus. Seltsam, dieses Gefühl der Sicherheit. Acht Jahre Klavierunterricht und dazu meine Mutter mit ihrem eisenharten Willen. Es wird wohl das einzige sein, was ich bisher einigermaßen konnte. Ich spiele ›Hänschen klein‹. Erst schwerfällig, danach locker und im Walzertakt. Es läuft immer besser. Hinter mir ein deutliches Gemurmel. Holger legt seinen Arm lässig über die Kruppe des toten Pferdes. Kurz sehe ich in das zahnlose, schwarze Maul und sehe nicht das Pferd, sondern Marie, Automaten-Marie, vor mir.

»Was soll ich spielen? Macht Vorschläge.«

Holger schüttelt ablehnend den gelbbehaarten Kopf.

»Nichts weiter, bleibe dabei, sonst sperre ich dir den Schnaps. Du kannst es noch mehr variieren.«

»Was anderes würde sich besser eignen.«

»Nichts da, oder du bekommst keinen Schluck mehr.«

»Holger, du bist doch ein Kumpel.«

»Ja, bin ich, und die anderen sind zum Kotzen. Los, spiele!«

Und ich spiele. Von allein laufen meine Finger. Ich wiege mich auf dem Stuhl. In hitzigen, harten Takten biete ich das ›Hänschen‹ als Polka an, und sofort wächst es sich unter meinen Fingern zu einem grell vorgetragenen Rock'n'Roll aus.

Über meinem Kopf schwebt ein behaarter Arm und stellt einen Schnaps auf das Klavier. Mit der linken Hand spiele ich weiter. Verhalten kriechen meine Finger über die Tasten. Ich greife nach dem Glas, und mit einer schnellen Bewegung schütte ich den Fusel in mich hinein.

Im Halbkreis stehen fünf junge Männer um mich herum. Sie sind zum Lachen, tragen alle einen Bart, wie kindliche Zwerge. Das Pferd grinst mich an. Ich grinse das Klavier an. Ich werde es zum Lachen bringen, und wir werden die ganze Truppe hier auslachen. Noch einen kleinen Schluck. Ah, fühle ich mich gut. »Ein versoffenes Genie!« Damit meinen sie mich. Ich schwabbel auf dem Stuhl, probiere ihn aus. Er ist eindeutig zu niedrig. Egal! Mir rutscht das Thema unter den Fingern fast weg, und ich überspiele es bis zur nächsten Variation.

Hänschen geht allein im Takt eines Twistes durch die Welt und verliert Stock und Hut.

Auf dem Klavier stehen drei schillernde Doppelkornschnäpse. Ich atme tief durch, mein Spiel durchrüttelt mich und jagt mir warme Schauer über den Rücken. Wieder greife ich zum Glas und lege mit einer Hand ein Zwischenspiel vor. Es wird Hänschen Stock und Hut zurückbringen. Härter und schneller schlage ich die Tasten an. Mein Spiel klingt in mir, und ich brauche jetzt niemanden, ich brauche nur mich. Es ist genügend Schnaps da, so viel, daß ich neue, freie Rhythmen finden kann. Ich suche nach Glanzpunkten für mein Spiel, und eine Intuition treibt mich auf das braune Pferd zu.

Meine Finger gleiten über das glatte Fell, und ich entlocke ihm sanfte, klingende Töne. Ich umarme den guten Gaul, und dumpftraurig braust es unter meinen Händen. Meine Umarmung geht in ein helles, wütendes Ringen über, doch ich laß mich von dem ausgestopften Popanz nicht unterjochen und setze mich, selbst ein

Hänschen, auf den breiten Rücken – es ist und bleibt mein Pferd. Ich hänge kleine Glöckchen als bimmelnden Schmuck an die Brust des Braunen und setze mit einer hastiglauten Galoppade ein. Nun spiele ich mich frei und erkenne ein Gefühl, das mich an die samtige Kehle des Pferdes gehen läßt. Ich kralle mich fest und drücke zu. Das Klavier stöhnt auf und will sich von mir trennen, doch ich bleibe im Sattel, reiße wild am Zaum, und schrill wiehert es auf. Ich habe die weichen, warmen Lippen des Tieres zum Bluten gebracht. Mit griffigen Fingern und raumgreifenden Händen beruhige ich das verletzte Pferd. Eine sehr sanfte Weise in Moll-Tönen treibt uns auf eine Wiese. Ich lockre die Zügel und lasse aus der Ferne das Motiv anklingen. Ich kreise es ein. Fliegend wechseln meine Hände – ich greife zum Glas. Mit der Rechten spiele ich gelöst und in der höchsten Tonlage das ›Hänschen klein‹.

Neben mir steht einer, der trägt einen Folienbeutel vor dem Bauch.

Ich beuge mich vor. In scharfem Ritt gleiten meine Finger über die Tasten und führen mich auf das freie Feld. Der Braune schwitzt sofort. Weißgraue Fetzen reißen sich flockig von seinem Maul. Ich schließe die Augen und zerre mit wahnsinniger Lust an den Zügeln. Das Klavier bockt und schreit gequält unter mir auf.

Blitzschnell schnappe ich hinter mich und habe den Folienbeutel in der Hand. Eine Zeitschrift wirble ich heraus, werfe ein Buch dem Pferd zu und schlage wütend mit dem Ellenbogen krachende Dissonanzen.

Hinter mir klatscht jemand in die Hände.

Ich reiße, ratsche, knülle und raschle mit der Folie, und mit dem rechten Bein trete ich im Takt auf den Stuhl. Holger lacht hysterisch auf, ein anderer brüllt begeistert. Sie spornen mich an. Energisch trinke ich, greife danach zum letzten Glas, drehe mich schreiend zur Seite und klatsche den Schnaps in das zahnlose, alte Maul des guten Pferdes. Es wiehert höhnisch, und ich taumle zum Klavier zurück. Leise, sehr leise spiele ich das Thema noch einmal durch, so, wie ich es begann, und löse mich davon.

Eine alte Rechnung ist noch offen. Die begleiche ich jetzt.

Schon immer haben mich die schwarzen Tasten eines Klaviers beunruhigt, nur, ich hatte zuviel Achtung davor. Ich fasse in meine Hosentasche, nehme die verzogene, knittrige Zahncremetube und beiße die Schraubkappe mit den Zähnen ab. Höher und höher spiele ich mit einer Hand, mit der anderen quetsche ich die Tube leer. Ich lege einen weißen, sehr schönen Streifen über die schwarzen Tasten. Das sieht gut aus. Ich freue mich sehr. Es ist ruhig um mich, als ich die Arme hebe und den Kopf senke.

Das Radio unten spielt nicht mehr. Ich habe gespielt. Der kleine Kerl nimmt seinen Folienbeutel und sammelt Papierfetzen auf. Aus dem Pferdemaul tropft der gute Doppelkorn. Ich warte auf meine Belohnung, doch sie schweigen. Endlich bewegt sich einer von den Jungs. Es ist der Rotbärtige. Wortlos packt er mich, zieht mich hoch und schiebt mich auf den Ausgang zu. Ich spüre mein Entsetzen und will ihn abwehren. Er schüttelt nur den dicken Kopf hin und her und stößt mich weiter. Ich falle über ein Bierfaß. Das letzte, was ich sehe, ist ein lachendes Pferdemaul. Ich strample mit den Beinen in der Luft herum und bleibe auf dem Rücken liegen. Keiner hilft mir, nicht einer. Vor mir stehen die Studenten wie grimmige Tiere.

»Du hast eben Pech gehabt, Alter.«

Jetzt höre ich Holgers Lachen. Sehr laut und äußerst hysterisch. Es trifft mich und meckert und kollert in meinen Ohren und treibt mich aus dem Studentenclub. Auf allen vieren krieche ich die Treppen hoch. Schneidende Herzschmerzen drücken mir den Atem ab. Ich schnappe nach Luft und presse sie in die Lunge. Jede Sekunde kann mein Herz wie eine Frucht zerplatzen. Ich kralle mich am Geländer fest und lebe nur von kurzen Atemschlücken. Ein Bein ringle ich um ein Stück Zaungitter.

Nur langsam kehrt mein Atem zurück. Es ist heulende Verzweiflung, die meinen Verstand in die Zange nimmt und mich auf die nahe Brücke zutreibt. Ich werde mir eine tiefe Stelle aussuchen. Einfach fallen lassen. Jetzt bleibe ich auf der Brückenmitte stehen. Eine letzte Zigarette noch.

Unter mir das Wasser, es ist nicht nur von der Nacht so schwarz. Ich beuge mich weit vor und beobachte die schmutzige

Flut, die sich im Schlammbett wälzt. Ölränder blinken in Lichtreflexen. Schlamm-Plasma. Lebendiges Plasma, das an der toten Böschung hochkraucht. Schillrig und schwerfällig überschwemmt es Bürgersteige und Straßen. Meine Augen tränen, doch ich ahne den Weg des Plasmas, das zäh und geduldig, mit glucksenden Lauten, in die Kneipen flutet, gegen Tresen und Theken anbrandet, die Wände der Wohnhäuser verkleistert und mit tausend Fingern durch Ritzen, Türen und Fenster in die Wohnungen dringt.

Noch weiter beuge ich mich über das Geländer und spucke hinab. Ich werde mich mit dem Plasma vereinen.

Es glänzt wie Maschinenöl und riecht wie ein entfernter, verkommener Verwandter des Alkohols. Das Geländer preßt meinen Bauch. Hätte ich noch Blut im Körper, dann müßte mein Kopf im Dunkeln rot aufleuchten. Pulsierend müßte er aufleuchten. Mein Magen glüht unter dem Druck, der meinen Körper schüttelt. Nur sehr wenig von mir geht mit dem Plasma mit.

Hinter mir raunzt und krächzt ein Sprechfunkgerät. Zwei grünschwarze Schatten bleiben auf der anderen Straßenseite stehen, sprechen wahrscheinlich über mich und gehen. Sie nehmen Wortfetzen mit und verlieren sich in einer Nebenstraße. Von dort aus werden sie mich beobachten. Ich kann nicht mehr in den Fluß schauen, er erwürgt mich fast.

Ein Selbstbedienungsladen. Was wird, werfe ich die Schaufensterscheibe ein? Werden sie mich mitnehmen? Ja, sie stellen meine Personalien fest. Naumann, Kohlenhandel, Randalierer — Ordnungsstrafe! Die Aussichten, in eine Zelle zu gelangen, um auf das Abklappern zu warten und dann in die Klinik zu kommen, sind sehr gering.

Mein Magen verträgt den Schnaps nicht mehr, daran wird es liegen. Vielleicht hat meine Stammkneipe noch geöffnet, nur zwei Straßenecken weiter. Ich hole mir eine Flasche Wein. Morgen muß ich doch frühstücken. Einen Einschlafschluck brauche ich auch. Dafür reicht eine Flasche nicht aus.

Ich habe zwanzig Mark — zwanzig Mark reichen für zwei Flaschen Wein.

Bis zur Frau Liebetreu schaffe ich es. Ich sehe mich überdeutlich auf der Straße gehen. Mein Schatten schwankt. Lautlos und unauffällig muß ich bleiben. Ich bin aus meiner Person herausgestiegen und gehe als mein Schatten mit mir mit. Ich kontrolliere mich. Scheußlich, doch wie soll ich mich sonst steuern? Auf den Punkt gebracht: Andere steuern mich. Immer geistern die anderen Leute durch meinen Verstand. Mein Kopf schmerzt mir davon.

Bei Frau Wirtin brennt noch Licht. Das ist gut, das Lila-Licht. Sie wird mich verstehen, sonst haue ich ihr den Laden kaputt. Dann würde die Streife kommen. Ab ins Revier, ab nach Hause? – Und dann? Oh, die Tür ist noch offen. Heute nacht – die Nacht der offenen Türen. Das Radio dudelt. Frau Liebetreu poltert Stühle auf Tische hoch. Einen Schritt und noch einen Schritt mache ich.

»Es gibt nichts mehr!« Sie dreht sich nicht um und poltert mit ihren Stühlen.

»Herrschaften, die Zeit iiist um!« Damit kann sie mich nicht meinen, ich bin keine Herrschaft.

»Ja, was gibt es denn – ach, du!«

»Frau Liebetreu?« Sie hält einen Stuhl mit den Händen hoch, und ihre Körperhaltung ist eine Drohung.

»Naumann, willst du deine Schulden bezahlen?«

»Ja, es war ein Zufall. Bei Ihnen brannte noch Licht.«

»So, Licht hast du gesehen. Sieben Mark und zwanzig Pfennig!«

»Frau Liebetreu, ich habe nur zwanzig Mark.«

»Na, das reicht doch aus. Du willst wohl was? Jeeeh, wie du aussiehst, Naumann. Bist wohl auf Sauftour, was?«

Ich nicke ergeben und reiche ihr den Geldschein, während meine Blicke die Flaschen abflitzen. Schade, es reicht nur für eine. »Die Flasche Wein rechts, Frau Liebetreu, und noch ein Päckchen Zigaretten.«

Der Geldschein verschwindet in einer Kassette. Die Wirtin reicht mir den Wein und die Zigaretten und scheucht mich wie ein Huhn mit einer Handbewegung vom Tresen fort.

»Nun ist aber Schluß, meine Herrschaften, nun ist Schluß.«

Tapsig schiebt eine rotgesichtige Dicke ihre weißen Beine unter einer tiefhängenden Tischdecke hervor. Ich bin erschrocken darüber, weiß nicht, warum, und höre, wie die Dicke schnauft. Ich halte meine Flasche fest und fliehe.

Für Sekunden schwimme ich im Glück, als ich die ersten Schritte nach Hause gehe. Es ist ein schwerer Dessertwein. Er wird mir helfen, die Nacht zu überstehen. Vorsichtig laufe ich, sehr vorsichtig. Scherben bringen Unglück.

Über dem Asphalt tanzen Flämmchen. Mehr und mehr springen aus dem Nichts hervor. Sie bilden einen blauen Ring. Ich trete in den lautlosen Flammenkreis, der mich nicht verläßt und um mich schwebt. Erst die Flasche wird den Kreis verscheuchen. Ein flüchtiger Angstschauer durchrieselt mich heiß und will mich aufbrechen, damit die blauen Flammen ungehindert in meine Brust schlagen können. Das wäre mein Ende. Ein Augenpaar begleitet mich von Tür zu Tür. In Federn eingebettet schauen mich die Augen weich und traurig an. Erstarren möchte ich, doch meine Beine tragen mich weiter. Glockenschläge dröhnen in meinem Kopf. Ich bleibe stehen. Alles ist still. In den Ohren rauscht es — Mitternacht.

Sonnabend

Trockene Doppelsonne

Ich höre mich aufstöhnen, schätze den Weg vor mir ab und schließe die Augen. Mein Körper trägt mich über Steinplatten und an Türen vorbei. Ich will mich erkennen und erfassen und fühle mich dabei gestört. Mit blinzelnden Augen suche ich den Weg vor mir ab. Zwei Monde nebeneinander schimmern kalt und silbrig. Ein Augenpaar. Es geht mit mir mit. Federweich streichelt der Nachtwind meine Wangen. Mein schwerer Kopf staucht den Nakken. Das Augenpaar hüpft.

Ich stehe vor der Haustür. Den Schlüssel stoße ich in die fremde Pupille – rechts. Das Augenpaar verblaßt. Ich taste mich an der Wand entlang und finde den Lichtschalter sofort.

Direkt vor mir steht Buschendorfs Kinderwagen. Ich falle und lege mich mit meinem ganzen Gewicht auf den Wagen. Die Flasche! Sie ist heil geblieben. Ich schaukle auf der Kinderkutsche, das Gestell gibt nach.

Morgen wird die Buschendorf den Kinderwagen wie im Sturm vor sich herschieben, denn er hat Schräglage. Sollte sich was schämen, dieses großmaulige Weib. Enrico, hier, kannst meine Kippe rauchen.

Ich warte nicht, bis sich meine Augen an die Dunkelheit gewöhnen. Hastig taste ich mich über den Hof bis zum Hinterhaus. Muffiger Geruch schlägt mir entgegen. Ich muß kichern, ich bin zu Hause. Dann stehe ich vor meiner Tür. Erst einmal in allen Räumen das Licht an. Hier brauche ich mich vor niemandem verstekken. Das wäre ja noch schöner. Die Matratze hängt wie eine dicke, blaue Zunge aus dem Fenster. Mit dem Fuß schiebe ich meinen gelben Mantel in eine Ecke, die nicht so sehr von Gerümpel überladen ist. Ich lasse mich auf den alten Sessel fallen und ziehe die Knie ans Kinn.

Das Radio steht auf dem Ofen. Wieso eigentlich? Aha, es leuchtet die Skala. Der Ton kommt und verliert sich. Hat die Welt mir was zu sagen? Überall fiept und faucht es, und plötzlich reden alle durcheinander. Ich drehe an der Abstimmung: Ein Erdbeben wird kommentiert, und Spenden werden angewiesen – schlimm, in Indien sturmflutet es – auch sehr schlimm. In Lateinamerika hat sich eine Jubiläums-Junta gebildet – Protest. Wir wählen Brot für alle — richtig. Die Rekordernte ruiniert uns — wir sind in Not, Not ohne Ende.

Was bin ich dagegen. Dort steht die Flasche. Das Licht brennt. Die Tür ist verschlossen. Es ist eine irre Welt, und das schlimmste ist, ich habe niemanden, mit dem ich reden kann. Ich bin so allein, und auch das Radio, das alles überdröhnt, hilft nicht von mir weg.

Das kenne ich doch: ›Brennend heißer Wüstensand ...‹ sang auch mein Bruder Hagen, bevor er Grenzen wechselte und zur Fremdenlegion ging.

Zu Hause wurde nicht darüber gesprochen. Über Vaters Tod auch nicht. Mutter wollte das nicht hören. Für sie mußte die Welt in Ordnung sein wie in alten Zeiten. Alles mußte stimmen, alles so bleiben, wie es war. — So ein Schwachsinn! Nichts ist in Ordnung.

Ob Mutter meine Frau und meinen Sohn noch zum Sonntagsbraten einlädt? Sicher. Schweigend werden sie die Vorsuppe löffeln. Danach wird meine Mutter über den Toten und den Vermißten sprechen, als ob sie jeden Augenblick zur Tür hereinkommen könnten, während meine Frau versuchen wird, das Gespräch auf unseren Sohn zu lenken. Sie macht es aus Anstand, doch unser Sohn ist erst nach dem Braten dran. Mutter wird den Löffel ablegen und wortlos den Braten aus der Röhre holen. Der ist zweifellos gut gelungen und muß jeden Sonntag einfach da sein. Hagen, wird sie sagen, Hagen IST ein guter Esser, und wäre ich am Tisch, ich müßte erwidern: Hagen ist ein guter Esser. Altmodisch und dumm war alles. Ich war betrunken, als ich sagte: Der Hagen liegt in der Wüste und frißt heißen Sand. Meine Familie ist eine kaputte Familie, und der Hagen war noch der Vernünftigste von uns, denn Vater und ich, wir haben uns von Mutters Ehrgeiz kleinkriegen lassen.

Bald werden sie mir den Stromzähler abklemmen. Die zweite Rate war schon fällig. Das Licht flackert. Ach, sollte jemand wegen der Raten kommen, lebe ich nicht mehr. Ich mache das immer so, und erst, wenn der Kassierer gegangen ist, dann lebe ich wieder. Sobald es mir besser geht, werde ich Strom von der Schusterei abzapfen.

Schön, wie das Radio den Schall in meine Ohren drückt, doch

der Empfang ist schlecht. Die Lautstärke schwingt auf und ab. Ich lasse mich von den Schallwellen in die Küche treiben. Vorbeugen ist besser, als – na ja. Im Halbdunkel des Kühlschrankes liegt das Gläschen Frenolon. Meine zweitstärkste Waffe gegen den Entzug. Besseres habe ich nicht. Das Gläschen stecke ich in die Hosentasche.

Wieder flackert das Licht. Hell-dunkel, hell-dunkel wird es. Die Abstände sind regelmäßig. Wer sagt es denn, da liegen ja auch die Vitamine. Seitdem ich Doktor Freiberg kenne, sind davon schon einige Kilo durch meinen Bauch gewandert. Fünf Dragees genügen. Was ist bloß mit dem verflixten Licht los? Die Glühlampe signalisiert mir Impulse. Ein seltsames Spiel. Ich beobachte es und spüre ein heißes Fließen in meinem Innern. Es umschleicht rhythmisch meinen Magen und dehnt sich im Bauch aus. Unwillkürlich rutscht meine Hand mit, wandert zur Brust und bleibt über meinen Brustbein stehen. Hell-dunkel, hell-dunkel. Mein Herzschlag. Ein wahnsinniger Schreck durchzuckt mich, wirft mich gegen die Küchentür, treibt mich die drei Schritte ins Wohnzimmer und läßt meine Hand fahrig zur Dessertweinflasche greifen. Hell-dunkel schillert der smaragdgrüne Flaschenhals vor meinen Augen. Die Angst kippt mich nach vorn und katapultiert mich in die Küche zurück. Einen Korkenzieher, einen Öffner, ich weiß nicht was. Ich suche und bohre meinen Daumen gegen den Kork. Er gibt nicht nach, er regt sich nicht. Die Glühlampe flackert in immer kürzeren Abständen, und heftiger steigt die Hitze im Hals hoch, fließt in meine Ohren und tobt und wummert dort. Ein kalter Schwall bricht aus meinen Poren. Angstkrallen zerren in meiner Brust. Mühsam schnappe ich nach Luft. Die siedenden Wellen in mir wollen meine Augen aus den Höhlen drücken. Schreien möchte ich, die Flasche! – Ich schlage den Flaschenhals auf dem Rand des Spülbeckens ab. Das Klirren singt irrsinnig hell in meinen Ohren. Meine zappligen Finger suchen und flitzen im Spülbecken herum, um es mit dem Gummipfropfen zu verschließen. Es gelingt mir erst, als mich die panische Angst in die Knie zwingt. Ich hocke vor dem Becken, bestaune mit aufgerissenen Augen weinbespritztes Geschirr und halte den Flaschenboden fest. Ich werde beobachtet. Augen sehen auf mich herab. Mein Blick klettert ruckartig in die Höhe, bleibt über dem Küchenofen stehen. Ein gründgelbes Fabelwesen. Kondoraugen. Wieso Kondor? Es bewegt sich nicht und steht über dem Ofen. Es ist mächtig und häßlich. Es ist wie meine Angst. Angst ist sinnlos, so sinnlos wie die Bewegung eines grünen Blattes, das von einem Baum herabschaukelt.

Mein Herz hämmert und saust. Von meinen Fingern tropft Blut. Es rinnt mit dem Wein vermischt am Handgelenk herunter. Ich grapsche mit der unverletzten Hand nach dem offenen Schraubglas und kippe die Kapseln in meinen Mund. Vorsichtig stelle ich den Weinrest neben mich. Jetzt mache ich Schluß! Die lange, spitze Scherbe werde ich nehmen. Ich setze das Glas an mein Handgelenk und schließe die Augen. Das Fabeltier wandert mit meinem Blick. Still und ernst schauen mich die grünen Augen an. Ich muß lächeln. Mein Verstand ist scheußlich klar. Ich drücke langsam zu. Das Distraneurin wird mein abfließendes, vergiftetes Blut ersetzen. Vollpumpen werde ich mich. Die Scheibe bohrt sich in die Haut. — Meine Arme fliegen auseinander. Nur sehr wenig Blut sickert aus der aufgeschlitzten Haut.

Nein, ich kann es nicht. Ich wollte es, doch ich bin zu feige. Was bin ich für ein Feigling. Ich werde den Wein trinken. Scherben werden in meinen Bauch rutschen. Das werden Qualen sein, die dann kommen. Nur eine leichte Drehung. Hier, an der Bruchstelle, setze ich meine Lippen an. Ich neige den Kopf weit nach hinten. Der Wein umschmeichelt süßlich meine geschwollene, pelzige Zunge. Ich gieße ihn durch die Zahnlücken. Noch fester beiße ich zu, immer mehr, je weniger im Flaschenboden ist. Warum sollte ich die Scherben mittrinken. Befreiend steigt Luft in mir hoch. Eine Krampfwelle reißt meinen Unterkiefer herab, und ich muß niesen. Ich niese und schnaube und muß mich am Spülbecken festhalten. Blind taste ich Teller und Tassen ab. Ich kann meinen Mund nicht schließen und spüre, wie eine Krampfwelle meine Magengrube erreicht.

Es ist eine Explosion. Nach jedem Atemzug stoße ich unartikulierte, glucksende Schreie aus. Ich falle auf den Rücken. Die Krampfwellen kommen und gehen, die inneren Erschütterungen werden schwächer. Grell beleuchtet die Glühlampe die Küche. Ich wälze mich zum Kühlschrank, ziehe mich an ihm hoch, taumle und torkle, falle auf die Knie und drehe den Wasserhahn auf. Den wackelnden Wasserstrahl lenke ich auf meine Hand. Hastig schnappe und schlucke ich, beuge mich vor, trinke und trinke und stöhne dazu. Der nächste Krampf packt mich. Er schüttelt mich durch. Angeekelt ziehe ich den Pfropf heraus, sehe den restlichen Wein abfließen und schicke im Intervall das Wasser aus meinem Innern nach.

So mache ich ein halbes Dutzend Füllungen und Entleerungen durch, bis sich meine tobende Magengrube beruhigt hat.

Ich bin leer! Mir ist klar, in mir ist nichts mehr drin! Der Gedanke erwürgt mich fast. Zwischen den Splittern und dem dreckigen Abwasch suche ich nach Resten. Ein bißchen Wein, ein kleines bißchen Distraneurin muß doch zu finden sein!

Tränen laufen über mein Gesicht, als ich im Waschbecken krame und suche. Ich habe es doch so gewollt. Warum sich gegen das Ende wehren? Trotzdem, meine hüpfenden Finger gleiten zu den Vitaminen. Ich hebe das Kinn. Sie rutschen und fallen in meine Speiseröhre. Ich schlucke fauligschmeckenden Speichel nach. Noch bin ich ruhig. Mein Atem wird sogar regelmäßiger, und ein dumpfes Wärmegefühl bringt meine Oberschenkel zum Kribbeln. Sollten die Kapseln doch wirken? Vielleicht ist ein kleiner Rest meine große Chance. Traumschlaf bis zum frühen Morgen. Die ersten Läden öffnen ihre Türen. Ich nehme das Gläschen aus der Hosentasche und schicke den Vitaminen ein bitteres Dragee nach. Das Radiogerät stört mich. Auf Ellenbogen und Knien krieche ich über den Fußboden. Naß und schlierig ist der Boden. Sogar die Türschwelle macht mir Schwierigkeiten. Ich robbe weiter, drehe mich seitlich und schiebe mich vorwärts.

Ich habe es geschafft. Die Dudelei in der Kiste war unerträglich. Ich ziehe mich am Sessel hoch und hocke mich hin mit angezogenen Knien.

Erst konnte ich mit dem Trinken nicht aufhören und wollte es unbedingt – jetzt kann ich weder trinken noch aufhören. Ich werde verrückt! Käme doch nur das Ende, Herzschlag und aus.

Warum ist es so eingerichtet, daß vor dem Tod noch gestorben werden muß? Ach, Mutter Natur, wie bist du blöd. Mein Magen, und was dazu gehört, will vor dem Schnaps kapitulieren.

Eine Zigarette werde ich mir anzünden. Wenn das Zeug wirkt, ertrage ich die Zigarette. Das Medikament Wundermild. Hätte ich mehr davon, ich brauchte nur Kapseln und würde eine Woche ohne Essen und Alkohol auskommen können. Warum geben die Mediziner so wenig davon her, wenn es doch so sehr hilft? Ich verstehe das nicht. Schon Jahre beobachte ich mich genau und weiß über mich Bescheid. Mir kann keiner durch seine Diagnose was vormachen. Ich kenne meine Traumstunden, meine Sternenstunden, und auch meine Trauerstunden kenne ich gut. Mein ganzes Leben ist eine einzige Abhängigkeit geworden. – Mutter, dann meine Frau und jetzt: der Schnaps. Kaum bin ich aus einer Abhängigkeit heraus, da hat mich schon die nächste, und wenn es bloß ein dämliches Medikament ist.

Die Zigarette schmeckt. Langsam und elegant bewege ich meine Hand, nehme einen Zug nach dem anderen mit den Lippen vom Filter. Nein, die Psychopharmaka sind keine Wunder, das Wunder bin ich, und ich zerstöre mich – ein einmaliges Werk. Zerstört und zufrieden. Ich verstehe meine Aufregung nicht. Das Fabeltier ist verschwunden. Nein, nichts, ich kann meine Augenlider senken. Durch einen Spalt beobachte ich das Zimmer – nichts.

Ich spüre meinen Körper. Wie wird es in mir aussehen? Ist dort der Saufgrund? Habe ich Krebs? Betäube ich den noch unbewußten Schmerz? – Mit Recht! Oh, links ist mein Herz installiert. Ich habe ein herrliches Herz. Es funkelt wie ein Rubin. Ich schwebe auf mein Herz zu. Der Rhythmus, der in meinen Augen mitschlägt, da ist er. Mein lebendiger Edelstein, wie ich dich liebe, wie ich an dir hänge. Daneben atmen die Lungenflügel. Sie erinnern mich an kupferne Beschläge, die an den triumphalschönen Rippenbögen befestigt sind. Sie schimmern im rötlich-bräunlichen Wechsel, und das wird wohl mein Atem sein. Und das ist der Magen. Er rührt und regt sich nicht, und ich bin sehr froh darüber. Da die Galle und dort, mein Freund, die Leber. Sie hat die Form eines unansehnlichen Steines. Eine Klamotte, die zuviel wiegt und gegen die

Rippenbögen stößt. Ich blicke hoch und erschrecke: mein Gehirn schwebt über mir. Es sieht aus wie ein Blumenkohl. Der Kumpel auf der Bank! Hat er mir sein Gehirn für die paar Mark angeboten? War es ihm nicht mehr wert? Das ist doch ungeheuerlich! Er hätte es beinahe verkauft! Das würde ich nie tun. Peter hätte es auch nie getan — er hat es einfach mitgenommen.

Peter! Ich höre deine feine Stimme. Peter, du lebst? Ich wußte es, daß alle lügen. Peter, wir trinken ein schäumendes, kühles Bier. Warum ist nur dein Glas gefüllt, und warum gibst du mir nichts ab? Ich verstehe dich nicht, wir sind doch Freunde, und Freunde müssen zusammenhalten bis zum Tode.

Blitzschnell greife ich nach seinem Glas und laufe weg. Ich schwenke lachend die Biertulpe und nippe daran. Peters gieriger Blick ist auf das Glas gerichtet. Allmählich wird der Stiel der Tulpe heiß und beginnt zwischen meinen Fingern zu brennen. Ich will das Glas wegschleudern, doch es klebt wie angeleimt an den Fingern.

Ich sitze im Sessel und reiße den glimmenden Tabak von meinen verschmorten Fingerkuppen ab. Mit vertränten Augen betrachte ich ein versengtes Nagelbett. Peter Brauer verfolgt mich. Vor Schmerz wird mir übel. Quälender Brechreiz treibt mich in die Küche. An der Tür rutsche ich aus und krieche hastig zum Spülbecken. Es ist ja Lebendigkeit, die mich auspumpt und durchschüttelt, doch ich glaube, ich gehe kaputt daran. Ich kann nicht mehr, ich gehe kaputt. Aber niemand würde nach mir sehen. Tagelang würde ich in der Wohnung liegen, das zweite Leben im Leib. Unerträglich, mich hier liegen zu sehen. Wo ist der Rasierspiegel? Ich will mich sehen. Nein, das kann ich nicht sein. Meine Augen sind knallrot. Auf meinen gedunsenen Wangen schält sich die Haut. Meine Stirn und das Nasenbein sind kalkweiß, und die Lippen schimmern violett.

Wieder krampft sich mein Magen zusammen. Ich wiederhole die Prozedur. Krampf, Wasser, Medikament. Ich habe es: Jede Bewegung soll mir schwerfallen, jeden Krampf werde ich unterdrükken, und jede wahnwitzige Vorstellung werde ich vertreiben. Eine Klammer aus weißem Eis wird meine Organe zusammenziehen.

Ich weiß genau, wie es wirkt, doch das Medikament wirkt langsam. Erst nach und nach wird es meinen Körper krümmen und meinen Verstand überlebendig machen. Schnaps muß her! Ich muß meinen Magen überlisten. Außerdem habe ich vor dem Medikament Furcht.

Ich probiere einige Schritte. Laufen kann ich. Im Hauptbahnhof kann ich mir auch nachts Schnaps besorgen. Eine halbe Flasche würde genügen. Dort sitzen immer Typen, und hin und wieder hat einer was mit. Der Bahnhof hat mich noch nie enttäuscht. Nachts kann man am besten mit den Leuten reden.

Ich muß gehen, ich muß gehen! Den gelben Mantel ziehe ich über. Meine Hände wasche ich – wie es an den Fingern klebt. Kämmen muß ich mich. Der Kamm trifft keine drei Haare. Bald kann ich mich besser bewegen! Ich muß gehen!

Geld nehme ich mit. Ohne einen Schein gibt es auch nachts nichts. Im Blumentopf liegen die 50 Mark. Ausweis und Papiere. Der Schlüssel steckt von außen. Den Stecker vom Radio habe ich nicht abgezogen. Ich komme ja bald wieder. Das Licht lasse ich brennen. Ich will nur eine Flasche holen, eine einzige Flasche Schnaps, um abtrinken zu können.

Finster ist der Hof und schwarz die Toreinfahrt. Buschendorfs Kinderwagen grinst mich an. Ich laufe einen Bogen. Meinen Verstand stoßen und stauchen meine abgehackten, schnellen Schritte. Im Takt beben die Laternen, die Bäume, die Häuser. Meine Beine tragen mich zum Markt. Ich habe Glück. Die Kinder und die Besoffenen ... In einer der vielen Kurven kreischt eine Bahn und rast mit gelben Lichtern auf mich zu.

Einsteigen – ring – riiing, los geht's. Ich habe keinen Fahrschein. Mir gegenüber döst ein Kerl. Er trägt einen Schlips um den Hals. Er stört mich nicht, und ich werde ihn auch nicht stören. Er öffnet ein Auge und beginnt zu feixen. Weiter schiebe ich mich in meinen Mantel hinein. Ich bin mit dem Kerl allein im Wagen. Er steht auf und stellt sich neben mich. Warum macht er das, und warum grinst er so? Er soll mich in Ruhe lassen. Angetrunken ist er auch, dafür habe ich einen Blick. Ich möchte aussteigen, weil er mir peinlich nahe steht, doch was ist dann, steigt er auch aus? Vielleicht will er sich abreagieren und mich aus Langeweile verprügeln? Nein, ich bleibe in der Bahn sitzen. Unsere Blicke treffen sich. Das wollte ich nicht. In seinen Pupillen flackert es unfreundlich auf. Er beugt sich vor, zu mir. »Na, Assi, hast du 'ne Sonderfahrkarte fürs Krematorium gelöst?«

Ich antworte nicht. Was will der Mann von mir? Ich kenne ihn gar nicht. Ich schließe meine Augen und werde warten, bis er aussteigt. Schnell rollt die Bahn durch die dunkelblaue Sommernacht. Die Bedrohung durch den Kerl läßt mich weiter in meinen Mantel kriechen. Ich ärgere mich, denn das Stadtzentrum bleibt zurück, und mit jeder Minute entfernt sich die Straßenbahn vom Bahnhof. Sie fährt nach Süden. Die kleinen Räder trommeln die Schienen. Die Bahn schwingt und schaukelt. Ich öffne die Augen, der Kerl grinst mich an. Oft grinst er mich an.

Wieder bremst die Bahn, und er steigt aus – endlich. Ich fahre nur noch eine Station mit und kehre dann um. Die Bahn hält neben einer Kirche. Ich steige aus und will sofort wieder einsteigen, doch der Fahrer fährt schon wieder an. Für eine Sekunde stehe ich sehr gerade und sehr steif. Die Dunkelheit löst sich langsam auf.

Vor mir, flankiert von Edeltannen, beginnt die Allee der Toten. Der Südfriedhof. Nichts gelang mir in meinem Leben, gar nichts. Vielleicht gelingt es mir wenigstens einmal, das Richtige zu machen. Nur ein einziges Mal! Ich will mein Ende, mein so oft gewünschtes Ende!

Meine entnervten Sinne treiben mich auf das Friedhofstor. Hinter mir bleibt die nachtdunkle Stadt. Es ist, als sollte alles so kommen. Vor mir beginnt die unterirdisch bevölkerte Stadt, und sie ist so schweigsam, so finster und so stumm, daß sie über meine Vorstellungskraft geht. Ich bleibe auf dem Tor sitzen. Meine Beine baumeln.

Warum sollte ich springen? Ich kann doch nicht springen. Die Fußknöchel würden sofort brechen.

Über die Gräber legt sich ein flackerndes, gelbes Licht. Es hebt die Bäume und läßt sie tanzen. Der Lichtschein wird heller. Ich sehe an mir herunter. Meine Beine sind in Helligkeit getaucht. Ich verlagere mein Gewicht und drehe mich um. Langsam nähern sich Autoscheinwerfer. Sie blenden mich, verpassen mir einen Schreckstoß. Ich verliere das Gleichgewicht und falle seitwärts vom Tor in den Friedhof. Das Licht strahlt durch die Gitter und scheucht mich vom Weg herunter ins Dickicht.

Kriechend schiebe ich mich durch Gehölz, überwinde bucklige Erdhügel, stoße mich an einem Stein und schwanke um zierliche Sträucher herum. Baumstämme und Büsche wippen im grellen Weiß, und ich fliehe auf schmalen Wegen vor dem Knall einer zuschlagenden Autotür. Das kann nur eine Funkstreife sein!

Neben dem Hauptweg taumle ich auf die Kapelle zu. Ihre Fenster erscheinen mir wie schwarze Löcher zum Hineinschlüpfen. Es ist die mühsamste Leistung meines Lebens. Unterhalb einer Treppe setze ich mich auf einen kantigen Stein, um zu verschnaufen. Ich beobachte das auseinanderflutende Lichtfeld, das schwächer wird. Mein Körper zittert, und der flache Atem hetzt mein Herz. Ich schaue mich um. Über mir schwebt ein Engel zwischen den Sternen und dem Kapellendach. Es ist der Engel der Überheblichkeit – umgeben von einem blauen Flammenmeer. Meine Hand gleitet in die Hosentasche, sucht am Gläschen herum und entnimmt zwei Dragees. Die Dosis wird ausreichen, um mich lahmzulegen. Kalter Schweiß tropft von meinem Kinn. Mühsam unterdrücke ich ein Farbenspiel, das mein hektischer Verstand hervorsprudeln möchte.

Ich muß hier weg. Mein Atem scheint mir nur bis zum Hals zu strömen. Diese Halluzinationen sind unberechenbar, leiste ich keinen Widerstand. Der Engel lacht mich an, ich grinse wieder. »Wir sind unter uns, Michael.« Michael antwortet nicht. Mein Herz ist wie ein rollendes Ei. Es schlägt spitz und hart.

Unmerklich wird die schleichende Angst von mir genommen. Es ist, als hätte ich eine Bombe gegen das Grauen in mir geworfen. Präzise und machtlos rechne ich die fortschreitende Starre meiner Arme und Beine auf.

Nein, den weiten Weg bis zum Tor schaffe ich nicht, aber neben diesem Engel möchte ich nicht umfallen. Ich stelle mir den Weg bis zur Bank vor, ahne das Birkenbäumchen und Peters Grab. Ich erinnere mich an eine Hand, sie ist blau, sie weist, sie kreuzigt und spießt sie auf, die Nummer 18 der Reihe 82 in der Abteilung D.

Meine Willenskräfte fließen in die Beine. Ich stakse vom Schatten des Sandsteinengels weg. Mit kleinen Schritten bezwinge ich die Dunkelheit. Nach jedem Schritt schließe ich die Augen und stoße meine schüttelnden Fäuste abwehrbereit ins Schwarze. Irgendwo vor mir muß Peters Grab sein. Zwischen den Bäumen schimmert schwachrotes Licht. Die Laternen des Boulevards und des Marktes? Die Grabsteine werden mir vertrauter. Ich schwebe daran vorbei.

Das könnte die Birke sein. Die letzten Schritte rolle ich auf den Außenkanten der Schuhe ab. Meine Fäuste wandern von der Brust zum Hals hinauf.

Nein, Peter, laß mich zufrieden. Ich habe mit mir zu schaffen. Später, viel später reden wir über deinen Selbstmord, über deine Kündigung und meinetwegen auch über deine Freundin, die dich wahrscheinlich im Stich gelassen hat. Hättest du dich um mich gekümmert, dann wären wir heute mit dem Auto in Thüringen gewesen.

Mein Verstand pokert mit den blauen Flammen. Sie huschen im Gehirn kalt und hell umher. Über der Bank knicke ich zusammen und lasse mich gegen die Lehne fallen. Ich versuche irgendwas zu erkennen, sehe aber nur das Geisterlicht. Durch blaue Flammen marschieren stöhnende Gestalten auf mich zu. Der Schreck vereist meine Gedanken, und eine unbekannte Macht versucht sie in kristalline Formen zu pressen.

Schluß damit, ich weiß doch, wo ich bin. Eine Zigarette werde ich rauchen. Die Finger meiner rechten Hand fühlen sich wurstig an. Kraftlos schaukeln meine Arme. Der Schnaps hat meine Knochen zersplittert. Sehnen und Bänder ziehen ruckartig an meinen Muskeln. Ich funktioniere wie eine Marionette. Endlich, das Streichholz brennt. Ich rauche mit der linken Hand. Träge bleibt der Glutstreifen in der Dunkelheit stehen, und ich kann ihn beobachten. Blaurotes Gekringel hängt vor meinem Blick.

Jetzt gehen sie auf mich zu. Ich will von ihnen weg. Im Rücken spüre ich den Druck der Banklehne. Sie kommen näher. Ich bin mitten unter ihnen. Sie haben keine Nasen, keine Augen. An ihren länglichen Körpern pendeln Arme. Die Gestalten berühren mich, gehen vorbei. Ein angenehmer, bittersüßer Geruch. Einer bleibt zwischen der Wassertonne und mir stehen — kommt näher, kommt immer näher und fällt auf mich. Ich fasse danach — nichts, mir bleibt nur der bitterfaule Gestank. Eine rosa Wiese rollt auf mich zu. Andere gehen mit mir. Gesichtslose Leichen ziehen vorbei. Eine schweigende Kolonne. Ein gewaltiger Vogel schwebt auf mich zu. Er pickt nach mir. Sein Schnabel — kalt und feucht — berührt meine rissigen Lippen. Der Kuß reißt mir den Mund auf und die Augenlider hoch. Ich ziehe an der Zigarette. Mein Kopf zittert kräftig. Die Zigarette fällt mir aus der Hand, die dann in die Hosentasche rutscht. Sie fliegt und hüpft in der Tasche umher, bis sie zwei Pillen zu fassen bekommt. Ich schlucke, lasse mich kippen und liege auf der Bank. Ich brauche Wärme. Mühsam schiebe ich den Mantelkragen hoch. Meine Arme haben immer wieder den Tick, als Pfötchen auf der Brust zu trommeln. Ich liege mit angezogenen Knien auf der Bank und starre in die Friedhofsnacht.

Tränen laufen über meine Nase. Wann wird mein Herz das hastige Tuckern einstellen? Wie eine Maschine, die zum Feierabend abgestellt wird. Ich bin dann tot. Sterbe ich? Dann wird nur noch ein kalter Klumpen auf der Bank liegen. Mein Abbild — sie werden es die sterbliche Hülle nennen — nehmen sie dann mit, ohne etwas von mir zu wissen. Mein Herz höre ich kaum noch. Mir bleibt nur ein schnelles, schwaches Klopfen und ein ständiges Raunen, wie der Lärm einer Stadt, die mich nicht interessiert. Die milde Luft mindert meine Schmerzen. Was wird geschehen, halte ich meinen Atem plötzlich an? Nicht viel, ich schnappe nach Luft und krieche weiter in mich hinein.

Ich bin aus der Art geschlagen — wie mein Vater. Er soll ein Mensch gewesen sein, der immer nur Angst hatte. Hagen erzählte es mir oft, bevor er ging. Ich glaube, Vater war nur vorsichtig, und darum kroch er vor der Mutter und der Obrigkeit. Er hat es sich erlauben können, denn bestimmt waren ihm alle egal — völlig egal. Mein Vater mochte nur sich. Er starb singend. In den Wochen danach verkroch ich mich hinter meinen Büchern, und Hagen zog mit einem Kofferradio durch die Stadt. Eines Abends sagte er mir, daß er in den Süden gehen würde. Er ging noch in der gleichen Nacht. Es war eine laue Sommernacht – wie heute. Wie ich weinte, als er ging. Hagens beschwörende Worte, ich höre sie noch heute: Michael, halte dich an deine Mutter, hörst du, deine Mutter. Vater war ein Deserteur, denke nicht mehr an Vater.

Hagens Hände waren schmal und kräftig. Wie er erzählen konnte, mein Bruder, und feige war er auch nicht. Ich bin überzeugt davon, daß die Araber seinen unverbesserlichen Kopf abschlagen mußten.

Ich bin feige, denn ich habe mit dem Medikament meinen Körper von meinem Kopf abgeschnitten. Der Körper hängt an einzelnen Fäden. Durch sie fließen kalte Ströme. Meine Gedanken sind ruhig, und die Eiskristalle in meinem Verstand lassen sich ordnen. Ich registriere meine energielosen Beine. Sie hängen wie leere Schläuche an meinem Rumpf und sind vor meiner Brust weggeknickt. Meine Arme liegen im Sterben. Sie zucken nur noch. Die Impulse dafür erhalten sie von meinen Augenlidern. Ich zwinkre die schwarzblaue Nacht an und sterbe stückweise ab – in kleinen Portionen. Im Bauch hält sich eine warme, weißblaue Sonne. Medikamente und Schnapsreste. Die Wärmezungen der Sonne lekken mein Herz und umschmeicheln meine Lenden. Ich finde es gut, es regt mich nicht auf.

Soll meinetwegen alles erstarren zu Eis und Schnee. Mich wird es nicht stören, so lange nicht, wie die kleine Sonne im Bauch scheint.

Hoch über dem Nachtschatten der Bäume fällt ein blauer Funke herab. Ist es eine Sternschnuppe? Ich habe dann einen Wunsch frei, einen Wunsch, der sich erfüllen wird. Zu spät! – hart sind die Holzleisten der Bank. Alles überspannend, schwebt hoch über mir der Sternenhimmel. Hoffentlich fällt noch eine Sternschnuppe, bevor der Morgen kommt. Zwei Wünsche habe ich: nüchtern oder tot zu sein. Nein, ich möchte schlafen und nüchtern erwachen. Was würde ich machen? Natürlich nie mehr trinken. Ganz bestimmt sehr lange nicht. Ich überlege es mir nüchtern.

Zwischen dem Himmel und mir ist eine gläserne Wand. Ich

werde durchbrechen müssen, um mir einen Wunsch erfüllen zu können. Nein, es ist nicht zu schaffen. In meinem Kopf klirrt alles. Jetzt! – Über dem Glockenturm der Kapelle steigt ein blauer Funke. Ein weißblauer Punkt, der langsam nach oben schwebt. Ich wünsche mir – was soll ich mir wünschen? Gar nichts, Menschen können mir meine Wünsche nicht erfüllen. Können die mich sehen? Wenn es so eine Raumkapsel ist, dann müssen die mich sehen – natürlich! Oder ist es ein Satellit, ein unbeteiligtes Ding, das automatisch sendet und empfängt?

In mir ist es so kalt, wie es zwischen den Sternen sein wird. Einen Wunsch darf ich nicht haben. Es fällt auch keine Sternschnuppe mehr. Der Satellit verschwindet am Horizont. Es wird das letzte Mal sein, daß ich den aufgetürmten Sternhimmel über mir sehe. Allmählich verschwindet er vor meinen wäßrigen Blikken und gleitet in den Weltenraum zurück. Nur Ganoven dürfen einen letzten Wunsch äußern, der selbstverständlich erfüllt wird.

Schwach zeichnet sich der Glockenstuhl im Türmchen der Kapelle ab. Ich sehe das Totenglöckchen. Es schweigt.

Die Baumwipfel nehmen Konturen an. Dunkel und still säumen die Edeltannen den breiten Weg.

Über mir beginnen die Birkenblätter zu wispern. Ein Vogel singt betäubend laut gegen die Ruhe rings um mich an. Eine Amsel. Sie sitzt auf dem Blechrand der Wassertonne. Ihre Unbekümmertheit ist unerträglich.

Ja, schon immer wollte ich die Einsamkeit, weil ich ein mutloser Mensch bin. Ein flattriges, zittriges Oval, so liege ich auf der Bank. Oh, ich hasse mich, ich ekle mich an, und wie es mich friert. Da liege ich nun, der Naumann, als ein häßlicher, gelber Klecks auf einer Friedhofsbank. Ich bin mir selber leid.

Die Sonne in meinem Bauch wird kleiner und kleiner. Sie ist eine grellweiße, linsengroße Scheibe und verbraucht sich sehr schnell. Ich brauche zwei Sonnen, um mich zu wärmen. Die Menschen und die Natur – eine Doppelsonne, aber ich konzentriere mich auf das Medikament in der Hosentasche, spüre es an den Fingern kleben und bin froh darüber. Vor den dunkelgrünen Bäumen sehe ich meine verkrampfte Hand auf mich zuschweben. Ein

Dragee bleibt an meiner Unterlippe hängen, das andere fällt in den Mund. Ich würge und schlucke und quäle das Medikament hinunter.

Meine Finger muß ich wärmen. Ich schiebe sie unter den Hosenbund. Ich möchte Lebensmut spielen, doch es gelingt mir nicht. Der Amsel kann ich nicht folgen. Meine Finger sind steif. Meinen gekrümmten Rücken möchte ich gerade biegen, doch es geht nicht. Ich vergaß es fast, ich bin ja aus Eis. In mir würde es splittern. In mir ist es so kalt geworden wie in einem Menschen, der kein Herz mehr hat. Ein letzter Hauch von Wärme kriecht zwischen meinen Oberschenkeln zusammen.

Klavierspielen — ich hasse meine Mutter. Da hat sie mir etwas beigebracht, Peter. Du kannst es wissen, daß nur sie schuld an meinem Unglück hat. Ich hasse sie wie meine Hände, die mir nicht gehorchen wollen. Meine Hände sind Werkzeuge, die dem Willen anderer dienen.

Peter, was weißt du schon über Schubert. Lächerlich wenig, möchte ich sagen. Mit Schubert hat mich meine Mutter getriezt.

Ich stehe vor einem Spiegel. Den Bürstenschnitt reibe ich mit Pomade ein.

Peter, es roch immer so gut. Gepflegt und hübsch sollte ich aussehen. Mutters Stimme: Ich würde blaß vor Staunen werden, käme ich ins Wohnzimmer. Nierentisch und Sessel waren umgeräumt. Ein mächtiges, dunkelbraunes Klavier stand an der Wand.

Billig wäre es nicht gewesen, sagte Mutter, aber da ich seit Jahren Stunden bei Frau Brändel nähme, wäre es die Anschaffung für meine Zukunft.

Was für eine Zukunft, Peter. Damals wurde mir klargemacht, was der Wille eines Menschen vermag. Vater und Mutter sparten sich das Klavier vom Munde ab — für mich, Peter.

Mutter scheitelte mein Haar und schob mich erst dann zum Klavier. Sacht schlug sie einige Töne an. ›Lebensmut‹. Frau Brändel und Mutter waren Schubert-Verehrerinnen. Ich hatte das Stück schon mehrmals versucht.

In meinem Klavier konnte ich mich spiegeln wie in einem schwarzen Grabstein, Peter. Ich spielte ›Lebensmut‹ und erschrak, denn meine Mutter setzte mit ihrer schönen Altstimme ein. Sie brachte mich durcheinander.

›Mutig den Sprung gewagt –
nimmer gewinnt, wer zagt ...‹

Sie schrie mich an und ließ sich in einen Sessel fallen. Sie weinte. Ihr langes Haar fiel schwer und schwarz über die Lehne und legte ihre kleinen Ohren frei. Ich liebte Mutters Haar sehr. Jeden Tag, bevor ich zur Schule ging, durfte ich mich noch einmal an sie pressen. Das war schön, doch sie stieß mich immer schnell weg. Später sagte sie, es wäre nicht ›schicklich‹.

Ich saß am Klavier. Es half nichts, ich mußte spielen. Ich mühte mich und klimperte mit schmerzenden Fingerkuppen über die Tasten.

Schade wäre es um mich, sehr, sehr schade. Ich, ihre ganze Hoffnung, ein Versager. Ich spielte den langen Nachmittag, den Abend. Meine Arme schienen leblos, und meine Fingerspitzen, die spürte ich nicht mehr. Ich begann meine Hände und das Klavier zu hassen. Spätabends saß die Familie in der Küche. Mutter sagte nur vier Worte: Ich hätte sie enttäuscht.

Dabei war alles ganz anders. Am nächsten Tag, ich war allein, spielte ich fehlerfrei Schuberts ›Lebensmut‹. Trotzdem, meiner Mutter machte ich noch eine Woche was vor. Sie traktierte mich, dafür spielte ich falsch. Dann kam der Samstag. Ich spielte nur für meinen Vater. Er lobte mich und wuselte in meinen Haaren herum. Dann sang er. Er hatte eine starke Stimme. Sein Mund war sehr groß und kreisrund. Das klang! Mutter lachte, sie beachtete mich kaum. Sie bereitete einen Imbiß zur Nacht vor, wie sie es nannte. Vater kaute und sang.

Vater stand neben mir. Er kaute noch, als sich seine Stimme überschlug. Es sah aus, als wollte er sich selbst erwürgen. Ganz plötzlich. Einfach so. Mit beiden Händen griff er nach seinem Hals und – in wenigen Sekunden war er tot. Er lag neben dem Klavier. Mutter zog ihn ins Schlafzimmer und ließ niemanden zu ihm. Auch mich nicht.

O Gott, wie ich meine Mutter hasse. Sie hat mich ins Unglück getrieben. Alles hat sie mir versaut und kaputtgemacht. Später hat sie sich in meine Ehe eingemischt. Vielleicht kennst du das auch, Peter. Dazwischenreden und ekeln, das war ihre große Tour. Ach, es begann alles viel früher. Ich schäme mich noch heute, suche ich mit meinen Händen bei einer Frau Wärme. Ich ekle mich vor alter und vor schlaffer Haut. Nie wollte ich alt werden.

So wird es wohl kommen, Peter. Bald sind wir wieder zusammen.

Vor dem Bauch meiner Frau ekelte ich mich auch, Peter. Aber erst, nachdem der Junge da war.

Wie sehr habe ich meine Mutter geliebt, doch sie hat mich von sich weggestoßen. Sie hat mich abgelehnt. Vater war tot, und Hagen war weg. Die große Wohnung, das stumme Klavier, Mutter und ich, wir blieben allein.

Ich weiß es noch genau: Ich saß im Bad auf dem Wäschepuff und studierte ein Pornoheft. Es war Hagens Heft. Er hatte es zurückgelassen. Ich stellte mir vor, was da beschrieben wurde. Peter, das war doch ganz normal. Was gab es schon Gemeines daran?

Es war ja nur eine mechanische Sekundensache. Türen knallten zu, und jemand rief mich. Als ich die Augen öffnete, war ich allein. Ich versteckte das Heft. Über meine Handgelenke ließ ich kaltes Wasser fließen.

Es tat gut, es beruhigte mich. Peter, du kennst das auch.

Danach ließ ich warmes Wasser in die Wanne. Verlegen und lange betrachtete ich mich, bis ich ins Wasser stieg. Ich dachte über die aufregenden Bilder nach und fand sie irgendwie abstoßend.

Ich kam aus dem Bad. Vorsichtig drückte ich Türklinken herunter. Ich öffnete die Tür zum Schlafzimmer und blieb verblüfft stehen. Es war mehr ein Schreck. Meine Mutter stand zwischen den Schranktüren, kramte in der Wäsche herum — und sie war splitternackt. Deutlich sah ich mehrere Augenblicke, wie sie hantierte und wie sich ihre Brüste bewegten. Ich sah im Schrankspiegel meine Mutter.

Der Bauch meiner Mutter war violett!

Peter, seit diesem Tag tyrannisierte mich meine Mutter, sobald ich das Bad aufsuchte. Sie stand immer vor der Tür, doch es gelang mir nie, sie zu ertappen. Die Bilder im Heft sah ich mir noch oft an, doch es gelang mir nicht, dadurch meine Mutter zu vergessen. Unsichtbar blieb sie bei mir — jedesmal.

Meine Mutter, sie hat mich krank gemacht. Seit meiner Geburt! Sie hat mich nicht gefragt und brachte mich zur Welt. Sie hat mich nicht gewollt, erzählte mir einmal Hagen. Wenn er nur bei mir wäre.

Hagen, du hast mir Radfahren und Schwimmen beigebracht, und nur du bist mit mir ins Kino gegangen. Du hättest besser auf mich aufpassen müssen. Zusammen wären wir der Mutter gewachsen gewesen. Ach, Hagen, was du auch für mich getan hast, es war nur deine Rechtfertigung, damit du abhauen konntest. Du hättest mich vor unserer Mutter schützen müssen. Sie war manchmal so gemein zu mir. Hagen, du warst mein innerer Halt. Wie konntest du mich verlassen!

Brennend heißer Wüstensand ... habe ich oft heimlich auf dem Klavier gespielt, als du nicht mehr bei uns warst.

Meine Blase drückt, auch das noch. Es hat keinen Zweck, ich komme nicht hoch. Ich mache es im Liegen wie ein Schwerkranker, aber es geht. Die Amsel singt nicht mehr. Wie leer der Friedhof ist. Trotzdem habe ich das Gefühl, einer würde hinter mir stehen und mich beobachten.

Die Morgenschatten bewegen alles so seltsam. Es ist, als würden Gestalten im Dunst herumschleichen.

»Hagen!«

Ich werde noch verrückt. Hagen kann nicht kommen, er ist tot. Mutter verheimlicht es noch heute, obwohl, vor Jahren wurde sie ins französische Konsulat bestellt. Dort haben sie es ihr gesagt.

Hagen, hätte es dich nicht gegeben, gäbe es mich auch nicht. Schon damals hast du für mich gesorgt, ich war noch gar nicht auf der Welt.

Wir kamen aus Liegnitz, Peter. Mutter und Hagen flüchteten zu Fuß über Görlitz, Bautzen und Dresden. Ich habe es dir nie erzählt. Ich wurde im Bauch getragen.

In Dresden bin ich geboren, Peter, auf der Flucht. Durch Kaiserschnitt wurde ich zur Welt gebracht. Hagen erzählte mir später, ich wäre ein ganz knochiges, dünnes Kind gewesen. Ich bin in einem Bad geboren. Es soll der einzige saubere Raum im Haus gewesen sein. Beinahe wären wir damals beim Bombenangriff umgekommen. Wir haben die brennende Stadt überstürzt verlassen. Wir sind davongekommen, Peter.

Ach, ich wollte, ich wäre nie geboren. Mit einem Messer haben sie mich geholt und in die Welt geworfen. Nie mehr diese Wärme. Schön muß es gewesen sein, die milde Dunkelheit und das sanfte Schweben in meiner Mutter.

Sie haben mich alle betrogen. Der Welt haben sie mich ausgeliefert. Lieblos und kalt waren sie alle zu mir. Verräterisch machte Vater sich davon, und Hagen ging wie ein Landsknecht in die Fremde. Sie waren die Großen, und ich war der Kleine. Mir hatte keiner Glück gebracht, und ich habe niemandem Glück gebracht.

Ein dünnes, knochiges Kind, ha!

Jeder hat seinen Traum fürs ganze Leben, Peter, ich habe keinen. Ich denke, sie lügen alle. Ich habe immer gegrübelt und die Welt im Innersten gehaßt, weil sie so unfertig und so unzulänglich war. Mir haben andere nur das erzählt, was ihnen selber am besten half — doch was half es mir?

Diese feige Bande, ich habe ihr alles geglaubt, und sie hat es ausgenutzt. Schwimmen, Klavier spielen und Liebe; sie hat es nur gebraucht, um sich voreinander großzutun. Soll sie doch zusehen, wie sie ohne mich zurechtkommt. Meine Mutter wird übrigbleiben. Drei Männer hat sie unter die Erde gebracht.

Die Weiber, die egoistischen Weiber sind schuld.

Es wird hell. Der Friedhof lebt. Vögel singen. In den Büschen knackt es. Ein Tier? Es kommt. Das Vieh windet sich durch meine Brust. Ich bin irre — endlich! Irrsinn — Irresein . . .

. . . Aus. Großes Aus. Aus damit. Am Ende — hier am Ende — ich am Ende . . .

. . . Tränen lösen meine verklebten Augenlider. Ich will das nicht mehr. Himmel, ich lebe noch. Mein Atem, ich atme. Mein Herz schlägt nicht mehr — schlägt wieder. Schlägt nicht, schlägt doch. In meinem Gehirn steht jemand, klatscht in die Hände, klatscht rasenden Beifall. Ich bin so weit weg von mir. Meine Hand kratzt die Brust — ich bin ganz nahe. Ich hätte doch sterben müssen, aber irgendwas? Jetzt sterbe ich, schlafe ich, sterbe, schlafe . . .

. . . Mein Bauch ist schwach — unsagbar schlaff. Der Bauch möchte aus meiner Hüfte herauskippen. Meine Arme, sie klemmen zwischen meinen Oberschenkeln. Zittrige Landschaften drükken grüngelb gegen meine Augen. Ich bin nicht da. Nein, meine Augen brauche ich nicht zu öffnen. Ich will hier bleiben — bei mir. Draußen scheint die Sonne, und in mir ist es kalt und dunkel. Draußen höre ich die Edeltannen, dieses steife Gehölz. Die Welt lebt. Ein Schatten legt sich auf meine Augenlider.

Ich weiß genau, wie ich aussehe. Ein Fremder sieht meine ineinanderverhakten, versengten Wimpern. Sie kleben. Meine Augenwinkel schillern wässerig. Mein Bart ist verfilzt und stiebt strähnig auseinander. Ich schiebe meine verpelzte Zunge in der Mundhöhle umher. Mein Gesicht ist schreckweiß — besät mit violetten Flecken.

Der Schatten tritt zur Seite. Hell trifft die Sonne auf meinen inneren Blick. Gleich werde ich erleben, was der Schatten mit mir macht oder was er sonst will. Ob er zuschlägt?

»Herr Naumann, Sie können hier nicht liegenbleiben.«

Es ist albern, darüber nachzudenken, wer sich hinter dieser Stimme verbirgt. Ich bin tot und taub. Sie soll mich zufrieden lassen. Sie ekelt mich an, die Frauenstimme. Eine Hand legt sich auf meine Stirn und fühlt sie ab. Jetzt streicht die fremde Hand einige Haare aus meinem Gesicht. Ich will nichts spüren. Ich will nicht mehr! Ich kneife die Lider verkrampfend über meinen Augen zusammen. Ich will doch — ich schäme mich!

»Kann ich Ihnen helfen? Sagen Sie mal was — los!«

Ich erkenne ihre Stimme. Nein, ich irre mich nicht. Vorsichtig strecke ich meine Beine aus. Den Bauch halte ich mit den Händen fest. Sie kann über mich steigen und sich setzen — falls sie mir helfen will. Mein Kopf reibt sacht an einem Fuß der Bank. In mir wirbelt die Angst.

»Ich . . .«, knarrt es aus meinem Mund. Mein Herz zirpt aufgeregt und schnell.

»Wie spät — Frau Brauer?«

Meine Zunge ist schmerzhaft geschwollen, und ich rieche den widerlichen Duft meines Atems. Meinen Kopf versuche ich unter dem ausgestreckten Arm zu verbergen. Hat sie mich verstanden?

»Hier können Sie nicht bleiben. Was machen Sie bloß hier? Es ist halb elf. Kommen Sie — ich werde Ihnen helfen.«

Vorsichtig öffne ich die Augen. Heute ist also Sonnabend, bis elf Uhr sind die Läden geöffnet, und ich habe noch fünfzig Mark bei mir. Unterhalb des Friedhofs steht ein Kiosk. Wenn ich nur hinkäme.

»Ich schaffe es nicht.«

Ich drehe den Kopf. Sie schaut mir in die Augen.

»Doch, Sie werden es schaffen.« Sie tippt mit den Fingerspitzen gegen meine Wangen. »Sie schaffen es bestimmt, Michael.«

Ich muß hier weg. An der Bank kann ich mich hochziehen. Dann werde ich mich auf ihren Schultern abstützen. Erlaubt sie es mir? Hoffentlich sieht uns niemand.

Ein Schwindelanfall drückt mich herunter, doch sie hält mich fest. Sie richtet mich auf.

Vor mir liegt das Kalla-Gebinde, steht die Vase mit den fünf Rosen. Ich schaue Frau Brauer an. Meine Augenlider flattern.

»Ich komme mit.« Ich will meine Füße heben. Meine Gelenke scheinen aus breiten Gummibändern zu bestehen. Ich verliere die Kontrolle über die Beine. Frau Brauer hält mich im Gleichgewicht.

»Ich wollte die Blumen gießen.«

Sie kennt mich kaum, aber sie spricht mit mir. Ich nicke und spüre, wie meine Hände sich in ihrem Sommermantel verkrallen. Sehr langsam gehe ich die ersten Schritte an ihrer Seite. Ich bleibe stehen. Mein Hals schnürt sich schmerzhaft zu. Die grüne Birke biegt sich, als wollte sie die Wassertonne küssen. Frau Brauer hält mich fest und klopft von meinem Mantel Staub. Sie beobachtet mich mit besorgten Blicken.

»Frau Brauer, schämen Sie sich mit mir?«

Sie prüft nicht, sie wägt nicht, ihr Blick flackert nicht. Sie schaut mich fest an. »Nein, ich schäme mich nicht, Michael.«

Mein Arm wandert über ihre Schultern, und schwerer stütze ich mich ab.

»Gestern, es war sehr spät, da war eine Frau bei mir.«

»Claudia – ja?« Ich muß schief grinsen, will es aber nicht.

»Ja, ich kannte sie nicht.«

Siedendheiß beginnt ein heftiges Schamgefühl in meinen Wangen zu brennen. Ich muß ihr was Gutes sagen, etwas sehr Gutes. »Er hat mir oft geholfen, Peter . . .«

Was soll ich noch sagen? Sein Name ist gefallen. Peter, wegen Peter ist sie hier.

»Gekündigt hat er – Frau Brauer. Wissen Sie das überhaupt?«

»Ja. Frau Lohmann – er würde als Bauleiter arbeiten, hat er ihr erzählt. Nein, so wie früher. Mein Gott, hätte ich das gewußt . . .«

Ich kann es nicht mit ansehen, wie sie weint. Besser, ich gehe stur weiter. Irgendwo werde ich schon ankommen.

Die Edeltannen schwanken bei jedem meiner Schritte wie eine weiche Welle mit mir mit. Ein dunkelgrünes, schweigendes Meer, das über die Grabsteine fließt.

Frau Brauer bleibt stehen. Ich warte neben einer Grabsäule. Ich starre auf den Stein, lehne mich an. Meine Stirn auf Marmor – ich erschrecke, beruhige mich. Die Kühle ist angenehm.

Er sei dabei, sein Diplom zu vergessen, sagte der Diplombauleiter. Vor meinen Augen verschwimmen die goldenen Buchstaben.

Frau Brauer steht neben mir und schaut in die Ferne. Sie weint. Nirgendwo sehe ich einen Menschen, der uns helfen könnte.

»Frau Brauer?« Sie hebt ihren Kopf. »Frau Brauer, verachten Sie mich? Sie müssen mich doch verachten.«

Ihr graues Haar ist ein wenig aus der Fasson gerutscht. Ich kann ihrem tränennassen Blick nicht mehr standhalten.

»Nein«, sagt sie. Sie hat ›Nein‹ gesagt, und sie weint. Ich muß tief durchatmen, hebe meinen Kopf und blinzle die Sonne an. Ihre Strahlen treiben mir Nässe in die Augen. Ich beginne, Wärme zu empfinden, und versuche, meinen Mantel aufzuknöpfen. Frau Brauer hilft mir. Wie verheult sie aussieht. Sie schiebt die Knöpfe durch die schmalen Schlitze, wischt einige Fusseln vom Stoff.

»Wird es Ihnen zu warm? Kommen Sie, Michael.«

Wohin sonst soll ich gehen? Ich gehe mit. Es ist unglaublich, sie verachtet mich nicht. Mit ihr kann ich gehen. Ich kann es nicht glauben. Ob sie mich belügt, damit ich mit ihr den Friedhof verlasse? Will sie mich in eine Klinik abschieben? Ich weiß es nicht, ich weiß es nicht. Noch einmal möchte ich es hören.

»Warum verachten Sie mich nicht?«

»Wie soll ich es Ihnen erklären? Sie sind doch krank, sterbenskrank. Was will man schon gegen eine Krankheit sagen?« Sterbenskrank, wie hart das klingt. Nein, sie macht sich nicht lustig über mich. Ich verstehe sie. Ich muß an das schwere Kallagebinde denken. Sterbenskrank!

Schweigend gehen wir nebeneinander. Ich nehme schwankend den Edeltannen die Parade ab. Mein Atem ängstigt mich. Er treibt mich voran. Sie soll zu mir Vertrauen haben, die Frau Brauer. Ich feuchte meine Zunge an, und mir wird übel. Was ich zu sagen hätte, dreht sich nur um Schnaps und Bier, und jedes zweite Wort würde auf irgendeinem Weg zu Peter führen.

Vereinzelt kommen uns Leute entgegen. Sie tun so, als würden sie uns nicht sehen, oder es fällt keinem auf, daß meine Arme zittern und daß mein Kopf wackelt. Mich fröstelt, und vergeblich versuche ich, den Mantel zu schließen.

»Soll ich zuknöpfen?« Ich nicke, aber mein Kopf schwingt hin und her. Sie schaut mich besorgt an, und ich weiß nicht, wohin ich blicken soll. Ich möchte umfallen und mich aufgeben. Meine Hand wandert ständig zwischen Hals und Manteltasche auf und ab. Ich brauche einen Schluck, nur einen winzigen Schluck.

»Sie müssen unbedingt ins Bett. Sie können ja kaum stehen. Gehen wir, ich halte Sie fest.« Und wie sie mich festhält. Das hätte ich ihr nicht zugetraut. Wohin will sie mit mir gehen? Ich muß an die Matratze denken, die aus meinem Wohnzimmerfenster hängt. Ich halte das nicht mehr durch. Gehen wir, das ist einfach gesagt. Mein Körper gehorcht meinem Willen nicht. Alles in und an mir schlakkert wild durcheinander. Vor meinen Blicken verzerren sich die Kreuze, wachsen in die Höhe und ducken sich wieder vor den Bäumen.

»Bis zum Tor noch, Michael!«

Ja doch, ja –. Das Gittertor. Ich falle um. Noch nicht. Jetzt. Mein Körper klappt in der Mitte zusammen, und ich muß grinsen. Wir sind bis an den Straßenrand gekommen, weiter nicht. Unter mir spüre ich den Papierkorb. Ich schließe meine Augen und stütze den Kopf mit den Händen ab. Wenn mir die Frau Brauer nur einen Schluck besorgen wollte, nur einen winzigen Schluck! Ich würde mit ihr bis an das Ende der Welt gehen. Sie braucht es nur von mir zu verlangen – bis ans Ende der Welt. Eine Straßenbahn klingelt. Ich höre die Autos. Was will Frau Brauer eigentlich? Sie steht an der Straße und winkt. Ein Taxi! Der Fahrer klappt die Tür auf.

»Zum Rosengarten.«

»Mit dem? Der kotzt mir den Wagen voll.« Wie mich der Taxifahrer ansieht.

»Nein, das macht er nicht.« Sie gibt dem Fahrer einen Geldschein. Er nimmt den Schein, zieht die Tür heran und fährt zurück. Direkt neben mir hält der Wagen.

»Steigen Sie ein.«

Sie packt mich am Oberarm und zieht mich hoch. Ich spüre, wie entsetzlich meine Oberschenkel zittern, und falle schwer auf die hintere Sitzbank. Frau Brauer schiebt meine Beine nach. Sie nimmt Platz. Der Wagen schnippt nach vorn. Der Fahrer lacht. »Der ist Ihnen wohl durchgebrannt, was?«

Das darf Frau Brauer sich nicht gefallen lassen. Besser, ich sage was, damit es keinen Streit gibt. »Ist mein Gesicht gelb?« Ich flüstre, damit der Fahrer mich nicht hört.

»Das gibt sich bald.« Sie flüstert auch. Wir verstehen uns. Das Taxi wird mir zu eng. Ich weiß nicht, wo ich meine Beine und meinen Kopf lassen soll. Frau Brauer beobachtet mich unentwegt. Ich entgehe ihrem Blick, indem ich mich an die Fensterscheibe lehne. Schmerzhaft schlägt mein Kopf gegen Glas. Der Fahrer wirft mir einen abschätzenden Blick durch den Rückspiegel zu. Eine Ampel leuchtet rot. Ich zähle meinen Herzschlag, bis sie grün anzeigt. Meinen Mantel habe ich aufgezerrt. Ich massiere meine Brust und fühle mich ein wenig erleichtert.

Der Wagen rauscht über die Schnellstraße, kurvt über die

Brücke, unter der sich klein die Gleise der Stadtbahn verlieren. Ich versuche, meine Blicke an einem Wohnblock festzuklammern. Es gelingt mir nicht. Alles dreht sich vor meinen Augen. Wir fahren durch winklige Straßen. Obstbäume und Einfamilienhäuser bleiben hinter uns zurück. Schaukelnd zittert meine Hand zum Türgriff. Ich möchte hinausspringen und konzentriere mich auf die unter uns wegrollende Straße. Meine Angst nimmt zu. Sie erdrückt mich fast.

Der Wagen hält. Mehrmals fasse ich daneben, dann habe ich den Griff in der Hand und drücke die Tür auf. Ich erkenne das Haus. Drüben ist der Splittweg, der zur Gartenkneipe führt. Die panische Angst, die ich im Auto hatte, ist verschwunden, und mir bleibt meine gewöhnliche, aufregende Angst. Sie flüstert das fürchterliche Wort ›Stoffwechselzusammenbruch‹. Ich krieche aus dem Fond des Wagens und schlage die Tür hinter mir zu. Ich erschrecke. Frau Brauer sitzt noch im Taxi, und über dem Kirschbaum im Garten fliegen Stare in die Höhe. Schwirrend und schimpfend fliegen sie auf mich zu, drehen ab und verschwinden hinter roten Punkten und grünen Flecken. Tränen laufen über mein Gesicht.

Sie steigt aus dem Auto und kommt auf mich zu. Wortlos nimmt sie meine Hand, führt mich durch die Gartenpforte und schiebt mich auf die Verandatür zu. Als ich an rotweißen Gartenmöbeln vorbeistolpre, nimmt sie mehrere elegante Karten vom Tisch. Es werden Kondolenzschreiben sein. ›Frau Melitta Brauer‹.

Müde lächelt sie mich an und öffnet eine Tür, die ins Innere des Hauses führt. Sie hat Geschmack. Ihr Wohnzimmer gefällt mir. Viele Bücher, Pflanzen und Bilder.

»Geh nur, ich bin hier zu Hause. Michael, ich rede Sie mit ›Du‹ an – einverstanden?«

In der Schrankwand steht ein Plattenspieler. Die Boxen stehen hinter wuchtigen Blumentöpfen versteckt. Ein Telefon besitzt Frau Brauer auch. Sie kann ›Du‹ sagen, das darf sie. Ohne Frage darf sie es, denn es würde mir gefallen. »Ja, sagen Sie ›Du‹.« Sie führt mich in ein kleines Zimmer.

»Hier ist ein Bett, du kannst dich hinlegen.«

Sie schält mir den Mantel von den Schultern und schiebt mich weiter vor.

»Zieh dich aus, ich koche Tee.«

Sie nimmt den Mantel mit und schließt die Tür. Wie arglos Frau Brauer ist. Ohne weiteres könnte ich abhauen. Bis zur Gartenkneipe, das sind vielleicht fünf Minuten Weg. Meine Zunge liegt dick und faul im Mund. »Herr Wirt, einen Dopp-, einen Doppelten und ein Bier.«

Der Schnaps würde meine Organe wieder zusammenflicken und zurechtrücken. Eine Klinik wäre auch nicht schlecht. Vor den Toren der Klinik eine Kneipe zum Abtrinken. Das wäre schön. Dort dürfte ich krank sein. Alle würden wissen, was mit mir los ist. Doch in der Klinik wäre ich eben nur scheinbar aus der Welt.

Ein altes Giebelbett. Sehr schön. Der Bezug duftet nach Frische und verwirrt meine Gedanken, die von dem Wunsch nach Schnaps umnebelt sind. Tief aus dem Magen steigt Ekel, der mir die Luft abschnüren will und die Schnapsvision bekämpft. Ich muß mich bewegen und ziehe mich aus. Meine Unterhose behalte ich an. Frau Brauer braucht sie nicht zu sehen.

Es ist kein Zu-Bett-Gehen, es ist ein Zu-Bett-Schwimmen. Ich gleite unter das Federbett. Meine Glieder zucken auf dem kalten Laken. Ich krieche in mich zusammen.

Frau Brauer rumort hinter der Tür. Ich huste flach und halblaut. Sie soll es hören. Sie kann kommen, und außerdem, der Husten quält meine Bauchmuskeln. Sie hat mich verstanden und klopft. Ich brumme die Tür an, und Frau Brauer tritt ein. Ich werde verrückt, in der Hand hält sie einen Eimer. Das Wasser schwappt. Sie lächelt und stellt den Eimer neben das Kopfende. Sie denkt an alles.

»Moment, Michael.« Sie geht wieder. Mir ist nach Tränen zumute. Meine Fingerspitzen rutschen über meinen Bauch und suchen Signale, die mir mein Sterben bestätigen. Ich bin in einer Grauzone, zwischen Tod und Leben. Oft zuckt es in meinen Beinen. Nervös und ungewollt trete ich von unten gegen das Federbett. Stoffwechselzusammenbruch: Wahnsinn-Blödsinn-Idiotie — ich brauche nur eine Flasche Likör. Die alten Weiber haben immer Likör im Haus. Mit gierigen Blicken luchse ich die alte Frisierkommode ab und finde nichts, kein Parfüm — nichts. Nur eine Haarbürste und eine Dose.

Liege ich in Peters Zimmer? Schlief er hier, wenn er seine Mutter besuchte? War das Peters Ausnüchterungszimmer? Vielleicht hat er irgendwo eine Flasche versteckt. Fest presse ich die Augenlider zusammen. Die Tür wird geöffnet. Ich mache mich steif.

»So, ich bringe den Tee. Versuche zu trinken, das hilft.« Langsam öffne ich die Augen, schenke ihr einen Blick. Sie setzt sich mir gegenüber auf die Kante des Sessels, hält ein Tablett in den Händen und schaut mich fragend an. Ich wage nicht, nach Schnaps zu fragen. Vielleicht hat sie Medikamente, die mir helfen könnten. »Ist das Peters Bett, Frau Brauer?«

»Nein, wenn Peter kam, schlief er oben. Komm, trinke Tee.«

»Ja.« Mein suchender Arm kreist hilflos in der Luft. Sie beugt sich vor, stellt das Tablett ab und hebt vorsichtig meinen Kopf an. Sie führt die Tasse an meine Lippen. Sie flößt mir einige Schlucke ein. Ich kann ja so dankbar sein und lege all meine guten Gefühle in einen Blick hinein. Sie schaut mich an. Ich komme mir vor wie ein Hund.

»Wir warten jetzt ein wenig, bald wird der Arzt kommen. Ich habe angerufen. Du brauchst nicht zu erschrecken, ich lasse dich nicht weg von hier.« Sie geht nach draußen.

Wann hat sie angerufen? Im Haus muß noch ein Telefonanschluß sein. Türen schlagen zu, und ich stelle mir das Aufklappen des Kofferraumes vor, oder steht die Tasche mit den Medikamenten auf dem Rücksitz? Ich weiß es nicht. Ich leide Qualen und muß meine Augen schließen. Der Schüttelfrost läßt nach, und kalter Schweiß fließt in dünnen Rinnsalen über meine Haut. Gespannt warte ich auf die Schritte des Arztes. Jetzt kommt er. »Guten Tag«, sagt er in das Wohnzimmer hinein, kommt näher, stellt irgend etwas auf die Kommode und steht am Bett. Er ist so nahe, daß ich einen feinen Duft von parfümierter Seife rieche. Die Matratzen biegen sich ein wenig durch, er hat sich auf die Bettkante gesetzt.

»Herr Naumann, machen Sie die Augen auf. Sie brauchen sich

doch nicht vor mir zu verstecken! Ich muß mit Ihnen reden. Na, immer noch nicht?«

Er nimmt meinen Arm in seine Hand und tastet ihn ab. Vielleicht hat er eine Spritze in der Hand. Ich gebe es auf und schaue ihn an, daß er zumindest denken muß, ich wäre total blöd.

»Wann haben Sie die letzte warme Mahlzeit zu sich genommen? Seit wieviel Tagen oder Wochen trinken Sie?«

Er fühlt an meinem Handgelenk herum, läßt endlich davon ab und sucht an meinem Hals den Pulsschlag. Seine Berührungen regen mich auf. Sie würgen mich fast ab. Was soll ich ihm antworten. Was will er hören? Trinke ich seit fünfzehn Jahren oder seit sechs Tagen? Eine warme Mahlzeit, was für eine warme Mahlzeit? Mein Magen ist übervoll, ich brauche kein Essen. Wie soll ich mich jetzt entscheiden? –

»Seit einer Woche trinke ich, erst weniger und dann ein bißchen mehr. Gegessen habe ich vor drei Tagen – glaube ich. Ich habe einen schwachen Magen.«

Er lächelt und tastet um meine Augen herum die Haut ab. Ich versuche, in meine Blicke etwas Flehendes zu legen. Er soll mir was geben. Hoffentlich entschlüpft mir keine falsche Bemerkung. Er darf nicht wissen, daß ich krank geschrieben bin. Wenn er erfährt, daß ich ein ganzes Team vom Ärzten beschäftigt habe, um einen Krankenschein zu bekommen, dann geht er sofort.

»Ich mache eine Injektion. Bald wird es Ihnen besser gehen, Herr Naumann, und dann geht es ab in die Klinik.«

Er sägt eine Ampulle auf. Mit der Spritze zieht er den Inhalt ab und drückt danach die Luftbläschen heraus. Willig strecke ich ihm meinen Arm entgegen. Er bindet ihn ab. Ich denke mir den Arm weg. Er gehört nicht mehr zu mir. Trotzdem wundre ich mich über den Schmerz des Einstiches.

Der Arzt nimmt einen Block und beschreibt ihn. Ich habe das Gefühl, daß ich bei Frau Brauer besser aufgehoben bin. Die Überweisung in eine Klinik hält er in der Hand, und zweifelnd schaut er mich an.

»Lassen Sie Herrn Naumann hier, ich kümmre mich um ihn.«

»Frau Brauer, wir kennen uns doch gut. Da gibt es einige Formalitäten, um die komme ich nicht herum. Das sicherste für Herrn Naumann ist die Klinik.«

»Es wird ihm an nichts fehlen, — bleibt er hier. Sie können sich darauf verlassen. Mit meinem Sohn — war es ähnlich.«

Der Arzt nickt und sucht wieder den Rezeptblock aus der Tasche.

»Gut, Herr Naumann, bei Frau Brauer sind Sie in besten Händen. Ich denke, das wissen Sie selbst.«

Ja, natürlich weiß ich das. Sie hat Erfahrungen mit Peter gesammelt, doch eine Frage werde ich wagen. Ich kenne mich aus. »Haben Sie Distraneurin mit aufgeschrieben? Ein kleines Glas?«

»Nein, guter Mann, das hier genügt vorläufig. Sonst müßten Sie wirklich in eine Klinik, wenn Sie ohne Distraneurin nicht mehr leben können.«

»Ich kann«, hauche ich.

»Sehen Sie, Sie können also. Frau Brauer, ich lasse Herrn Naumann hier. Sie, Herr Naumann, sind Alkoholiker, und wenn Alkoholismus eine Krankheit ist, das mag ja sein, dann kann ich nur sagen: Eine Krankheit ohne Schmerz heilt nicht. Und Distraneurin — nein.«

Er steht auf und klappt die Tragetasche zu. Den Rezeptzettel gibt er Frau Brauer. Sie läßt ihn in ihrer Kittelschürze verschwinden. Einfach so — in die Tasche — weg. Wie gern hätte ich gewußt, was er mir verschrieben hat, der Doktor. Er hat so getan, als ob er es sich nicht leicht gemacht hätte, und dadurch hat er es mir sehr schwer gemacht. Die zwei werden vorher über mich gesprochen haben, und sie wußten genau, was sie von mir wollten. Warum habe ich mich nicht für die Klinik entschieden? In der Klinik könnte ich monatelang bleiben, falls die Umstände günstig sind. Weißenbach müßte mich wieder einstellen, und ich hätte einen guten Start. So, wie es jetzt aussieht, ist meine Wohnung verkommen, ich habe kaum Geld, bin jeden Tag allein und gehe in nur einer Woche an hundert Kneipen vorbei.

Der Doktor nickt mir zu und geht mit Frau Brauer ins Wohnzimmer. Sie werden über Peter reden wollen — bestimmt.

Wärme breitet sich in meinem Körper aus. Die Glieder werden

schwer und fühlbar. Ach, so schlecht habe ich es hier nicht getroffen. Peters Briefe aus der Psychiatrie, sie wirkten so seltsam auf mich. Der Psychoknast, sagte Brenner-Norbert einmal. Ein Rotkreuzwagen in der Rosengartensiedlung. Hinein mit dem verdreckten Kerl. An den Tropf mit ihm, und vergeßt ja nicht die Fütterung mit gelben Eierchen und weißen Scheibchen. Da läuft er nun schon seit drei Tagen mit grünem Gesicht herum.

Ach der Naumann, wie er sich damit plagt, den Säuferwahn abzuwehren, dabei hat er ihn schon. Er geistert durch geschlossene Abteilungen einer Station, redet dummes Zeug und tobt. Danach beobachtet Naumann mit gedämpfter Beteiligung und frommer Miene die neuen Fälle, die sein Maßstab sind. Eventuell wird er noch zwei oder drei Monate Genesungssprüche klopfen, zur Freude der Psychiatrie, dabei hat er Angst vor seiner Mutter, vor Weißenbach und, was weiß ich, Angst vor der Welt. Nein, ich will in keine Klinik.

Peters Mutter verachtet mich nicht, das hat sie selbst gesagt, und zu schämen brauche ich mich auch nicht, das hat sie auch gesagt. Ich bleibe hier! Der Arzt wird einiges für mich machen müssen, werden meine Probleme zu groß. Es ist kein unübler Doktor, so wie er spritzt. Ja, ich bleibe bei Melitta Brauer. Ich drehe mich im Bett zur Wand. Eine Tür klappt hinter meinem Rücken zu. Fünfzehn Jahre habe ich mich durch Wein, Bier und Schnaps erdrosseln lassen, und begann ich mal ein neues Leben, so ganz von vorn, da brach alles wieder zusammen. Sinnlos, daran zu denken. Woher habe ich nur den Mut genommen, immer wieder von vorn zu beginnen? Woher nehme ich heute die Hoffnung, daß ich aus meinem Dreck wieder herauskomme? Na gut, ich bin ein kranker Mann. Das weiße Bett und der Arzt machen mich nicht kaputt — ich bin durch mich selber krank. Alkoholiker, warum sagte er es so hart? Trotzdem, alles, was in mir ist und zu mir gehört, ist krank, sonst wäre ich nicht hier. Der Arzt und Frau Brauer sehen es auch so. Das zählt. Es gibt eine Menge Leute, die mich krank reden, doch sobald ich wieder saufe, sagen die, es sei eine Willenssache. Es gibt Dinge, die niemand beeinflussen kann. Sie liegen in meiner Zukunft. Wer hilft mir in der Zukunft?

Draußen, vor der Gartenpforte, startet der PKW. Der Arzt fährt ab. Ich höre Frau Brauer, wie sie im Garten über die Platten schlurft. Türen klappen, und jetzt tritt sie mit einem Blumenstrauß in der Hand ins Wohnzimmer. Auf dem Tisch steht eine gläserne Vase. Frau Brauer steckt die Blumen hinein. Sie sind weißgelb und langstielig, und ich kenne ihren Namen nicht.

»Zu dir ins Zimmer möchte ich sie nicht stellen. Übrigens, wenn ich Blumen lange betrachte, kann ich besser einschlafen.« Ihre Stimme klingt nicht froh, nein, so klingt sie nicht, aber so müde und hohl wie vorhin, so klingt sie auch nicht mehr. Ich möchte ihr was Gutes sagen, vielleicht ›Ich brauche Blumen zum Einschlafen‹, aber ich lasse es sein. Warum sollte ich sie belügen? Obwohl, in der Stimmung wäre ich schon, der Doktor hat genau die richtige Ampulle angesägt.

Frau Brauer kommt näher, schiebt einen schweren Sessel an mein Bett und setzt sich. Sie nimmt meine Hand. Meine Finger zucken. Auch das noch, fest umschließt sie sie mit ihren Händen.

Ich spüre meinen warmen Bauch und stelle fest, daß mein Herz die Beine durchblutend zurückerobert. Das ist ein gutes Gefühl. Nur, was Frau Brauer mit meiner Hand macht, gefällt mir nicht. Meine Hand ist verschwitzt, und ihre Hände sind warm und trokken. Mehrmals versuche ich, sanft und unmerklich meine Hand aus der ihren zu ziehen, doch es gelingt mir nicht. Ich gebe es auf und beachte meine Hand nicht mehr. Ein mattes Gefühl wie ein unterdrückter Frohsinn drückt mich tiefer ins Kissen. Ich falle, stelle mir den Durst nach einer Tasse kühlen Tees vor und falle dann in die grundlose Tiefe, in die Tiefe ...

... In meiner Blickrichtung liegt das Wohnzimmer. Ich muß mich im Schlafe gedreht haben. Die Tür ist weit geöffnet, und graugelb schimmert der Blumenstrauß im Halbdunkel. Irgendwo im Haus brennt Licht. Ich habe Durst. Ich bin am Verdursten und will nur noch Wasser. Da ist die Teekanne. Der Deckel klappert hell, als ich ihn abnehme, und zittrig führe ich die Kannentülle an meine Lippen. Ich sauge und schmatze an der Kanne. Es gurgelt in meinem Bauch, als ich die Kanne abstelle und mich langstrecke. Urplötzlich steigt ein deutlicher Schnapsekel in meine Nase. Ich reibe mein Gesicht und betrachte meine Hände, die fahrig und ungelenk im Dunkeln vor meinen Augen schlackern. Was fehlt nur? Ein wenig habe ich mich an die Dämmerung gewöhnt und taste mit nervösen Blicken das kleine Zimmer ab. Die Möbel und der Türrahmen beginnen zu schwanken. Ich suche meine Sachen. Ich will nach ihnen greifen, greife ins Leere, und mir wird klar, meine Sachen, und mit ihnen die Zigaretten, sind verschwunden. Die Aufregung macht mir derart zu schaffen, daß ich mit dem Tee zu kämpfen beginne, der träge in meinem Bauch schwappt. Der Tee will nicht drinbleiben. Das gibt eine Katastrophe. Halb unter dem Bett versteckt steht der rote Plasteimer. Ich ziehe ihn vor, doch es ist zu spät. Ein Schwall plätschert auf den Bettvorleger. Jetzt habe ich den Eimer, und der Brechanfall würgt und tobt in mir ohne Erbarmen. Das Licht geht an, und die Helligkeit blendet mich. Wieder rast der Anfall durch mich hindurch, streckt mich über die Bettkante. Plötzlich hält Frau Brauer mich im Nacken fest, und ich komme gar nicht dazu, mich zu schämen. Neue Schauer rasen vom Magen zur Kehle und gleiten als kitzelnde Wellen zum Magen zurück. Verschmiert und entkräftet hänge ich mit dem Kopf über dem Eimerrand und möchte weinen.

Sie rollt mich ins Bett hinein. Noch nie hat mir jemand beim Kotzen den Kopf gehalten. Ich kenne nur Leute, die sich voller Ekel abwenden. Ich fühle Scham und Dankbarkeit, als sie mich anschaut und mir den Mund und den Bart mit Zellstoff abreibt.

»Ich habe aus der Apotheke Tropfen und Tabletten geholt. Die Tropfen würden jetzt helfen, sagte der Arzt.«

Ich nicke und schnappe nach Luft. Sie geht hinaus. Mein Atem beginnt zu flattern, und ein neuer Anfall treibt mich über die Bettkante und stülpt mich völlig um.

»Fürchterlich,« sage ich in ihr Gesicht. Sie steht vor mir und reicht mir einen Löffel. Ich kippe mir die gelben Zuckerkristalle in den Mund und sauge die letzten Tropfen Tee aus der Kanne. Wieder schießt mein Kopf nach vorn. In mir bleibt nichts, aber auch gar nichts mehr drin. Nur das Atemholen fällt mir etwas leichter. Ich ziehe meine Beine unter dem Federbett hervor, stehe schwankend auf, und Frau Brauer dirigiert mich ins Bad.

Ich friere, als ich mich setze. Einen Moment habe ich Ruhe. Ich kann atmen. Dann bricht alles gleichzeitig los. Es scheint sich ins Endlose auszudehnen. Ich kämpfe beständig und hartnäckig gegen die Krämpfe und Explosionen. Mein Herz rast. Ich drücke die Spülung und werde von einem ausdauernden Ekel geschauert. Ich torkle einen Schritt zur Tür und schaue in den Spiegel. Ich halte mich an blinkenden Wasserhähnen fest. Mein Augenweiß sehe ich nicht mehr, es ist dunkelrot unterlaufen. Groß und schwarz schauen mich meine Pupillen an. Ein neuer Anfall zwingt mich wieder zurück. Endlich beruhigt sich mein Magen. Ich fühle mich leer, und in meinen Ohren brummt und dröhnt es. Stur nach vorn schauend taumle ich die wenigen Schritte durchs Wohnzimmer und falle krachend aufs Bett. Frau Brauer trägt mir die albernen Tropfen nach, doch ich will die Tropfen nicht und wühle mich ins Bettzeug. Völlig erschöpft beginne ich zu schluchzen. Frau Brauer geht wieder. Ich schicke ihr einen Blick nach und sehe, wie sie einen Moment ihren Kopf sorgenvoll schüttelt. Als sie zurückkommt, bringt sie mir ein Glas Wasser und trägt in der hohlen Hand zwei Tabletten. So wünschte ich es mir, und nur sehr schwer kann ich meine aufflackernde Genugtuung mit einem bittern Gesichtsausdruck überdecken.

»Hier, falls es dir schlecht geht, soll ich dir das geben!«

Ich frage nicht weiter, was sie mir gibt, und schlinge die Tabletten herunter. Einen winzigen Schluck Wasser spüle ich nach.

»Gleich wird es dir besser gehen.« Ihre Stimme klingt zweifelnd. Ich schenke ihr einen dankbaren Augenaufschlag und warte. Vielleicht waren es zwei Faustan?

Ich bin froh, daß ich noch lebe. Ich entdeckte das Wort ›lebe‹ nur für mich, und sehr still und sehr weit innen freue ich mich über MICH.

»Du wirst es überstehen – du schon.« Sie sagte es sehr leise. Wie besorgt sie mich anschaut. Heimlicher Neid beschleicht mich. Wieviel Tränen wird sie wegen Peter vergossen haben! Sie hat ihn sicher sehr geliebt. Zögernd nehme ich ihre Hand.

Im Haus ist es finster. Leise spielt ein Radio. Frau Brauer setzt sich bequemer in den Sessel und wartet darauf, daß es mir besser geht. Der Duft des Blumenstraußes schwebt mir in die Nase. Ich atme tief ein. Es gelingt mir, endlich wieder richtig durchzuatmen, und das ist ein Genuß. Dann preßt mir der Schmerz den Atem aus den Lungenspitzen. Wieder atme ich flach und registriere ein leises Röcheln, das aus meinem Hals steigt. Meine Augenlider halte ich halbgeschlossen und beobachte Frau Brauer. Jetzt habe ich den Mut, mich in den Schlaf fallen zu lassen. An ihrer warmen Hand halte ich mich fest. Mir kann nichts passieren, auch nicht im tiefsten Schlaf ...

Sonntag

In der Schwebe

Der Glockenschlag vom Turm. Das erste Mal, daß ich ihn so höre. Es ist also um drei. Vor der Frisierkommode steht ein Hocker, und auf dem Hocker steht eine dicke Kerze, und die dicke Kerze spendet mildes Licht. Nein, ich träume nicht, ich bin wach. Frau Brauer sitzt neben mir, und ihr Kopf ist ein wenig seitwärts gerutscht. Ihr Kinn ist straff. Sie schläft mit geöffnetem Mund.

Vergleiche ich sie mit meiner Mutter, dann drängt sich mir das Herbe, das Kantige im Gesicht meiner Mutter nachdrücklich auf. Meine Mutter trägt ihr langes Haar blauschwarz. Sie läßt es färben. Redete meine Mutter auf mich ein, dann wirkte sie auf mich knochig und zielstrebig, so, daß ich im Innersten leise zittern oder lachen mußte. Dann verfluchte ich meine Unsicherheit und überlegte, woher sie kam.

Frau Brauer sitzt vor mir und schläft, und das beruhigt mich. Ich bin ihr dankbar, weil sie weiche Gesichtszüge hat. Wacht sie auf, dann sieht sie freundlich aus.

Vorsichtig erhebe ich mich. Ich bin müde und schlapp, und jeder Schritt kostet Mühe. Ich habe kaum mit den Spasmen zu kämpfen. Mein Magen beruhigt sich nach wenigen Wellen, die mich durchbeben. Ich wasche mir das Gesicht, taste mich mit hastigen Blicken im Spiegel ab: Mein Bauch ist geschwollen, meine Beine scheinen kläglich dünn. An vielen Körperstellen spannt sich die Haut. Teilweise ist sie gerissen und schält sich.

Ich kann nicht mehr in den Spiegel sehen und will hineinschlagen, doch meine Arme hängen kraftlos herab.

Leise gehe ich durch das Wohnzimmer und krieche ins Bett. Frau Brauer hat den Mund geschlossen, und ich freue mich, daß ich sie nicht geweckt habe. Doch als ich mich ausstrecke, höre ich leise Worte.

»Wie fühlst du dich, Michael?«

»Der Magen und die Galle – auch der Kram darunter, alles scheint sich zu beruhigen.«

Wir schweigen. Ein heller Schein tanzt an der Zimmerdecke. Es war gut, daß ich mitgegangen bin. Ich verschränke meine Arme hinter den Kopf, weiß nicht, wie ich es sagen soll. Ich rede einfach: »Warum kann ich nicht aufhören? Wenn es am besten schmeckt, zum Beispiel. Überall wird getrunken, doch mit mir wird es schlimmer und schlimmer. Ich denke im Kreis und möchte mir mit der Faust den Kopf einschlagen, um diesen Kreis zu zerbrechen.«

Das wollte ich ihr sagen. Genau das. Soll sie es als Entschuldigung nehmen, denn ich drecke ihr Bettzeug ein. Was wird sie mir schon antworten können? Ich spüre es fast, wie sie überlegt. Na, was wird jetzt kommen? Das Trinken einstellen und ein neues Leben beginnen! Es ist eine Krankheit, bitte schön – und so weiter. Hätte ich nur nichts gesagt.

»Michael, es wird mit der Ehrlichkeit zusammenhängen. Du weißt es doch besser als ich, der Schnaps und der Selbstbetrug sind Brüder. Auch ich habe mich oft belogen, und ich habe es gewußt. Die Frauen wollten Peter nicht so – und anders konnten sie ihn nicht verstehen. Ich wollte ... er ist mein einziger Sohn.«

Ich winke besänftigend mit der Hand und stoße mit den Beinen das Federbett zurecht. Die Kerze flackert. Frau Brauer zeigt auf die Kerze. »Unter der Kerze, dort, wo es dunkel ist, suchst du zuletzt! Genauso ist es, du suchst die Schuld an deinem Unglück bei anderen Leuten, bei dir selber suchst du nicht. So läßt es sich leicht irren.«

»Naumann, und die Finsternis, ha. Bei mir soll ich beginnen? Und, wo soll da der Anfang sein?«

»Vielleicht bei deinen Grenzen? Es ist schwer, sie zu finden, und das Gefundene dann auch noch einzusehen und zu ordnen.«

Es ist besser, ich schweige. Sie mag ja recht haben, aber so weit kann ich augenblicklich nicht denken. Ein ganzes Leben ohne Alkohol – das ist doch unvorstellbar. Wenn ich eine ordentliche Krankheit hätte, wie Krebs oder vielleicht ein schmerzhaftes Magengeschwür, und nicht mehr trinken könnte, vielleicht nicht mehr dürfte, ja dann! Mir bricht der Schweiß aus allen Poren. Mir wird die Tatsache bewußt, daß ich sehr krank bin. Ja, heute wird es stimmen, aber immer? Sollte es für das lange, liebe Leben so bleiben? Das wäre – das wäre ungeheuerlich.

»Und meine Grenze, eine meiner Grenzen wären Bier und Schnaps? Haben Sie es so gemeint?«

»Ich glaube – ja!«

»Hm, geben Sie mir bitte eine Zigarette? Sie sind in der Manteltasche.«

Frau Brauer lächelt und steht schwerfällig auf. In einem Schränkchen nahe dem Bett sucht sie und nimmt Feuerzeug und Zigaretten.

»Hier, bediene dich. Wird dir nicht übel davon?«

Jetzt ärgert sie mich. Ihre Worte klangen nach Belehrung. Ich denke, sie kann auch unerträglich werden, diese Frau Brauer. Aber, es ist wohl richtiger, ich meckre nicht. Sogar meine Zigarette setzt sie in Brand. Gierig ziehe ich mehrmals den Rauch ein und verschlucke mich. Nein, ich muß es lassen. Mein Herz rast, und zitternd drücke ich das Stäbchen aus.

»Geben Sie mir eine Tablette.«

In meiner Brust rumort es heftig, und ich erschrecke, als ich blaue Flammen um mich auflodern sehe. Erregt taste ich unter der Bettdecke meinen Puls ab und wünsche mir nach jedem Herzschlag den nächsten schnell herbei.

Frau Brauer kommt wieder und reicht mir eine Tablette. Ich kann das Scheibchen nicht greifen und öffne wie ein Kücken zur Fütterung den Mund. Sie legt mir die weiße Tablette auf meine gierige Zungenspitze. Sie führt ein Glas Wasser an meine Lippen. Das Glas stellt sie ab und reibt mit ihrer Hand meine Brust. Das wirkt beruhigend auf mich und lenkt von dem Toben unter den Rippenbögen ab. Sie massiert und streichelt, und bald stellt sich ein ruhiges Gefühl in mir ein.

Dieses Medikament muß ich mir unbedingt besorgen. Nein, ich werde nicht mehr trinken, ich merke es doch, was mit mir los ist, aber ohne Beruhigungsmittel zu leben – das ist blanker Wahnsinn. Irgendwann muß ich einen Blick in die Küche werfen und mir die Beschriftung des Etiketts einprägen. Ich muß wissen, welchen Kompromiß der Arzt mit der Pharmazie schloß, damit er mich hierlassen konnte. Schließlich sichert er seine Entscheidung ab. Bei uns sichern sich alle ab, jawoll! Ich auch, ja!

»Versuche zu schlafen, Michael.«

Ihre Stimme klingt müde. Wahrscheinlich denkt sie: Die Tablette wird es schon mit ihm machen. Ja, ja doch, die Medikamente und der Schnaps, die haben es immer mit mir gemacht. Die anderen Leute auch. Alles würde ich selber tun, dachte ich und habe vergessen, sie haben es mit mir gemacht. Die anderen Leute und der Schnaps. Ich bin abhängig, total abhängig geworden und wehre mich nicht dagegen. Ich betrachte und beleuchte meine Abhängigkeit, will ihr einen anderen Namen geben, doch es kommt nichts Neues, nur immer das gleiche heraus. Ich muß also bei mir beginnen. Wie hat Frau Brauer gesagt: Unter der Kerze suchst du zuletzt.

Warum hilft sie mir eigentlich? Was steckt dahinter? Der Eimer, die Zigaretten, das saubere Bett und der Arzt?

Sie sitzt neben mir und schaut abwesend in die Kerzenflamme. Ihre Wimpern werfen Stachelschatten auf die Wangen. Zwei Tränen wölben sich aus ihren Augenwinkeln, dehnen sich träge und perlen auf ihrem Gesicht abwärts. Vielleicht denkt sie an Peter oder an ihren Mann, der mit einer Jüngeren in Berlin wohnt und ein hohes Tier der staatlichen Verwaltung geworden ist.

Ich kann mir Peters Weg bis zum letzten Tag gut vorstellen. Er hat sich belogen. Das gleiche wie bei mir. Es läuft alles ab wie im Traum: Kontrollverlust, Ausreden und Beschönigungen, dann ist alles egal, härteres Gesöff, Körper kaputt, tendieren zum Erhängen, Körper total kaputt – Entzugserscheinungen, Prädelir – Delir? Nach Tagen, oder erst nach Wochen, die Wiederholung: Kontrollverlust ... ach, ich habe die Schnauze voll. Und Frau Brauer? Soll sie für sich da sein, ich werde für mich da sein – sonst überlebe ich mich nicht.

Vorsichtig kugle ich mich in meine Schlafstellung. Frau Brauer bemerkt es nicht. Sie wischt mit der Hand Tränen ab. Melitta – sie hat mein ganzes Mitleid. Der Schlaf darf kommen. Er kommt sanft. Er ist in ein weißes Gewand gehüllt. Es ist der weiche Schleier der Ruhigmacher, der mich dämpft. Mull und Gespinste kommen. Sie bedecken meine Gedanken. Melitta Brauer. Sie zerfasern mich ...

... Schlaff und verschwitzt liege ich im Bett. Ich ziehe meine Knie an und hebe den Kopf. Die Federbettmulde, die sich über meinem Bauch bildet, füllt sich mit hellem Licht und schwankt und bebt sehr sanft unter meinen Blicken.

Das verhaltene Würgen im Hals wird sich sofort geben. Ich

beuge mich über den Eimer und lasse mich erleichtert zurückfallen.

Wo wird Frau Brauer sein? Wenn ich mich drehe, spannt sich die rechte Seite. Meine Leber wird im Stadium des Zerfalls sein. Ihr warmes Druckgefühl strahlt nach allen Seiten. Vielleicht lohnt es gar nicht mehr, mit dem Trinken aufzuhören? Es ist zu dumm, ich werde an den Folgen sterben, selbst, wenn ich nicht mehr trinke. Ein Vermögen habe ich versoffen.

Frau Brauer sieht mich, als sie durchs Wohnzimmer geht.

»Na, Michael? Ich habe Wasser in die Wanne eingelassen.«

»Baden?«

»Ja, wie fühlst du dich?«

»Ich weiß nicht, ich habe Schmerzen in der Bauchgegend.«

»Woher wird es wohl kommen? Es gehört eben mit dazu, du weißt es doch.«

Natürlich weiß ich es, aber ein wenig Mitleid könnte ich gebrauchen. Sie nimmt das Bügeleisen und geht in die Küche. Ich schleiche mich aus dem Bett und muß mit einem Schwindelanfall kämpfen, der mir die Beine wegziehen will. Meine Unterhosen sehen gemein aus. Mir ist hundserbärmlich schlecht. Ich schiele zur Küchentür. Geräuschlos versuche ich, auf dem Teppich zu laufen. Dazu brauche ich meine gesamte Beherrschung. Ich bin nicht in der Lage, auch nur einen unbewußten Schritt zu gehen. Ich denke mir einen Schritt, danach wieder einen, und so komme ich ins Bad und überlege, ob ich die Tür verriegle oder es unterlasse. Ich unterlasse es. Falls ich umfallen sollte, kann Frau Brauer nach mir sehen.

Auf der Waschmaschine liegt ein Männerschlafanzug. Nein, das darf nicht sein. Ich öffne die Tür. Sie muß mich hören.

»Der Schlafanzug auf der Waschmaschine . . .«

»Du ziehst ihn an!«

Ich ziehe meine Unterhosen herunter, friere, drehe den Wasserhahn auf und friere noch mehr. Ich steige in das heiße Wasser, das sie mir bereitet hat. Ich gebe noch ein wenig kaltes hinzu und lehne mich zurück. Es plätschert und raunt, ich schwebe und betrachte meinen Körper.

Mein Ding stößt mich ab. Die dunkle Haut schält sich. Sie ist gespannt und fleckig. Sieht aus wie tot. Draußen klappt eine Tür. Der Schreck fährt mir bis in die Hoden. Ich schlage die Hände vor das Gesicht.

Vorsichtig mache ich einige Fingerübungen im Wasser und kreise mit den Handgelenken. Es ist ein Genuß für mich, meinen Fingern zuzusehen. Elegant sind sie.

Meine Füße, die mich bis hierher trugen, bedaure und liebe ich sehr. Alles gehört zu mir. Zu mir gehört auch mein Bauch. In ihm zieht und reißt es schmerzhaft. Er wölbt sich im Wasser, atme ich. Ich nehme die Seife und reibe mich zärtlich ab. Danach begutachte ich die Hautpartien, die rosig zu glänzen beginnen. Ich erkenne mich wieder.

Ja, ich bin es. So bin ich also. Alles, was ich da im grünlichen Badewasser sehen, betasten und erfühlen kann — das bin ich, denn es gehört zu mir, und da gibt es noch viel mehr. Ein heißes Verlangen nach meinem Körper breitet sich in mir aus. Ich fühle ein neues Glück, ein Glück, das mit meiner vorangegangenen Selbstsucht nichts zu schaffen hat. Bisher hatte ich meinen Körper benutzt, was mache ich nun mit ihm? Ich habe ihn gern, er gehört zu mir.

Um Gotteswillen, ich bin mit dem Leben davongekommen, ja, gerade noch davongekommen. Beinahe hätte ich mich endgültig zerstört.

Ich bin es, der im Badewasser schwebend steigt und fällt. Ich bin es und kein anderer!

Klingelte das Telefon oder kommt Besuch? Sollte es der Arzt sein? Ich höre ihre Schritte. Sie geht zur Gartenpforte. Das Telefon war es nicht.

Hier steht ein Haarwaschmittel, und daneben liegt Rasierzeug. Ich werde meine Haare waschen. Mein letztes Bad, wie lange wird das her sein? Da war ich noch im Betrieb.

Melitta Brauer wird denken, ich bin in der Wanne ertrunken. Meine Unterhosen spüle ich gleich mit durch. Mit Seife geht es auch. Es wäscht sich gut. So, fertig.

Ich ziehe den Pfropfen heraus. Das abfließende Wasser verschafft mir milde Zufriedenheit. Ich werde warten, bis ich meine Körperschwere und mein Gleichgewicht habe, und klettre dann aus der Wanne. Mein Körper dampft und glitscht. Sorgfältig trockne ich mich ab und hangle die Schlafanzughose über meine steifen Beine. Neben der Waschmaschine stehen Hausschuhe. Ich werde nicht fragen und schlüpfe hinein. Es wird schon richtig sein.

Ich verlasse das Bad. Matt schlurfe ich durch das Wohnzimmer und bleibe für einige Sekunden neben dem Tisch stehen. Auf ihm liegen mehrere Kleidungsstücke und Schallplatten. Obenauf liegt eine Plattentasche.

›Hin und wieder fliegen Pfeile;
Amors leichte Pfeile fliegen . . .‹

Claudia Lohmann hat Peters Sachen gebracht. Es ist nur Glück! Was war, das ist vorbei, und vorbei ist ein glückliches Jahr. Wenn Alkoholiker wieder trinken, gibt es nur einen Schuldigen, und dieser ist er selbst. Zur Strafe darf er sein Elend allein absitzen. Und, geht es nicht so glimpflich ab, dann wird aus einem halbtoten Trinker ein toter Mann — ein Peter Brauer. Das, was übrigbleibt, sind ein paar Schallplatten, ein wenig Wäsche und die Erinnerungen an tausendundeine Berührung.

Staunend setze ich mich auf die Bettkante und sehe meine Sachen sauber, glatt und ordentlich über dem Hocker hängen. Am liebsten möchte ich jetzt gehen. Da hat Frau Brauer vor einigen Tagen Peter unter die Erde gebracht, und jetzt sorgt sie sich um mich. Das ist doch alles unwahr! Wärme steigt in meine Wangen. Ich schäme mich. Nein, ich kann nicht fortgehen und der alten Frau ein billiges Dankeschön zurücklassen. Das hat sie nicht verdient. Ich werde warten, bis sie ihre Tränen ausgeweint hat. Ich krieche ins Bett und bleibe.

Ach, der Peter mit seinem erhöhten Selbstwertgefühl. Ich kann mir denken, wie das aussehen sollte: Nicht er wurde von den Frauen fasziniert, sondern die Frauen wurden von ihm fasziniert. Ein glatter Denkfehler. So findet man nur eine Frau, die nicht zu einem paßt. Es liegt in der Natur der Sache, daß man sich einer Frau, die einem gefällt, nicht entziehen sollte.

Ich habe immer nachgegeben, nur im Innersten wohl nicht. Ja, ich habe Komplexe. Bei mir läuft das völlig anders als bei Peter. Unaufrichtig war ich – bin ich? Wenn ich mit einer Frau geschlafen habe, mußte ich zusehen. Das ist bestimmt meine Angst gewesen, daß sie sonst mir zusehen könnte. Dadurch ging es bei mir viel zu schnell vorbei. Ich wäre ein kalter Egoist gewesen, behauptete meine Frau bei der Scheidung. Ein Egoist, na ja. Woher sollte das kommen? Meine Mutter hat mich immer von sich weggedrückt. Dabei wollte ich mich nur in ihrer Nähe wohl fühlen – mehr nicht. Kompliziert ist die Welt. Mit Peter war es sicher umgekehrt, seine Mutter hat ihn von sich weggeliebt. Wenn sie, Melitta Brauer, meine Mutter gewesen wäre, dann wäre ich bestimmt kein Trinker geworden, und die Frauen hätten mich auch gemocht – zumindest wäre ich besser mit ihnen ausgekommen. Das steht fest, denn ich bin anders als Peter.

Wir sind alle anders, sind wir nicht süchtig. Die Grenzen einsehen – das ist die Ehrlichkeit mit sich selbst.

Oh, mein Kopf. Frau Brauer hat das Bett frisch bezogen. Wie es nach Sauberkeit duftet. Ich kuschle mich tief hinein. Melitta werde ich nicht stören. Sie wird weinen. Baden strengt an, und Denken strengt auch an. Nur noch ein wenig Schlaf, und ich bin fast wieder fit. Das, was mir wirklich fehlt, ist der Hunger. Ich habe keinen, obwohl ich seit viereinhalb Tagen nichts mehr gegessen habe. Die kleine Büchse Fleisch mit Kräuterlikör, was war das schon. Was war das schon für mich ...

... Ich spüre es, sie sitzt neben mir. Ich muß geschlafen haben, ohne zu träumen, so, als hätte ich einen Keulenschlag erhalten. Es muß ein harter Schlag gewesen sein. Alles in mir schmerzt. Ich spüre überdeutlich jeden Muskel, jede Faser und meine Knochen.

»Ich bin kaputt!«

»So? Ich war beim Arzt.«

»Hat er Distraneurin mitgegeben?«

»Nein, was willst du mit dem Zeug?«

»Nichts. Vielleicht hilft es gar nicht.« Und wie das hilft. Sie hat ja gar keine Ahnung.

»Das denke ich auch. Noch etwas, Michael, ich war in deiner

Wohnung. Es hätte ja etwas sein können — in deinem Zustand. Die Küche habe ich aufgeräumt, damit du einen Anfang findest.«

»Die Küche?«

»Ja, mehr habe ich nicht gemacht. Es fehlte nicht an der Zeit, du hast fast den ganzen Tag geschlafen, aber mir fiel auf, daß ich dir alles abnehme. Als ich das begriff, hörte ich auf. Ein Anfang genügt.«

Ich muß an die Matratze denken, an die Töpfe und Tassen, an die beschmierten Teller und zertretenen Zigarettenkippen. Die Flaschen, die vielen Flaschen, die überall in der Wohnung herumliegen.

»Schönen Dank, Frau Brauer. An Ihrer Gartentüre baue ich einen elektrischen Türöffner an. Sie brauchen nur noch aus dem Fenster zu sehen, und dann drücken Sie auf den Summer. Ich bezahle alles.«

Ich beuge mich vor und greife nach meinem Hemd. Es ist gewaschen und gebügelt, und in der Brusttasche steckt, sorgfältig gefaltet, der Fünfzigmarkschein.

»Hier, nehmen Sie. Ich werde nicht mehr trinken. Hier —.«

»Was soll ich damit?«

Wie erstaunt sie mich ansieht. Das weiß doch jeder, was er damit soll.

»Es nehmen, weil ich nicht mehr trinken werde!«

»Aber Michael, das glaube ich dir auch so. Laß den Unsinn. Es gibt nichts umsonst. Ich bitte dich.«

Sie schiebt meine Hand weg. Nur für eine Sekunde triumphiere ich. Meine Freude, für sie etwas tun zu können — ist erstickt. Ich habe den Mund zu voll genommen, und das nur, weil ich nützlich sein wollte. Melitta Brauer sitzt schräg vor mir und schaut beleidigt auf das verrutschte Hemd und den Geldschein.

Mir wird klar, daß mit meinen Versprechungen oft der Selbstbetrug begann. Kein Mensch wird mir auch nur ein Wort glauben. Daß ich mich bessern und ändern möchte, so ein Quatsch. Der Weg aus der Gefallsucht heraus ist schwer. Ich wollte ja nur Aufmerksamkeit erregen und nichts machen. Nein, es ist noch mehr, es ist der Weg des Denkens aus dem falschen Egoismus.

»Melitta? – Entschuldigen Sie bitte. Kann ich ›Melitta‹ zu Ihnen sagen? Mir ist so!«

»Wenn es dir angenehm ist? Sieh mal, wie die Sonne untergeht.«

Es stimmt, es ist ein schöner Abend. Doch ich bin dem Himmel egal, und eigentlich sollte der Himmel mir auch egal sein. Er hilft mir nicht mit seinem violetten Schimmer. Trotzdem möchte ich dem schönen Abend zulächeln, aber mein Mund verzieht sich zu einem höhnischen Grinsen. In meinem großen Unglück liege ich hier, und daran ändert er auch nichts.

Für Melitta scheint es eine Prise Sommerabendromantik zu sein. Für mich ist es ein Hinweis, daß die Zeit vergeht und alles, was ich vergessen möchte, näherrückt.

Muß ich mich für ›Melitta‹ entschuldigen? Verflucht, ich werde mich noch dafür entschuldigen, daß ich lebe. Ich muß Vertrauen aufbringen.

»Melitta?«

Sie nickt.

»Melitta, ich habe Vertrauen zu Ihnen.« Ich kann nicht sagen, wie und wodurch, aber ich habe Vertrauen zu ihr. »Vertrauen haben und vernünftig sein, das möchte ich, damit mich die Leute achten.«

»Du bist doch vernünftig. Sogar als kranker Mann bist du nicht unausstehlich – und das soll was heißen.«

Sie drückt mich sanft ins Kissen, beugt sich über mich und zieht die Gardinen zu. Will sie mir dabei wirklich helfen? Bestimmt würde sie ehrlich und direkt mit mir reden, doch mir fällt es unglaublich schwer, ein aufrichtiges Gespräch zu führen.

»Melitta?« Sie schreckt hoch.

»Ja, soll ich Tee bringen?«

»Nein – ja, ich wollte nur, ach, ich wünsche mir, mit Ihnen über alles reden zu können.«

»Ist doch gut. Rede.«

»Ich finde diese Abende auch sehr schön. Nur, vorhin war mir der Himmel egal. Jetzt nicht mehr.«

Sofort steht sie auf, beugt sich über mich und will die Gardine zurückziehen.

»Nein, lassen Sie bitte. Können wir in Ihren Wintergarten gehen?«

Sie nickt und nimmt mir die Zigaretten aus der Hand. Ich stehe auf und kann meinen schwankenden Körper nicht abfangen. Sie hält mich an der Schulter fest.

»Sei vorsichtig. Es wird schon gehen. Gestern früh sahst du entschieden schlimmer aus.«

Es mag stimmen, was sie sagt, aber wenn es nach mir ginge, dann müßte ein Blitz herunterkrachen und mich treffen. Es könnte sehr weh tun, doch danach müßte ein gesunder und guter Michael Naumann aus der Asche wachsen. — Was würde ich dafür geben.

Die Fenster des Wintergartens sind weit geöffnet. In der Siedlung beginnt das große Abendgießen. Zwischen Bäumen und Blumen flitzen die Leute mit ihren Kannen. Ein weißhaariger Herr im schwarzen T-Shirt schnippelt mit einer Nagelschere Rosen ab. Seine füllige Frau bindet die Tomaten höher.

Ich bleibe stumm, als Melitta den Wintergarten betritt und die dicke Frau laut grüßt. Die mustert mich abschätzend und grüßt zurück. Ich rutsche auf einen Stuhl und blicke auf den mächtigen Kirschbaum. Hinter der Stadt geht die Sonne unter. Gärten, Häuser und Himmel — alles leuchtet.

»Sie sind so sicher, Melitta. Ich könnte Sie beneiden.«

»Beneiden brauchst du mich nicht. Du bist noch jung, im besten Alter. Ich hole Tee.«

Sie geht an mir vorbei und streicht mit den Fingerspitzen über meinen Kopf. Erst ducke ich mich, richte mich dann aber höher auf. Sie hat mich wie einen Sohn, nein, wie einen guten Freund gestreichelt.

Sie bringt den Tee. Es ist ein blaugemustertes Service. Porzellan.

»Deine Hände sind ruhiger geworden.«

Es klingt beiläufig.

»Du beneidest mich also — weißt du, eigentlich ist es sehr einfach. Vieles ist einfacher und klarer, als du es siehst, Michael.«

Sie setzt sich und legt ihre Hände auf den Schoß. Sie seufzt — warum nur, wenn alles so einfach ist?

»Für jeden Menschen zählt anderes. Mein Mann zum Beispiel legte sehr großen Wert darauf, anerkannt zu werden. Dafür tat er alles, und er hat auch seinen Weg gemacht. Ich kenne ihn so, daß er nur redete — gut, als junger Mann war er tatkräftiger. Er redete, und das Reden wurde sein Beruf. Für ihn mag das richtig sein, und es kann sein, daß er damit anderen Menschen hilft. Das achte ich. Doch als das mit Peter geschah, mit der Klinik, der Scheidung und später, war es ihm peinlich. Irgendwo in seinem Innersten schämte er sich für seinen Sohn. Ich habe es gespürt.«

Sie spricht nicht weiter. Sicherlich kann sie das nicht begreifen, was danach kam. Wenn ich sonst nichts kapiere, das kapiere ich genau. Ich kenne die Macht des Suffes. Es passiert ganz einfach. Diese Claudia Lohmann wird auch nicht völlig unschuldig daran gewesen sein. Vielleicht hat sie ihn zum Trinken verleitet. Ein Zufall in irgendeinem Café. So könnte es gewesen sein. Nein, der wirkliche Grund, das ist Peter selbst gewesen, doch ich kann es Frau Brauer nicht sagen. Peter war nicht ehrlich mit sich selbst. Da mußte er eben alle belügen, auch Claudia Lohmann. Peter mußte lügen, weil er bei Weißenbach in der Kohle arbeitet, weil seine Mutter eine zu ehrliche Frau ist, und lügen mußte er, weil er ein Trinker war. Peter bastelte an seinem Lebenslauf herum, hatte aber ein gutes Gedächtnis. Vielleicht hatte er es satt, das Lügen, und wollte sich zu einem Schritt entscheiden, daß er der Geliebten möglichst gleichwertig nicht nur erscheint, sondern tatsächlich ist. Ja, und davor hatte er Angst, denn so einfach geht das nicht.

Wir Trinker gehören zu den größten Schauspielern dieser Welt. Wir spielen unsere Rollen so täuschend echt, daß wir uns ihretwegen sogar umbringen können.

Peter wußte das genau, und sein größter Trick war der Plan, sich aus der Welt zu schaffen, haute es mit seinen gebastelten Lebensläufen — auch ich habe mehrere — nicht hin. Auch ich wollte mich schon mehrmals umbringen, doch bisher ist es mir nicht gelungen. Ich hatte meine beste Rolle wohl noch nicht. Auch das kann ich Frau Brauer nicht sagen.

Der Zufall hatte nur nachgeholfen — bei Peter. Ein Glas, und aus der Traum. Tage später lag der liebe, der geliebte, der allerliebste Peter Brauer im Grab, und die gute Claudia wußte nichts davon, und als sie es durch mich erfuhr, da stimmte die Welt für sie nicht mehr.

Kann ich das Frau Brauer sagen? Nein, ich kann es ihr nicht sagen. Wie ahnungslos sie vor mir sitzt und nach der Tasse greift.

Peters bedeutsame Entscheidung war wohl nur eine Handbewegung. Seine nervöse Hand war schneller als seine trägen Gedanken. Er hatte sich schon längst entschieden, würde Rüdiger sagen. Peter griff das letzte Mal zum ersten Glas! Dabei hatte er bestimmt noch keine Ahnung, wie das alles ausgehen würde.

Ob nun mit oder ohne Claudia, jedenfalls kam es mit dem ersten Glas. Das ist mir eisklar. Peter verlor die Kontrolle über sein neues Selbstwertgefühl – über seine Krankheit. Antialkoholiker oder Abstinenzler – alles aus. Dabei wird Peter fieberhaft überlegt haben, wie er dem Alfred Weißenbach einen Aufhebungsvertrag aufschwatzen wird. Nur noch der Traum vom Bauleiter war ihm wichtig – alles für Claudia. Alfred hatte sogar die Adresse dieser Frau. Falls mal was passiert: Havarie im Betrieb oder ein anderes Unglück.

All das kann ich Frau Brauer nicht sagen. Sie braucht Peter so, wie sie ihn selber sehen möchte. Wie ist er umgekommen?

Ich gieße Tee ein, es wird ihr recht sein. Der goldene Bogen, der sich in die Tassen ergießt, schaukelt, doch ich schwappe nichts daneben. Ich schaue zu Melitta, um mich von einem ihrer warmen Blicke streicheln zu lassen, doch sie hält die Augen geschlossen.

Vorsichtig stelle ich die Kanne ab. Auf eine Löffelspitze. Es klirrt. Nervöse Abendstille.

»Beneiden, Michael. Ich dachte eben darüber nach. Meine Familie, alle sind sie gegangen, und trotzdem kann ich mir mein Leben nicht anders vorstellen, als es war. Vielleicht wünschst du dir ein anderes Leben, das es gar nicht gibt? Als ich dich auf der Bank liegen sah, Michael, da warst du eben da. Ich dachte mir, da liegt einer, du kennst ihn. Du mußt eben helfen. Sicher, es gibt noch andere Wege, wie sich die Menschen näherkommen können, geht es nicht mehr weiter. Ein Buch, ein Gesetz, das Reden oder die Not. Ich mußte immer mehr tun, als von mir verlangt wurde. Das gehört zu mir. Dir, Michael, würde ich gern klarmachen, daß es für dich ein besseres Leben gibt – nicht so ein unwürdiges: besoffen und verdreckt auf einer Friedhofsbank. Du brauchst mich nicht zu beneiden, wie du vorhin sagtest. Es ist keine Sonderstellung, es ist meine Natur. So und nicht anders hat man mir beigebracht zu leben, und du beneidest mich um etwas ganz Normales.«

Was soll ich sagen? Der Abend färbt den dunklen Blauton des Himmels tiefer und zieht einen schwarzen Wolkenstreifen über Bäume und flache Hausdächer. Bald wird die Nacht alles mit ihren Mustern zuweben. In meiner Brust breitet sich ein wohliges Gefühl aus. Es erstickt mich fast. Ich muß sprechen.

»Meine innerste Natur, wenn ich nur wüßte, was meine innerste Natur ist. Ich glaube, ich habe mich ständig ein wenig anders verhalten, als ich dachte und mich fühlte. Wider besseres Wissen, könnte man sagen, aber ist das nicht normal? Ich denke, das machen viele so.«

»Red mal über dich. Du meinst doch dich?«

»Ja, mich. Melitta, ich war ja nicht immer besoffen. In meinem alten Betrieb war ich Schichtleiter. Ich habe meine Sache nicht schlecht gemacht. Ich verstehe was davon. Meinen Kollegen gegenüber war ich vielleicht ein bißchen zu großzügig, aber ich finde es besser, Probleme im Gespräch zu klären, als die Leute zu bestrafen.«

»Aber sie haben dich doch bestraft? Sonst würdest du nicht hier sitzen. Im Hinterkopf den Kompromiß, die Unsicherheit und die Kumpanei, das lag doch am Schnaps?«

Mit Melitta kann man nicht reden, sie kommt wieder und wieder aufs gleiche Thema.

»Ach, der Schnaps. Als junger Kerl, die anderen grölten, da sang ich nur widerwillig mit. Ich ekelte mich vor Schnaps. Erst, wenn ich drin war, schmeckte er mir.«

Sie lächelt schwach, steht auf und nimmt die Teekanne mit.

Ich sitze vor dem Haus. Ich bin es leibhaftig. Meine Finger zittern, doch sie fühlen sich warm an. Hinter mir, irgendwo in der Stadt, lief mein Leben mit Schnaps. Melitta hat recht. Es ist ein Trümmerhaufen, wo immer alles aus dem Wollen heraus entstand und mit dem Nichtkönnen endete. Ich zünde mir eine Zigarette an. Melitta kommt wieder. Der frische Tee duftet.

»Melitta, bisher hatte es niemand geschafft, mir Grenzen zu zeigen. Ich hatte immer einen Ausweg oder eine Ausrede, um aus blöden Situationen herauszukommen.«

Meine Finger gleiten spielerisch über den Stoff des Schlafanzuges. Ich fühle mich ertappt, als mir Melitta ihr nachtblasses Gesicht zuwendet, und lasse meine Finger.

»Weil ich zu viele Wünsche hatte, betrank ich mich regelmäßig. So lange, bis ich genügend intus hatte. War ich voll, konnte ich mir alle Wünsche erfüllen, war ich nüchtern, fühlte ich mich betrogen. So ging das über zehn Jahre.«

»Ich verstehe dich, Michael.«

Jetzt muß ich aufpassen, daß ich mich nicht in eine Rolle hineindränge und sie fälschlicherweise annehme.

»Denke ich ehrlich über mein Leben nach, dann denke ich nur an Alkohol. Ein Dreckhaufen war mein Leben und ist es immer noch.«

»Noch eine Tasse, Michael?«

Es plätschert hell. Im Halbdunkel würde ich alles daneben gießen. Melitta streckt einen Arm aus.

»Die Menschen wissen oft nicht wohin, stecken sie im Unglück. Sie suchen dann in ihrer Vergangenheit herum. Und das Glück? – Ein großes Wort, das Glück.«

Natürlich weiß ich, wohin sie zielt. Das Leben in Glück und Unglück aufzugliedern, mochte ich auch noch nie.

»Na gut, die Erinnerungen haben mich in die Flasche getunkt, bis ich darin ersoff. Meine Gefühle waren immer herrlich verkitscht, war ich besoffen. Besoffensein ist auch schön – streckenweise, meine ich.«

Ich muß lachen, bis mich ein Hustenanfall quält. Sie wartet, bis ich mich beruhigt habe.

»Michael, jetzt höre mal genau zu: Wenn das alles für dich nur schön war – auch nur streckenweise, dann mußt du gehen. Dann hast du nichts begriffen. Dann bist du nicht krank, und du mußt weitertrinken, bis du es erneut einsiehst – in einer Klinik oder . . .«

Ihre Worte treffen mich wie Schläge. Ich ziehe an der Zigarette und weiß nicht, wo ich hinschauen soll. In mir wird es bitter kalt. Ich höre meine tonlose Stimme.

»Entschuldigen Sie bitte. Ich möchte bleiben – ich, ich bin es. Ich merke es doch. Lassen Sie mich hier.«

Wie ich mich innerlich ankotze. Sie hat ja recht, so verdammt recht. Es ist keine Spielerei. Ich bin krank.

»Ich will dir helfen, Michael. Früher warst du doch nie bei dir. Die Wahrheit darüber sagt dir immer das Ende des Rausches. Das Ende, Michael!«

Ich muß mich zusammenreißen. Ehrlicher sein. Das ist schwer! Von mir muß ich es verlangen. Nur von mir allein. Es geht nicht darum, daß sie mich rausschmeißt, es geht um mich.

»Wenn du dich nicht so nimmst, wie du bist, dann wirst du dich nie begreifen, und dein Leben wird sich nicht ändern.«

»Melitta, ich muß oft daran denken, geht es mir einigermaßen gut, wie es beginnt, und wie es endet. Es wirkt wie eine Spirale auf mich. Vor Angst, Schreck und Ekel trinke ich mich tiefer und tiefer ein, bis . . .«

»Bis du hier oder woanders liegst. Michael, sobald du wieder stabiler bist, gehe regelmäßig in die Gruppe. Ich denke, du kannst dort wirklich etwas lernen.«

»Ach, die Gruppe.« Oft ist es mir sogar gelungen, meine Ausreden aus der Gruppe zu beziehen. Es waren die besten Ausreden. Mit denen habe ich das Alkoholproblem fast noch besser verdrängen können. Vielleicht war ich nie bei der Sache. Warum sagte Doktor Freiberg so oft, ›spielen sie mit, meine Damen und Herren‹? Peter und ich, wußten wir, wie es lief, wie es gemeint war?

»Wissen Sie, Melitta, ich war oft in der Gruppe. Aber mehr theoretisch.«

Peters Abkommen mit mir: Ich gehe für ihn in die Gruppe, und er hilft mir, sollte ich Schwierigkeiten haben. So ein Schwachsinn.

»Peter . . .« Beinahe hätte ich zuviel gesagt. Ich presse den Atem aus meiner Lunge und quetsche ihn durch meinen Hals. Ich drücke die Zigarette aus. Der Husten schüttelt mich. Er wirkt echt.

Ich atme tiefer. Er ist echt. Fast bekomme ich keine Luft mehr. Mein ganzes Leben bis heute war ein einziges, langsames Sterben. Mein plötzlicher Tod wäre dagegen nur Pech. Mühsam atmend stoße ich die Worte heraus: »Melitta, ich versuche es. Ich höre mit dem Rauchen auf.«

Sofort nimmt sie den Aschenbecher, und ich, ich würde mich am liebsten in den Arsch beißen. Es war nur ein Gedanke von mir, mehr nicht. Es wird besser sein, ins Bett zu gehen. Es geht mir nicht sonderlich gut. Die flaue Schwäche und das verhaltene Zittern in mir ertrage ich kaum. Melitta kommt und bringt einen Teller mit Suppe, ein Glas frischen Tee und eine Packung Medikamente auf einem Tablett.

»Möchtest du etwas essen?«

»Bringen Sie den Teller ans Bett?«

Sie macht alles für mich. Ich höre keinen Vorwurf: Könntest am Tisch essen. Keine Zurechtweisung: Rauche nicht so viel, du bist hier nicht zu Hause! Keine Beteuerung: Das mache ich alles für dich, damit du nicht mehr trinkst. Sie geht und kommt, sorgt und kümmert sich, fragt direkt und antwortet geradezu. Ich klettre ins Bett. Ich habe eine leise Ahnung, womit der Doktor rechnet. Auch ich habe schon an den Krisenschlaf gedacht, an ein eventuelles Delir. Ich sehe, wie meine Hand zur Packung schleicht, sie öffnet und das Glasröhrchen entnimmt. Mit der Menge könnte ich mich glatt in einen Eisblock verwandeln. Ich lasse nur einen einzigen hellen Diskus auf meine Zunge fallen und spüle ihn mit heißem Tee herunter. Allzuviel werde ich nicht einnehmen. Morgen möchte ich mich bewegen können, aber jetzt möchte ich mit dem Bett entschweben und auf einer Wiese landen.

»Michael, falls du mich brauchst, neben der Küche ist eine Kammer, dort schlafe ich.«

»Kann ich mir was zum Lesen nehmen?«

»Ja. Und wie geht es dir jetzt?«

»Ach, es ist alles so trostlos.« Mein Herz murkst und pumpt in der Brust. »Wenn ich alles überdenke, Melitta, dann möchte ich Tag und Nacht weinen. Ich bin sentimental, was?«

»Na, dann weine doch.«

Sie sagt das so einfach. Nein, das kann ich nicht. Das kann ich nicht von mir verlangen.

»Nein, ich und weinen —. Früher vielleicht, aber heute, nein!« Wie oft schon habe ich in meiner Bude gestanden und das Chaos angeweint, auf einer Bank gelegen und geweint oder besoffen in einer Kneipe gesessen, und die Tränen tropften auf den blanken Tisch — und alles war Selbstmitleid.

Melitta hat schon Schlimmeres bei mir gesehen: Sie hat gesehen, wie ich mich übergeben habe, wie meine Klamotten aussahen und wie ich auf dem Friedhof im Dreck lag. Jetzt will sie ins Bett gehen und mich allein lassen. Aber das kann ich nicht, diese Nacht allein verbringen.

»Alles ist so trostlos. In mir staut sich alles. Ich weiß nichts mehr über mich. Ich habe keine Meinung zur Welt und auch keinen Glauben. Noch nie gehabt. Mein Zustand ist unbeschreiblich schlecht. Seelisch schlecht. Ich habe keine Freunde, woher sollte ich sie nehmen, und ich habe kein Vertrauen zu den Menschen — nur ein bißchen zu Ihnen, Melitta. Ich besitze überhaupt nichts, woran ich mich festhalten kann. Nein, meine Zerrissenheit und Überheblichkeit stößt alle ab. Für mich ist kein Mensch mehr da — niemand!«

Zaghaft führe ich meine Hand über die Bettdecke zu Melitta. Meine Tränen laufen.

»Wenn sich jemand ernsthaft um mich kümmern würde, hätte ich dann wieder zuviel Zeit für mich? Ich würde daran verzweifeln. Was soll ich bloß machen. Alles ist so sinnlos, denke ich daran, was auf mich zukommt. Was fange ich bloß mit meinem Leben an, was nur?«

Meine Tränen fließen stärker. Es ist sehr viel Wasser. Ich möchte nicht aufhören, und es fließt und fließt. Melitta wird bei mir bleiben. Sie muß bleiben.

»Michael, sag's mal konkret. Deine Wohnung kenne ich. Wir werden sie in Ordnung bringen. Ich habe auch einige Sachen, die du gebrauchen kannst. Was ist noch zu tun?«

Ich druckse und schlucke, streichle ihre Hand.

»Und meine Arbeit? Nein, ich gehe nicht mehr in den Betrieb.

Weißenbach habe ich am Freitag versprochen, ab morgen wieder nüchtern zur Arbeit zu kommen.«

»Gut, ich komme mit. Was gibt es noch?«

»Meine Unterhaltsschulden. Meine Frau läßt mich pfänden ...«

»Wenn du arbeiten gehst, kannst du bezahlen. Was gibt es noch?«

»Meine Miete habe ich schon ein halbes Jahr nicht mehr bezahlt oder noch länger. Post und Energiekosten auch nicht ...«

»Du gehst wieder arbeiten. Du kannst deine Probleme alle lösen, vorausgesetzt, du trinkst nicht mehr.«

Sie hat das Thema gewechselt – mein Thema – und ihres daraus gemacht. Ich wollte doch nur, daß sie bleibt. Meine Tränen versiegen. »Ich kann nicht in den Betrieb gehen!«

»Warum denn nicht?«

»Ich bin krank geschrieben. Morgen muß ich wieder zum Arzt, glaube ich. Es steht auf dem Schein.«

»Übermorgen mußt du gehen. Entschuldige, beim Wäschewaschen mußte ich deine Taschen leerkramen. Michael, die kommende Woche habe ich frei. Du weißt ja, warum. Gut, morgen fahren wir zum Betrieb und danach zur Poliklinik. In zwei, spätestens drei Tagen mußt du einen Anfang machen, sonst war alles umsonst. Na, alles vielleicht nicht.«

»Melitta, umgekehrt wäre es besser. Was ist, wenn mich Weißenbach fristlos entläßt? Er hat es mir angedroht!«

»Ich finde es richtiger, wenn du erst gar nicht auf das Krankengeld spekulierst. Noch etwas, ich weiß nicht, ob dir das Zeug hilft?« Sie tippt mit dem Finger auf die grünweiße Packung. »Entscheide selber, ob du das Zeug brauchst oder ob du es sein läßt. Ich gehe jetzt schlafen. Du weißt ja Bescheid. Gute Nacht, Michael!«

»Ja, gute Nacht – Melitta!«

Das kann eine Nacht werden. Sie geht und läßt mich allein. Ob das gut für mich ist? Ach, was bilde ich mir bloß ein. Soll sie nur schön ins Bettchen gehen, ich werde sie nicht stören, und wenn es ums Verrecken geht.

Ich nehme den Suppenteller und setze mich auf die Bettkante.

Als ob mir eine Blumenkohlsuppe Mut machen könnte. Ich löffle ein wenig und schiele zum Eimer, der, frisch gefüllt mit Wasser, weit weggerückt neben der Frisierkommode steht. Die Suppe schmeckt gut.

Mit meiner Arbeit habe ich Probleme. Alle trinken, und ich sehe keine Möglichkeit, von meinen Kollegen wegzukommen. Aber wenn ich ehrlich bin, wird es in einem neuen Betrieb – sogar in meinem alten Beruf, auch nicht anders werden. Wer trinken will, der trinkt, und wenn es auf hoher See, im Kosmos, im Knast, im Regierungsviertel oder sogar auf dem Friedhof wäre. Wie einfach dagegen wird es zu Hause sein. Zu Hause bin ich ständig allein. In meinen Schränken liegt kaum Wäsche. Ich habe wenig Geschirr, und eine Frau fehlt mir auch.

Besser, ich bremse meine Gedanken, sonst träume ich mich in den nächsten Rausch hinein. Die Ruhe in mir ist trügerisch. Der Löffel in meiner Hand beginnt zu wackeln, obwohl ich das Medikament eingenommen habe.

Diese traurige, bedrückende Stimmung von vorhin schleicht sich wieder ein. Es ist, als liefen mir die Tränen grundlos übers Gesicht, so, als sollte es sein. Ich bin froh darüber, daß das Wasser läuft, und ich fühle heraus, es ist nicht die Wollust oder das Selbstmitleid. Ich weine anders als sonst. Die Tränen scheinen meine Überlegungen klarzuwaschen. Sie spülen meine Lügen und die Gier nach Schnaps weg und legen etwas frei. Ich kann es noch nicht genau erfassen, doch ich denke, ich habe einiges begriffen und könnte sofort neu beginnen – aufstehen und neu beginnen.

Besser, ich unterlasse es. Ein wenig krank darf ich sein, und so soll es bleiben, bis ich wieder hergestellt bin. Mit Melitta habe ich es gut erwischt. Das ist eine Tatsache, und diese Tatsache muß für mich die Endstation des Saufens sein. Ich hatte Glück, unverschämtes Glück. Still kommen Gefühle, die mir sonst nur der Schnaps verschaffte. Sie gehören mir allein.

Warum hilft mir Melitta? Das Leben ist mitunter so verrückt, daß das Elend des einen das Elend des anderen wandelt. Peters Tod hat meinem Leben Pate gestanden. Ach, Peter, trotzdem möchte ich nicht an dich denken. Ich würde mich schuldig fühlen, in Selbstmitleid fallen. Ich muß handeln, sonst sitze ich wieder im Käfig der Grübelei. Melitta hat gesagt, ich darf mir Bücher auswählen.

Leise erhebe ich mich. Hinter der Schrankwand steht über Eck ein Regal. Die Buchrücken ziehen mich an. Ich suche und blättre. Peters Worte fallen mir ein: Für bestimmte Lebensphasen gibt es bestimmte Bücher. Mitunter können es auch die gleichen Bücher sein. Meine guten Bücher — ins Antiquariat habe ich sie getragen. Nur ein Drittel des Preises gaben sie mir. Nun gut, ich werde es nicht mehr ändern können, oder vielmehr, ich kann es nur ändern — ändere ich mich. Ich nehme einen Doppelband: ›Der stille Don‹. Ich steige wieder in das zerwühlte Bett und bin eine Spur zufriedener.

Die ersten Seiten überschlage ich, um interessante Passagen anzulesen. Ich bin in der endlosen Weite einer unbekannten Steppe, im klaren Wasser eines großen Stromes und zwischen den Prügeleien einer Großfamilie. In rauhen Mengen fließt der Wodka. Oft verfehle ich die Zeile, beginne nochmals zu lesen und bemerke, wie die Zeilen unter meinen Blicken wegrutschen.

Ich schließe die Augen, ruhe mich aus und überblättre einige Seiten. Ich denke mir den Anschluß der Geschichte hinzu, denn das Lesen strengt mich sehr an. »Die Sonne durchdrang das grauwollige Gelock der Wolken und senkte den Fächer ihrer rauchfarbenen, gebrochenen Strahlen auf die fernen, silbrig schimmernden Berge jenseits . . .« — der Hochhäuser, ja, jenseits der Hochhäuser. Ein Fenster im 19. Stock. Es wird geöffnet, ein Sonnenstrahl bricht sich darin. Er wirft einen Goldpfeil in den Himmel. Der Pfeil steigt in die Höhe. Er trägt mich. Ja, mich — mit wahnwitziger Geschwindigkeit über grüne Ebenen, sandige Hügel, blaue Berge dem Mond entgegen. Dort wirft er mich ab, auf der Schattenseite. Ich zucke schreckhaft. Die Kälte, die nadelspitzen Gebirge, die gigantischen Gletscher — sie neigen sich mir zu.

Steil richte ich mich auf und sitze im Bett. Verwirrt starre ich auf meine Hand, die, einem Automatismus gehorchend, zum Medikament vorschnellt.

Angespannt öffne ich meine Augen und kann nur mit Mühe die

Zimmereinrichtung von verkarstetem Gebirge unterscheiden. Hoch über dem Gebirge schweben Punkte, die, heller und heller werdend, in meine Augen fallen möchten. Die Funken wandern mit meinen hastigen Blicken mit. Sie stieben hoch, als ich das Buch nehme. Ich überschlage viele Seiten und versuche, mich an einer anderen Stelle festzulesen, um von mir wegzukommen.

»Schritte auf der Außentreppe – Schritte im Vorraum – Schritte dicht vor der Tür ...« Ich werde verrückt, ich höre die Schritte. Angestrengt schaue ich zur Tür und versuche, meinen Blick am dämmrigen Grau des Blumenstraußes festzuklammern. Die Schritte kommen näher und näher und poltern in meinem Kopf. Es sind meine Schritte. Ich betrete die Wohnung im 19. Stock. Meine Wohnung. Jemand stöhnt und schreit. Schläge patschen dumpf. Weiches Fleisch. Eine Frauenbrust. Sie leuchtet weiß. Aus Angst schlage ich zu. Im Nebenzimmer weint Karl-Friedrich, mein Sohn. Mein Sohn, ich liebe meinen Sohn.

Ich fühle meinen Bauch aus, lege meine Hand darauf und spüre, daß ich noch da bin. Tränen laufen über meine Wangen.

Wieder saust meine gierige Hand zum Medikament. Ich zittre am ganzen Leib und kaue das bittre Dragee. Es gelingt mir, nach dem Teeglas zu fassen, es zu nehmen und zu trinken. Erleichtert spüre ich, wie die kühle Flüssigkeit in mir hinabrinnt.

Ich greife nach dem Buch. Die Buchstaben purzeln von der Seite herunter, werden lebendig und krabbeln als muntre, schwarze Käfer ins Bett. Ich drehe und wende mich, suche die kleinen Käfer und finde sie nicht. Nun hebe ich das Buch hoch und schaue darunter. – So ein Unfug! Ich lache glucksend auf. Das Lachen verschafft mir Luft. Ich lache kräftiger. Allmählich beruhige ich mich. Es gelingt mir, das Fabelwesen fortzuscheuchen, das sich wieder in meinem Verstand ein Nest bauen wollte. Es kann auch das Medikament gewesen sein, das es mir vom Halse schafft. Die weiße Kunst der Psychiatrie, ich bin ihr dankbar. Ich werde Doktor Freiberg informieren. Er hat seine Freude daran. Was habe ich davon? Kann ich beruhigt zu ihm gehen? Kann ich noch beruhigter von ihm gehen? Immer ruhiger, wo führt das hin?

Die gleißenden Fünkchen vor meinen Augen verblassen.

Ebenso die verkarsteten Gebirge, die in meinem Verstand wuchteten. Ich bin erschöpft und blättre Buchseiten um. Worte murmle ich halblaut mit, gleite oft vom eigentlichen Text ab. Ich überschlage Kapitel für Kapitel, finde keinen Anschluß und nehme mir den zweiten Band. Bürgerkrieg verwirrt mich. Ich spüre, wie ich zu einem Opfer werde, das unter Schüssen – unter dem gezielten Einsatz hochwirksamer Dragees zusammenbricht …

… Unter mir das zerknüllte, schweißnasse Laken und ein Buch. Ich begreife, daß mich das Delir mit seinem Hauch nur flüchtig streifte. Das Delir mußte vor mir kapitulieren, weil ich vor der Flasche kapitulierte. Ich betaste meine aufgedunsenen Glieder, die gespannte Haut und spüre das Picken und Stechen meiner Organe.

Melitta sitzt neben mir im Sessel. Ich bestaune mehr ihre Anwesenheit als ihren geöffneten Mund. Sie schläft tief. Die dicke Kerze brennt.

Vorsichtig räume ich unter mir herum, ziehe das Laken glatt und will das Buch auf das Fensterbrett legen. Nein, den letzten Satz gönne ich mir noch. Der Schlußsatz soll ja immer so viel Symbolisches haben: »Das war alles, was ihm im Leben geblieben war, was ihn einstweilen noch mit dieser Erde und mit dieser ganzen, weiten, unter einer kalten Sonne gleißenden Welt verband.«

Das ist also sein Ende gewesen. Er trug sein Kind auf den Armen, als er nach Jahren das Vaterhaus wieder betrat.

Ich ziehe meine Knie an und halte mich an meinem Körper fest. Ja, er ist krank, krank wie meine Seele und krank wie mein Verstand. Das bin ICH. Mein Verhalten zur Welt und zu mir ist fast tödlich gestört. Ich halte mich an mir fest. Das ist alles, was ich habe, mehr nicht …

Montag

Die fremde Welt

»Guten Morgen, Michael. Frühstück!«

Ehe sie das Frühstück noch einmal ankündigt, sitze ich auf der Bettkante und reibe mir die Augen wach. Frühstück, das heißt ein Glas Bier und zwei Korn auf ex. Mit dem Fuß schiebe ich die Tür zu und tausche den Schlafanzug gegen Hemd und Hose aus. Ich muß ins Bad, schlurfe an Melitta vorbei und sehe den gedeckten Tisch. »Morgen.« Benommenheit verunsichert meine wenigen Schritte. Ich atme auf, als ich das Bad betrete. Auf der Waschmaschine liegt frische Unterwäsche. Ich denke, es ist besser, nicht danach zu fragen, wer sie anziehen soll. Sie ist für mich, für wen sonst?

Etwas Gläsernes, Formloses trennt mich vom Licht, das durch das Fenster scheint. Stumm und ohne Staunen betrachte ich meine gerötete Haut, die gereizt und gespannt meinen Körper bedeckt. Ich bin mir fast egal und ziehe mich an. Mein Gesicht macht mir Sorgen. So geschwollen und gedunsen habe ich es noch nie gesehen. Dazu mein verfilztes Haar. Meine dunkelblauen Augen betrachten die aufgequollenen Wangen, die mir einfach nicht gehören können, und wenden sich müde ab. Mechanisch ziehe ich mich an. Gern würde ich fröhlich sein, einen guten Eindruck machen, doch ich unterlasse das Pfeifen. Meine Lippen gehorchen mir nicht. Sie knautschen sich zusammen, spitze ich den Mund.

»Du bist ja schon fertig, Michael.« Ich nicke, gehe an den Tisch und setze mich. Ich bin schon lange fertig. »Ja, ich bin fertig. Wer weiß, was mich hochgetrieben hat.«

»Magst du was Kräftiges? Rührei mit Schinkenspeck.«

Beiläufig schnüffle ich an der Pfanne und spüre, wie das duftende Bratenfett meinen Magen zu peinigen beginnt.

»Nein, ich will nicht. Entschuldigen Sie bitte, Sie haben sich die Mühe gemacht, aber ich will nicht.« Ich nehme das Weißbrot und belege eine Schnitte mit Butter und Marmelade. Melitta gießt Kaffee ein und schwappt einen riesigen Schluck Milch in die Tasse. Der hellbraune Kaffee erinnert mich an Krankenhaus und erleichtert mich. Es war doch gut, daß ich mit Frau Brauer mitgegangen bin. Ach, ich bin zufrieden darüber.

Sie ißt ihr Rührei allein. Schiebt sie die Gabel in den Mund, dann zwinkert sie mit dem linken Augenlid. Freundlich schaut mich Melitta an, doch das zwinkernde Lid irritiert mich, und meine Hand wandert zur Kaffeetasse. Sie zittert nur sanft, als ich sie anhebe und trinke. Zweiundeinhalb Tage bin ich trocken, und ich finde, es ist eine großartige Leistung von mir.

»Melitta, ich will erst in die Poliklinik und danach in den Betrieb gehen. Heute schon, es wäre besser.«

»So? Wäre es da nicht vernünftiger, noch einen Tag im Bett zu bleiben? Du bist krank.«

Ich ziehe den Kopf ein und rühre im Kaffee. »Was soll ich im Bett?«

»So? Heute nacht sah es mit dir ganz anders aus. Ich habe wirklich Bedenken.«

»Wieso Bedenken? Es geht mir gut – fast. In der Nacht sind ein paar Steinbrocken durch mein Gehirn geschwommen. Es knirschte ein wenig im Kopf, aber dann ...«

Sie wirft die Gabel auf den Tisch. Das Zucken ihres Augenlides hat aufgehört. »Michael, du hast eine Viertelstunde lang irre geredet. Mit offenen Augen hast du mit mir gesprochen. Erst dachte ich, du wolltest dich mit mir unterhalten, weil du vielleicht nicht einschlafen konntest, aber nach kurzer Zeit wurde mir klar, daß du halluzinierst. Ich hatte Angst. Junge – Michael, hatte ich eine Angst um dich. Ich wollte den Arzt holen ...«

Sie nimmt die Gabel, stochert nach einem Speckstückchen und beginnt, leise zu weinen. Ich kaue an der Schnitte und fühle mich hilflos.

»Genauso war es, als ich Peter in die Klinik brachte. Es war genau wie mit dir. Oh nein ...«

Vorsichtig streichle ich ihre Hand. Für einen Moment setzt sich die gläserne Wand um mich in Wärme um. Dann erschrecke ich durch ein leises Zucken ihrer Finger, und zögernd rutscht meine Hand wieder zu mir. Heftig spüre ich das starke Gefühl der Benommenheit. Es preßt meine Schläfen zusammen und verschleiert meinen Blick. Ich muß ihr was sagen, etwas Ehrliches. »Melitta, ich danke Ihnen. Ja, ich bedanke mich sehr.«

Sie schaut mich an, und ihre wässerigen Augen blicken alt. Wieder nehme ich ihre Hand und rüttle sie vorsichtig. Melitta schnieft und schneuzt sich die Nase.

»Du willst dich gesund schreiben lassen?«

»Ja, Weißenbach muß meinen guten Willen anerkennen.«

»Ich habe gesagt, daß ich mitkommen werde, und dabei bleibe ich auch. Ich habe ein paar Schuhe für dich herausgesucht. Versuche erst gar nicht, dagegen zu reden. Du ziehst sie an.«

Also darf ich nur nicken, und mir ist es auch recht. Von meinen Cordschuhen sind wahrscheinlich nur noch die Profilsohlen und die Schnürsenkel übriggeblieben.

»Ich wünsche dir, Michael, daß du das heute alles packst. Junge, ich sehe dich noch immer im Bett sitzen und reden. Du hast geplappert wie ein Kind. Ohne Faden und ausdauernd und natürlich ständig vom Schnaps und vom Klavierspielen. Kannst du Klavier spielen? Ach, es war schlimm. Komm, wir machen uns fertig und gehen.«

Ihre Worte drücken mich nieder. Ich bücke mich, schwanke gegen einen Schrank und binde mir die neuen Schuhe zu. Nein, mit meinem Elend muß Schluß sein. Nein, nein und nochmals nein, ich muß da durch und herauskommen. Sonst bringe ich mich um! So wie bisher, so kann ich nicht mehr leben.

In diesen Schuhen ist Peter bestimmt nach Schnaps gelaufen. Nein, ich trinke nicht mehr! Die starke Benommenheit, meine Haut, die sich schält, die Angst vor der nächsten Stunde, alles muß ein Ende haben und muß vorbeigehen. Ich richte mich auf. Mein Blick verdunkelt sich, Schwärze fällt in meine Augen. Es dauert Sekunden, bis ich den Schrank loslasse. Ich spüre meine flackernden Augenlider und suche Melitta. Eine Tür wird geklinkt, Melitta kommt aus dem Bad. Was bin ich bloß für ein Nervenbündel. Gepflegt und frisch sieht sie aus. So wie sie möchte ich werden; nur so, und ich würde zufrieden sein. Sogar die Lippen hat sie mit einem Stift nachgerötet — wenig aufdringlich, möchte ich sagen.

Sie bemerkt meine Blicke, lächelt verhalten und überrascht mich.

»Schließlich gehe ich neben einem jungen Mann, nicht wahr?«

»Hoffentlich geht das gut.«

Nochmals gehe ich ins Bad.

Vor dem Spiegel kämme ich mich und ziehe den Scheitel nach. So gefalle ich mir besser. Mit der Schere beginne ich die Fingernägel zu schneiden und zu reinigen. Es bleibt ein Versuch. Ich müßte eine Tablette nehmen. Nein, nur das nicht, wegen so einer Sache nicht – nein! Die Anstrengung bringt meine Handgelenke zum Zittern. »Melitta, helfen Sie mir?«

Sie kommt. Das ist gut. Sie schüttelt den Kopf. Es wird nicht vorwurfsvoll gemeint sein.

»Beim nächsten Mal kannst du es allein.«

Sie schnippelt und zwackt, schneidet und dreht, und bald bleibt nur das feste Nagelbett.

»Bitte, du brauchst dir nur noch die Hände zu bürsten, wenn es geht mit Seife. Na dann . . .«

Sie verläßt das Bad. Ich höre, wie sie im Wohnzimmer die Fenster verriegelt. Sorgfältig schrubbe ich meine Hände. Ich schaue sie an und freue mich darüber, daß sie so sauber sein können, wenn ich will.

Jetzt muß ich eine Zigarette rauchen. Wir haben doch Zeit. Ich setze mich auf die Klobrille. Ob Melitta heimlich meinen Zigarettenverbrauch aufrechnet? Ach, was hat sie davon. Und wenn, es wäre unwichtig.

Warum bin ich früher nicht darauf gekommen, wahrhaftig mit dem Trinken aufzuhören? Warum bloß nicht? Was hätte ich mir erspart. Denke ich zu lange darüber nach, werde ich mich bald wieder belügen. Ich rede mir gern etwas ein. Bisher wollte ich noch nie das Trinken lassen. Ich habe es mir nur vorgemacht, denn ich war von meinen Absichten nicht ehrlich überzeugt. Ein Jahr Beratungsstelle – und nichts gelernt. Nein, gelernt habe ich, aber nur der Form halber und aus Vorsicht. Es hätte ja tatsächlich sein können, daß ich alkoholkrank bin. Eine Überlegung, der Form halber, ja, ja.

Mit dem Saufen höre ich auf. Ich will es – vier Monate versuchen, sonst bin ich ein hoffnungsloser Fall. Jeden Tag 24 Stunden ohne Schnaps und Bier? Mein Gott, das ist unvorstellbar! Das ganze Leben ohne einen Tropfen, das ist, das ist . . . dafür gibt es keine Worte. Das ist unmöglich, aber vier Monate, das muß zu schaffen sein.

»Michael, was ist mir dir? Ich denke, wir wollen gehen?«

Ich werfe die Kippe ins Klobecken und ziehe.

»Ja, ich komme. Meine Hände waren so dreckig. — Unsinn, ich habe über meine Sauferei nachgedacht.«

»Und, ist dabei was herausgekommen?«

»Sogar saubere Hände. Ja, saubere Hände haben, das ist gut.« Ich fühle meine Taschen ab. Ich habe alles. »Wir können gehen.« Sie lächelt. Die Entscheidung liegt, und ist sie noch so winzig, bei mir.

Sie schließt die Haustür. Erregt sausen Stare um den Kirschbaum. Nein, eine Vogelscheuche bin ich nicht. So sehe ich nicht aus. Ich bin Michael Naumann, und wenn ich in den nächsten Tagen Zeit habe, und ich werde Zeit haben, und wenn meine Beine auf der Leiter ruhigbleiben, und sie werden ruhig bleiben auf der Leiter, dann steige ich in den Baum und werde für Melitta Kirschen pflücken. Jetzt aber werde ich nichts sagen, denn ich werde es tun wollen und dann machen müssen, weil ich mich vor mir selber nicht mehr herausreden werde. Das wird sie sein, die Aufrichtigkeit vor mir selbst.

Die Sonnenstrahlen springen in meine Augen. Ich würde gern meinen Arm unter den Melittas haken. Mit ihren kleinen Schritten habe ich Mühe. Sie, sie wohnt hier, ihr Sohn ist erst seit wenigen Tagen unter der Erde, und dann geht sie mit mir durch die Siedlung — untergehakt. Nein, ich wage es nicht.

»Was werden die Leute von Ihnen denken? Sie zotteln mich hier herum, man könnte Ihnen sonstwas nachreden.«

»Ich zottle dich nicht. Die Leute? Ach nichts. Die meisten kennen mich fast drei Jahrzehnte. Die warten erst einmal ab, mehr gibt es nicht zu denken. Da müßte sich schon einiges ändern bei mir, wollten sie mir etwas nachreden. Nein, so ein Unsinn.«

Wir gehen um einen graugrüngefleckten Steingarten herum. Protzig und erhöht steht in ihm eine Wasserburg mit fünf Türmen. »Melitta, mögen Sie Steingärten?«

»Steingärten? Wieso? Es kommt darauf an.«

»Nur so. Es war nur eine Frage.«

»Fragen stellst du. Du warst noch gar nicht im Garten. Meine Blumen, die machen auch viel Arbeit.«

»Steingärten bestimmt auch. Die Wasserburg dort, die sieht freundlich aus. Wollte Ihr Mann keinen Steingarten?«

Ich weiß nicht, was mich dazu treibt, Melitta zu verwirren oder zu verärgern? Sollen die Leute doch, wenn sie es nicht lassen können. Wie oft habe ich über derartigen Kram debattiert und geekelt. Spießer mit Steingärten fand ich in jeder dritten Kneipe.

»Mein Mann, was sollte der mit einem Steingarten. Er hatte anderes im Sinn. Studieren und Erfolg. Erst ging er mit seiner Aktentasche zu Fuß zur Arbeit. Später wurde es ein Motorroller. In den sechziger Jahren machte er den zweiten Abschluß und kaufte ein Auto. Das zweite in der Siedlung — ein Wartburg. Was sollte er da mit einem großartigen Garten. Er war viel unterwegs, um sich zu bilden! In der Zeit lernte er eine Jüngere kennen. Es ging jahrelang. Jeder in der Siedlung wußte es, nur ich nicht. Peter hat es mir später erzählt. Er hielt zu mir, als alles in die Brüche ging.«

Alles erklärt sie so, als sei nichts dabei. Jetzt hat sie mich getroffen, mehrfach getroffen. Meine Mutter, Peter und Schnaps. Melitta geht neben mir, als wäre es die normalste Sache der Welt. Mein Schatten wechselt und schreitet vor mir. Es ist gut so, den Steingarten hinter sich zu lassen.

Nach der nächsten Wegbiegung trifft die Sonne wieder meine Augen. Sie tränen im Licht. Eine Sonnenbrille könnte ich gebrauchen. Sonnenbrille — Suchtbrille. Mit einer rosa Brille bin ich bisher durchs Leben gegangen.

Es ist nicht mehr weit. Wie werde ich es in der Poliklinik mit den Ärzten anstellen? Reinen Wein müßte ich denen einschenken. Kein schlechter Vergleich — reinen Wein einschenken.

Es kommt eine Bahn in Richtung Stadt. Ich kann Melitta einen kleinen Dienst erweisen. Ich reiche ihr die Hand, als sie in die Bahn steigt. Sofort muß ich mich setzen. Es ist lächerlich, aber ich habe wenig Stehvermögen. Die Schwäche steckt in allen Knochen.

Die Poliklinik, was sage ich in der Poliklinik?

Ich sitze direkt neben dem Entwerter und nehme Melitta die

Fahrscheine aus der Hand. Es muß mir gelingen, den Schnipsel in den Schlitz zu stecken. Das wäre doch gelacht, wenn ich das auch nicht mehr packe. Periodentrinker, sagte der Doktor Freiberg. Jetzt glaube ich ihm. Hoffentlich akzeptiert man es in der Klinik. Wenn ich vor Jahren soff, habe ich mich am nächsten Morgen nur einmal geschüttelt, und dann war der Schnaps raus. Später brauchte ich Tage, um im Suff zu sein, und ebenso brauchte ich Tage, um wieder klar im Kopf zu werden. Das Verhältnis hat sich dann immer mehr gedreht. Heute brauche ich nur wenige Tage, selten eine Woche, und ich weiß danach zehn bis vierzehn Tage nicht mehr, ob ich ein Männchen oder ein Weibchen bin. Wie soll ich das den Ärzten in der Klinik erklären? Ich bin ein Männchen, das einzige, was an mir stimmt.

Ich bringe und bringe den Fahrschein nicht ordentlich im Entwerter unter. Es ist ein Nichttrinker-Mechanismus. Es ist für einen Rekonvaleszenten nicht geeignet, der zuviel getrunken hat.

»Laß es doch, Michael, ich mache es.«

Die Straßenbahn rollt vor der Poliklinik aus. Jetzt könnten wir zur anderen Straßenseite gehen und in die nächste Bahn steigen. Zurückfahren, und ich würde mich brav ins Bett legen, denn ich bin ja krank. Erst morgen, so steht es auf dem Krankenschein, bin ich zur Sprechstunde bestellt.

Melitta hakt ihren Arm bei mir unter und zieht mich mit. Auf meinen guten Willen verläßt sie sich nicht. Sie wird meine Unschlüssigkeit ahnen. Widerstrebend halte ich ihr Schrittmaß ein. Die langen, schmalen Gänge der Klinik sind mir unergründlich. Sie verwirren mich.

»Du wartest hier, Michael!«

Melitta geht mit meinem Krankenschein zur Anmeldung und läßt mich neben dem Treppenaufgang stehen. Erschrocken weiche ich aus, als der Lift geöffnet wird und jemand einen Karren mit Gipsarmen und -beinen herausschiebt. Aufgeschnittene Hüllen türmen sich übereinander. Grauweiße Arme, Beine und Hüften aus Gips schaukeln an mir vorbei. Mittendrin ein speckiger Halskragen, der zerbröselt an einer gewaltigen zertrümmerten Gipsbrust hängt. Ich wische mir den Schweiß aus dem Gesicht und warte darauf, daß dem Karren ein Untier entsteigt und mich grüßt. Eine fingerlose Gipshand wippt zum Abschied. Der Eisbär, dem der verrückte Brenner-Norbert eins draufgehauen hat, Stimmen überschlagen sich im Treppenhaus.

Endlich kommt Melitta. Sie ist wieder da. Eine Karteikarte hat sie in der Hand. Damit schwenkt sie, ich soll ihr folgen. Wir gehen an Labors und einer Apotheke vorbei.

»Es ist alles in Ordnung.« Ich weiß nicht, was Melitta damit meint. Überall sitzen Menschen vor Behandlungszimmern. Drei, vier, fünf weiße Türen, beschriftet mit dicken, schwarzen Buchstaben, und gegenüber lange Bänke. Darauf drängen sich die Patienten zusammen. Einige umklammern die vorderste Bankleiste und hocken da wie stumme, schwermütige Vögel im Regen. Andere Leute dösen oder lesen in abgegriffenen Zeitschriften.

Ich fange einige Blicke auf, und das Gehen fällt mir sofort schwerer. Melitta zieht mich. Ich möchte meine Schritte mit den Hacken bremsen, aus der Klinik fliehen. Was soll ich hier? Alle scheinen ein Recht auf Behandlung zu haben. Mit guten Gefühlen, aber krankem Körper lassen sie sich nieder, und sie warten geduldig darauf, daß sie mit den Ärzten über ihre Besorgnisse, Narben und Diagnosen reden können. Zu Hause wartet die Familie, drei Straßen weiter wartet der Betrieb auf die Genesung. Erst das Recht, sich anerkannt krank melden zu dürfen, verpflichtet zur Gesundung. Was will ich hier? Die stempeln mich zu einem Simulanten.

Melitta, wie sie den Krankenschein und die Karteikarte wendet, finde ich unausstehlich. Richtig proper und vital sieht sie aus und schleppt mich als ihren Schatten mit. Ich bin der Schatten ihres Sendungsbewußtseins.

Hier ist sie, die Chirurgie und die ambulante Abteilung. Ich habe einen geistigen Knochenbruch. Leute, wie wäre es mit einem Klumpen Gips im Kopf? Herr Naumann, wie steht es um ihr Gipsgewissen?

Hier sitzen und liegen sie und warten auf das Bandagieren, Gipsen, Strecken, und ein Kind sitzt auch hier. Es ist ein Wespenstich.

Wange und Hals sind dramatisch geschwollen. Das Kind ist ein wenig verstört. Es schaut mich schief an. Es versucht, den Zeigefinger in die Nase zu bohren. Solche Sorgen, die müßte ich mal haben.

Ich bin ein Alkoholiker. Nanu, wen haben wir denn hier, wird der Herr Doktor fragen. Kann er denn nicht aufhören, der Herr Naumann. Nein, so was, er kann nicht? Er will sicher nicht, der Herr Naumann. Hier will doch jeder!

Ja, ich will hier 'raus. Melitta lächelt mich an. Ich bin bereit, die Rollen zu tauschen.

»Melitta, was soll ich denen da drin erzählen?« Mir fällt nichts, aber auch gar nichts ein, was ich im Sprechzimmer zur Entschuldigung oder nur zur Abschwächung sagen könnte. Melittas Antwort kenne ich schon jetzt. So etwa: ›Das und dies ist Sache.‹ Sie überlegt ihre Antwort lange.

»Sage, was dich bedrückt und wie man dir helfen könnte.«

Ich habe es doch gewußt. Die Schwester steht vor der Tür, ruft einen Namen auf und sammelt Versicherungsbücher und Karteikarten ein. Meine nimmt sie aus Melittas Hand. Bald bin ich dran. Hier werden alle unaufschiebbaren und dringlichen Fälle behandelt.

Das Kind mit dem Ballonkopf wird in das Zimmer dirigiert. Noch immer versucht es, in seiner Nase zu puhlen.

Mein innerer Aufruhr wächst mit jedem Laut, mit jeder Bewegung und mit jedem neuen Geruch. Ein Knochenbruch wird im Rollstuhl in ein Nebenzimmer geschoben und stöhnt dort grüne Rankenpflanzen an. Die Tür bleibt offen. Hier ist alles sehr zweifelhaft.

Vorige Woche schien es mir anders. Ich kaute Pfeffis, um mir einen reinen Atem zu sichern, und ich überlegte angestrengt, wie ich zu einem Krankenschein käme. Heute ist es verteufelt umgekehrt, denn ich will meine Krankheit haben, den Schein loswerden und ein neues Leben beginnen.

Alle Knochenbrüche werden zuerst in das Nebenzimmer gerollt, um in der Gipsmanufaktur behandelt zu werden. Wieder wird ein frischer Unfall über die Hintertreppe hochgebracht, mitsamt dem Tragegestell auf einem Rollbett abgelegt und transportiert. Himmel, das sieht aber furchtbar aus. Drei Schwestern und zwei Ärzte schwirren um den Unfall herum. Sie tragen Plastflaschen, befestigen Schläuche, und ein Arzt rückt den Kopf des schweren Unfalls in eine stabile Lage.

Das könnte ja Brenner-Norbert sein!

Dieselbe Leidensmiene im grobknochigen Gesicht, wie Norbert Haber! Nein, ich muß mich täuschen. Norbert passiert so schnell nichts. Ein Spiegeltrinker braucht zwar ständig seinen Stoff, verliert aber die Kontrolle über sich nicht ohne weiteres. Da muß schon einiges gewesen sein, bis so einer in die Erde abgeht und die Radieschen von unten beschaut. Nein, Norbert war es bestimmt nicht. Solchen Leuten soll es nur dann sehr schlecht gehen, müssen sie ganz aufhören mit dem Suff. Dann rüttelt mitunter das Delir den Verstand aus dem Körper.

Ach, ich mache mich nur verrückt. Die Welt besteht aus Schnaps. Für Wasser interessiere ich mich nicht. Würde ich im Rollstuhl sitzen, sähe ich die Welt aus einer anderen Perspektive. Bordsteinkanten, Treppen und Behindertensporttreffen wären für mich von Interesse. Wie müßte ich mich auf einer öffentlichen Toilette verhalten, und wie würde ich in eine Kneipe kommen — im Rollstuhl?

»Michael, du bist dran. Nun geh doch endlich!«

»So, ich bin dran?«

Wie leben Leute, die nur Wasser trinken oder im Rollstuhl sitzen? Ja, ja, ich gehe schon. Bisher hatte ich nur eine Perspektive, und die war das Trinken, und darum drehte sich alles, einfach alles, und was soll ich jetzt der Ärztin sagen? Ausgerechnet eine Ärztin ist es. Mit legerer Handbewegung weist sie mir einen Polsterstuhl zu. Ich grüße sie höflich. »Schönen guten Tag, Frau Doktor.«

»Guten Tag«. Sie schaut auf den Krankenschein. »Sie sollten erst morgen kommen. Geht es Ihnen schlechter?«

Sie macht sich eine Notiz. Ich sehe sie durch eine dicke Glaswand.

»Nein, Frau Doktor, mir geht es besser. Die im Betrieb, die brauchen mich sofort, haben sie gesagt.«

Zu lange schaut mich die Ärztin an. Was soll das?

»So, Ihnen geht es besser? Na, wir werden mal sehen.«

»Schreiben Sie mich gesund, ich nehme es auf meine Kappe.«

»Schon gut, Herr Naumann, machen Sie Ihren Oberkörper frei.«

Ich knöpfe mein Hemd auf, damit wir weitersehen, was mit mir ist. Auch das noch. Sie scheint gar nicht an mir interessiert, warum belüge ich sie, sie macht ja doch, was sie will. Sie horcht mich ab, klopft auf meinen Rücken, hüstelt selber, als sie das mehrmalige, tiefe Durchatmen befiehlt.

Vor dem Fenster landet eine fette Taube auf dem Sims. Ich atme tief durch und möchte die Taube, die mich beobachtet, wegpusten. Sie bleibt sitzen, als wäre sie gepanzert. Sie ist fett und schwerfällig, und ich bin schlapp und hinfällig.

Tief durchatmen, befiehlt die Ärztin wieder. Die Taube bleibt. Mir wird schwindlig.

Hatte ich während der Kindheit eine Krankheit, die unverhofft kam und noch schneller ging? Hatte ich nicht, leider.

»Frau Doktor, letzte Woche hatte ich mich übernommen . . .« Sie reagiert überhaupt nicht und packt das Stethoskop ein. Ich ziehe mir das Hemd an und überlege. »Wir hatten eine Feier. Unsere Brigade wurde ausgezeichnet, weil —, weil wir so gut sind. Wir arbeiten schwer. Ich trank zuviel. Hin und wieder kommt es vor, aber erst mit meiner Scheidung.« Sie legt eine Manschette um meinen Arm und drückt mit einem Gummiball Luft hinein. Wie hoch wird mein Blutdruck sein? »Ich muß wohl weniger trinken, mein Herzschlag stolpert. Vorher hatte ich eine Erkältung. Ich habe mich nicht auskuriert.« Sie dreht an der verchromten Schraube. Es zischt leise. Sie notiert sich etwas. Ich kann es nicht erkennen. »Mein Chef sagte: Mensch, denk an deine Gesundheit.«

Sie nickt und schaut mich freundlich an.

»Herr Naumann, ich schreibe Ihnen eine Überweisung aus. Sie gehen zum Ranneckplatz. Dort sollten Sie mit einem Psychiater reden, der Ihnen helfen kann. Es geht um Ihre Gesundheit im weitesten Sinne. Ich vermute, Sie sind alkoholgefährdet. Würden Sie gehen?«

»Wenn es mir hilft? Was wird dort mit mir gemacht?«

»Man wird mit Ihnen sprechen. Alkoholmißbrauch kann zur Sucht werden. Ich schreibe Sie ab morgen gesund, aber bitte, gehen Sie zur Beratungsstelle.«

»Selbstverständlich, Frau Doktor. Also dann, auf Wiedersehen.«

»Auf Wiedersehen, Herr Naumann. Das nächste Mal bringen Sie Ihren Versicherungsausweis mit.«

Das hat ja geklappt. Sehr fein hat das geklappt. Ich möchte lachen, wie verrückt habe ich gelogen. Melitta sitzt und wartet. Na klar, warum sollte sie nicht auf mich warten.

»Hier«, ich zeige ihr den Krankenschein, »ich habe der Ärztin alles gesagt. Sie hat zugehört, und sie hat mich gesund geschrieben. Zusätzlich hat sie mir eine Überweisung mitgegeben, obwohl es gar nicht nötig war.«

»Na gut, dann gehen wir jetzt in deinen Betrieb. Herr Weißenbach wird schon warten.«

Ich nicke, stecke triumphierend die Scheine ein und zeige den Weg aus der Poliklinik. Augenblicklich fühle ich mich besser, ich habe eine blöde Situation gemeistert. Die Treppen hinab gehe ich schneller als nötig.

»Melitta, in meiner Wohnung werde ich alles ändern. Meinen Schrank werde ich woanders hinstellen, und mein Bett baue ich zu einer Liege um. Sollte ich mal Besuch bekommen, habe ich eine Sitzgelegenheit mehr.«

Eine Straßenbahn. Mit der fahren wir.

»Kennen Sie Weißenbach?«

»Nur flüchtig, aber Peter hat mir einiges von ihm erzählt.«

»Mensch, haben wir ein Wetter heute.« Was rede ich nur? Ich bin durcheinander. Wenn nur alles vorbei wäre. Was stört mich eigentlich, daß ich so konfus bin? Abschalten möchte ich. In einem Sessel sitzen und lesen oder Radio hören. Ich habe nur ein sehr altes Radio, aber es hat einen guten Klang. Melitta lächelt mich an. Wie mich das hebt.

»Was willst du in deiner Wohnung noch verändern, Michael?«

»Na ja, ich könnte tapezieren. Als ich einzog, habe ich das erste und letzte Mal was gemacht. Wenn ich daran denke, wie ich immer die Wand anstarrte, weil ich nichts ändern wollte, vielleicht nicht konnte, dann wird mir schlecht. Bis auf mein Bücherregal taugt alles nicht viel. Einen Blumentopf habe ich . . .« Seit dem Kauf hat die Pflanze nie Wasser gesehen. Ein dunkelgrüner Strunk steckt in der Blumenerde.

Der Triebwagen der Bahn jault auf. Sie verläßt das Zentrum und biegt in nördlicher Richtung ab. Zwei Hochhäuser ragen in den blanken Blauhimmel, der wie eine gläserne Halbschale die Stadt umschließt. Ein bunter Autoschwarm rast an uns vorbei und jagt auf die nächste Ampel zu. Mein Blick haftet an einer hochstrebenden Esse, die sich auf uns zuschiebt und deren Kopf die Sonne verschluckt. Ihr Schatten begleitet die Straßenbahn, bleibt zurück, und wieder schwebt die Sonne neben der Esse ins freie Blau hinein.

Ich atme auf.

Wir verlassen den Platz der Klassiker. Ob das einen Sinn hat, was Melitta und ich unternehmen? Weißenbach hat die Entlassungspapiere bestimmt schon auf dem Tisch liegen. Er wartet nur darauf, daß mir einfällt, sie abzuholen. So wird es sein.

»Melitta, ich habe scheußliche Angst.«

Jetzt, als ich es ausspreche, scheint mich die Angst erdrücken zu wollen.

»Komm nur mit. Eine Sache hast du erledigt. Im Betrieb wird es auch klappen. Du machst mir Sorgen, Michael, du siehst nicht gut aus. Wollen wir essen gehen?«

»Nein, das lassen wir lieber, es würde nichts drinbleiben.«

»Immer noch nicht?«

»Nein, immer noch nicht. Als ich den Bockwurststand auf dem Platz der Klassiker sah, war ich wieder satt.«

Noch eine Station, dann sind wir angekommen. Vorsichtig berühre ich Melittas Arm. Sie reagiert nicht, ich halte mich trotzdem ein wenig daran fest. Nein, sie scheint es nicht zu merken, oder sie macht sich nichts daraus. Wenn ich mich nur ein bißchen festhalte, schaffe ich es bis in den Betrieb. Melitta nickt mir zu.

»Ich halte dich fest.«

Sie versteht mich. Vor uns ist das Tor mit den ausgefahrenen Spurrinnen. Dahinter dehnt sich der weite Platz, und am Rande des Platzes stehen die Baracken. In der zweiten Baracke sitzt Weißenbach. Meine Kollegen sind draußen. Sie fahren ihre Touren. Auch die Verladung hinter den schwarzen Kohlebergen schweigt. Wir gehen über den zerfahrenen Platz. Ein ungleiches Paar in der Sonne. Zögernd setze ich meine Füße. Jetzt beginnt mein schwerster Gang. Wieder weiß ich ganz genau, ich werde nicht mehr trinken — sonst ist alles aus.

»Was meinen Sie, schmeißt er mich auf die Straße?«

»Wir werden sehen, Michael. Ganz so einfach ist es nicht.«

»Nein, nein, ganz so einfach geht es nicht.«

Wenn Melitta nur recht hätte. Ich sehe mich schon Wochen und Monate nach einer Arbeit suchen.

Der dunkle Gang, der uns in die Baracke führt, erinnert mich an eine Höhle, und am Ende des Ganges sitzt das unnachgiebige Ungeheuer, und das Ungeheuer ist ein Kaderleiter, und der Kaderleiter heißt Weißenbach. Eine Tür wird geöffnet. Ich halte mich an Melitta fest.

»Naumann, du kommst gerade richtig!«

Es ist Weißenbach. Er hält Melitta die Tür auf.

»Guten Tag, Alfred.«

»Guten Tag. Kommen Sie. Naumann, du wartest draußen!«

»Wir sind zusammen gekommen, Herr Weißenbach. Es geht um Michael Naumann. Ich bin die Mutter von Peter Brauer.«

»Treten Sie bitte ein! Kollege Naumann, du bevorzugst doch den Stuhl in der Ecke. Frau Brauer, wegen Peter — das tut mir leid. Es hat mich getroffen, wissen Sie.«

Melitta nickt ihm zu. »Danke, Herr Weißenbach.«

Sie setzt sich in die Ecke. Ich muß mich direkt vor Weißenbach in den Sessel setzen. Weißenbach nimmt hinter dem Schreibtisch Platz. Er bietet mir keine Zigarette an. Ich nehme meine eigenen. Sehr förmlich reicht er mir Feuer, schaut mich dabei nicht an. Sein Blick ist auf Melitta Brauer gerichtet, die ihre Hände vor dem Bauch verschränkt hält und wartet. Soll ich als erster sprechen?

»Hier ist die Gesundschreibung.«

Weißenbach zieht an der Zigarette, die bis auf den Glutpunkt zwischen seinen dicken Fingern verschwindet. Eine Fliege summt durch die Gitterstäbe, umkreist den blauen Dunst unserer Zigaretten und verläßt den Raum.

»Heute früh haben wir deinen Fall diskutiert. Der Chef und die Gewerkschaftsleitung wollen nicht mehr. Es hat keinen Zweck mit dir, sagen sie. Hier liegen deine Papiere.«

»Alfred, der Chef muß mit mir reden.«

Alfred Weißenbach schüttelt den massigen Kopf. »Muß er nicht. Allerdings, wäre es bekannt, daß du alkoholkrank bist, könnte dich kein Mensch entlassen. Es gibt da eine neue Verordnung, aber du hast ja alles auf persönlicher Grundlage abgemacht. Ich dachte auch, es wäre besser: Vertrauen gegen Vertrauen.«

»Dann rufe bitte Willi an. Wir müssen mit ihm reden! Wenn ich ohne Arbeit bin, was soll dann mit mir werden? Wer braucht mich dann noch? Hier, ich habe eine offizielle Überweisung zum Ranneckplatz.«

Der Ärztin bin ich dankbar. Weißenbach wirft einen Blick darauf, stutzt und liest dann das Schreiben.

»Willi werde ich nicht anrufen, du bist nicht in der Gewerkschaft. Das hast du dir versaut. Ich rufe den Chef an. Warum bist du nicht eher mit so einem Schriebs gekommen? Jetzt habe ich wengistens was in der Hand.«

Ich finde es aussichtslos, was Alfred probiert. Der Alte hat schon immer auf Distanz geachtet, der wird mir nicht helfen wollen. Weißenbach telefoniert, läßt sich verbinden. Er hat den Alten an der Strippe.

»Der Kollege Naumann ist hier. Ja . . . das muß geklärt werden.«

Weißenbach kracht den Hörer auf die Gabel.

»Er kommt. Warum bist du heute früh nicht zur Arbeit gekommen? Es war so abgemacht!«

»Am Freitag, das habe ich nicht mehr gepackt. Erst heute früh ist Frau Brauer mit mir zur Poliklinik gegangen.«

Melitta beugt sich vor und hebt ein wenig ihre Hand.

»Herr Weißenbach, ich habe Michael am Sonnabend auf dem Südfriedhof gefunden. Er blieb dann bei mir. Am Wochenende hat ein Notarzt nach ihm gesehen. Während der letzten Nacht glaubte ich, Michael geht ins Delir. Er müßte einige Tage im Bett bleiben, doch er wollte wenigstens teilweise sein Versprechen halten. Deswegen ist er hier. Ich glaube, diesmal will er es begreifen. Er ist sehr ehrlich mit sich.«

Im Hals wird es mir zu eng, und ich kann Weißenbach nicht in die Augen blicken.

»Auf dem Friedhof saufen! Verrückt, was? Und nun nicht mehr trinken – die Schnauze erst einmal gestrichen voll, was? Ach, Naumann, wenn ich dir nur glauben könnte.«

Im Barackengang knarrt die Dielung. Das kann nur der Chef sein. Als er die Tür öffnet, schenkt er Weißenbach einen fragenden Blick, denn Melitta steht auf. Verständnislos reicht er ihr die Hand. »Mellmann.«

»Brauer.«

»Sie sind die Mutter des Kollegen, der bei uns beschäftigt war? ... Mein Beileid, Frau Brauer.«

Irritiert schaut er zu Weißenbach und dann wieder zu mir. Unter Mellmanns Blick werde ich mir selber lästig. Für sein Empfinden bin ich, so scheint es mir, ein Fremdkörper, der zwischen Holz, Kohle und Koks ungeordnet herumtreibt, einer, der sich leider nicht widerspruchslos verwalten läßt.

»Ihr Mann war bei mir, Frau Brauer. Er ist im Ministerium für Kohle und Energie tätig?«

»Ja, mitunter hat er im Bezirk zu tun.«

»Können wir zu mir gehen? Kollege Weißenbach, sie hätten mir sagen können, daß Frau Brauer hier ist!«

»Herr Mellmann, ich bin mit Herrn Naumann gekommen. Wir müssen ihm helfen, habe ich mir gedacht ...«

Mellmann winkt ab und wendet sich an Weißenbach.

»Wieso? Kollege Naumann soll doch fristlos entlassen werden. Ich erinnere mich an ein Disziplinarverfahren mit der angedrohten Konsequenz: Wegen Arbeitsbummelei im Wiederholungsfalle fristlose Entlassung, außerdem Vergehen gegen die Krankenordnung. Ist es so?«

»Nicht ganz«, lenkt Weißenbach ein, »Kollege Naumann ist bis heute noch krank geschrieben, aber davon abgesehen, er hat eine Überweisung mitgebracht und wird morgen zur Suchtberatungsstelle gehen. Er ist mit Sicherheit alkoholkrank. Ich weiß momentan nicht, wie die Rechtslage ist, aber es kann sein, daß das Amt für Arbeit einer Entlassung nicht zustimmt, abgesehen vom Arbeitsgericht. Wir werden Kollegen Naumann bestimmt behalten müssen, denke ich.«

»So, aber wer verbürgt sich dafür, daß der Kollege Naumann nicht mehr trinkt und die Arbeit nicht mehr bummelt? Dann hätte er ja geradezu einen Freifahrtschein für sein Laster.«

»Ich! Ich bin alkoholkrank.« Nun habe ich es öffentlich eingestanden.

»Herr Naumann, wie oft hörten wir schon große Sprüche von Ihnen und Ihresgleichen! Ich muß die Verantwortung tragen, verstehen Sie mich?«

»Aber ich muß es doch wissen, was mit mir ist, Kollege Mellmann. Ich brauche den Arbeitsplatz. Soll ich mich von der Müllkippe ernähren!!«

Wir drei Männer schweigen und starren uns an. In die eintretende Stille hinein höre ich Melittas Stimme.

»Mein Sohn war auch alkoholkrank. Hier im Betrieb wußte es wohl keiner. Um Herrn Naumann werde ich mich kümmern, darauf können Sie sich verlassen!«

Weißenbach nickt und stippt die Zigarette aus, daß die Funken hochstieben.

»Vielleicht packt er es, er kann nicht ewig saufen.«

Mellmann reibt mit der flachen Hand am Kinn umher, schaut prüfend in die Runde, und sein Blick bleibt an Melitta Brauer hängen.

»Herr Naumann, sollten Sie wieder betrunken zur Arbeit erscheinen, lasse ich Sie aus dem Betrieb werfen. Es wird mir gelingen, darauf können Sie sich verlassen. Guten Tag!« An der Tür dreht er sich nochmals um. »Entschuldigen Sie mich bitte.«

Das war ein guter Abgang. Weißenbach brennt die nächste Zigarette an und schiebt die Papiere hin und her.

»Michael, merk dir das gut. Morgen früh um halb sieben bist du an der Verladerampe, aber pünktlich. Noch eine Frage: Ich habe dir eine Adresse mitgegeben.«

»Er hat Frau Lohmann informiert. Sie war bei mir.«

Weißenbach nickt Melitta zu und streckt danach seinen massigen Körper. Er öffnet den Rollschrank und holt eine Akte heraus.

»Nach einem Jahr kann die Aktennotiz verschwinden.«

»Alfred, daß ich nicht mehr trinken kann, das werde ich in meinem Leben nicht mehr los.«

»Mal sachte. Ein Jahr ohne Alkohol, das wäre eine großartige Leistung von dir.«

»Vier Monate habe ich mir vorgenommen, um über die ersten Krisen zu kommen. Na ja, ist schon gut. Also, ein Jahr ohne Alkohol. Mensch Alfred, wenn alle so wären wie du ...«

Er blättert ungerührt in der Akte und schreibt etwas auf.

»Hör auf, mir Leim auf den Bauch zu pinseln. Die Kaderleiter in den Großbetrieben sind besser dran als ich, sie sind qualifizierter. Ich bin nur Meister, und du zum Beispiel, du bist ein studierter Chemotechniker.«

»Abendschule, Alfred, du kannst es auch Fernstudium nennen.«

»Junge, du bist in den besten Jahren und speichelst hier herum, damit du deinen Arbeitsplatz behältst. Ohne Suff hättest du das nicht nötig, denn arbeiten kannst du. Also dann, bis morgen früh, und vergiß nicht, pack dir ein paar Schnitten ein. Du bist nicht mehr im Außendienst, wo du vor jeder Kneipe haltmachen kannst. Du bist an der Waage, und du machst mir eine ordentliche Arbeit — klar?«

»Klar. Bis dann also.«

»Auf Wiedersehen, Frau Brauer! Bei Gelegenheit reden wir ausführlich miteinander. Ich hätte nicht gedacht, daß Sie ihm helfen ... Na, Sie sind schon richtig. Schicken Sie den Michael Naumann zur Beratungsstelle, damit er lernt, was mit ihm los ist. Wir werden das unsrige tun.«

»Ja, Herr Weißenbach. Ich denke, Michael nimmt unsere Hilfe an. Er will es selber auch.«

Wir stehen da wie nach einer großen Schlacht, und ich habe das Gefühl, daß alles nur ein Anfang ist. Benommen gehe ich auf dem langen Gang ins Freie, ins Licht hinein. Ich bleibe betroffen stehen, als Alfred Weißenbach mich zurückkommandiert.

»Ich habe was vergessen. Komm her!«

Schwerfällig drehe ich mich um. Hoffentlich ist ihm nicht wieder eine Verordnung eingefallen, die unsere Abmachung ins Gegenteil verwandeln könnte. Verordnungen treffen oft auf veränderte Menschen, und da wird es sehr schwierig, diese Verordnungen so hinzubiegen, daß auch diejenigen zufrieden sind, die sich die Verordnungen ausgedacht haben. Weißenbach grinst mich an.

»Du willst ein anderes Leben beginnen?«

»Ja, eines ohne Schnaps.«

»Geh zu Heidelinde und laß dir deinen Abschlag auszahlen. Steig auf Kaffee um. Kaffee wäre richtig. Ich trinke fast nur Kaffee.«

Alfred ist schon ein komischer Kerl. Nein, nachtragend ist er nicht, aber eine blöde Bemerkung kann er sich nicht verkneifen. Er öffnet sogar die Tür zum Kassenraum.

»Heidelinde? Zahle Kollegen Naumanns Abschlag aus.«

»Bitte, Herr Naumann, hier ist die Liste. Unterschreiben Sie.«

Sie drückt mir einen Kugelschreiber in die Hand. Langsam male ich meinen Namen und versuche, das krampfhafte Zittern zu verbergen. Sie zahlt mir 300 Mark aus. Hätte ich die vorige Woche gehabt, was wäre daraus geworden?

»Zählen Sie bitte nach, Herr Naumann.«

Ich brauche nicht nachzuzählen. Die Summe überschaue ich mit einem Blick. Es sind umgerechnet 750 Glas Bier, die ich zusammenfalte und in die Hosentasche schiebe.

»Auf Wiedersehen, Herr Naumann.«

»Bis dann, Kollegin.«

Eine Höflichkeit überall im Lande. Na ja, es schmerzt wohl doch nicht, einige unverbindliche Freundlichkeiten zu verteilen. Es ist sogar angenehm, ist es nicht erlogen. Ich kenne Leute, die belügen mich schon, sobald sie mir nur einen ›Guten Tag‹ wünschen.

Am Ende des Ganges, im Türrahmen – Alfred und Melitta. Im Licht sieht man nur ihre Schattenrisse. Sie schütteln sich die Hände. Ein bißchen Eifersucht treibt mich schneller voran.

Schließlich hilft Melitta mir. Ich gehe wie in alten Zeiten an Weißenbach vorbei.

»Bis dann, Alfred!«

»Ja, bis dann. Nochmals, Frau Brauer, auf Wiedersehen.«

Wir gehen über den weiten Hof. In der Verladung prasseln Kohlen auf den Hänger einer Zugmaschine. Es wird nicht lange dauern, dann tobt Alfred Weißenbach in blaurotgestreiften Sportschuhen über die staubige Erde, schimpft oder lacht mit den Kollegen herum, je nachdem, wer verlädt. Er prüft Gewichte und Reifendruck mit Blicken, erzählt einen Ostfriesen- oder Polizistenwitz, verschwindet in die Baracke, macht sich Notizen und rennt wieder hinaus, weil ein neuer Waggon oder eine Zugmaschine zu uns kommt.

›Er soll ein Kommunist sein‹, sagen die Fahrer und die Hucker, ›der noch an Ehrlichkeit glaubt‹. Die Kumpel grinsen dann und schnippen mit dem Zeigefinger den Daumen, als wollten sie ihn wundreiben.

Jedenfalls, morgen ist Alfred Weißenbach mein Chef, und ich werde unbestechlich und redlich sein, weil ich keinen Schnaps und kein Bier mehr annehme.

»Peter hätte es hier schaffen können. Was meinst du, Michael?«

Wie soll ich es erklären? Da sind die wenigen Weißenbachs und vielen Mellmanns. Da ist Doktor Freiberg, Frau Kern, die Ärztin, die mir die Überweisung schrieb, und dagegen steht das andere Gesundheitswesen mit seinen Psychopharmaka und seiner Unaufgeklärtheit. Dort lassen sich die Trinker durch zu viele Medikamente ihre innerste Bereitschaft zur Genesung nehmen. Und da ist eine Melitta Brauer, die geht neben mir, und da ist die andere, größere Seite der Welt mit ihren Menschen. Mutterseelenallein steht der Trinker da. Er ist verloren, hat er kein Glück. Es gibt zu viele Menschen, die ihm aus Mitleid, Angst oder Haß, oder weil sie keine Ahnung haben, die Kehle zudrücken möchten, damit er nicht mehr trinkt. Sie meinen, so wäre das Problem zu lösen.

»Peter hat es hier nicht geschafft. Vielleicht wäre es woanders mit ihm geworden, ich weiß es nicht. Sie sind immer nur bei ihm, Melitta?«

»Ja, doch wenn ich mich um dich sorge, dann geht es mit mir. Lassen wir es gut sein, Michael.«

»Ja, es ist schon gut, Melitta.«

Wir gehen auf die Stadt zu. Vorbei an Kneipen und Cafés. Melitta wird sich den Kopf zergrübeln, warum Peter es nicht kapiert hat. Ach was — so richtig habe ich es auch nicht kapiert. Was für eine Zukunft wird es für mich geben? Wie bringe ich es anderen Leuten bei, daß ich nicht mehr trinken darf?

»Herr Weißenbach erzählte mir an der Tür, daß deine geschiedene Frau eine Verdienstbescheinigung angefordert hat.«

»Wieso das! Ich verdiene weniger als früher. Jeden Monat hatte ich Abzüge.«

»Begreife doch, du hast Unterhaltsschulden. Du hast es mir selbst erzählt. Daß man dir alles sagen muß.« Melitta wird ärgerlich. Sie löst meinen Arm aus dem ihren und geht allein über die Straße. Ich laufe ihr nach wie ein Dackel. Natürlich denke ich daran, oft sogar, daß ich Unterhaltsschulden habe. Natürlich weiß ich das. Was sie sich nur denkt, wenn sie es mir nur so nebenbei steckt. Besser wäre für mich, ich warte die zwei Wochen, bis es wieder Geld gibt. Was ich jetzt besitze, reicht für dreimal Unterhalt, und dann bin ich fast bankrott. Pro Monat muß ich 80 Mark bezahlen, und ich habe nichts davon. Meinen Karl-Friedrich habe ich schon ewig nicht gesehen.

»Gut, wir gehen zur Post. Sie werden sehen, Melitta, ich bezahle den Unterhalt. Kommen Sie, Sie sollen dabei sein.«

»Ich wollte sowieso zur Post.«

»Gehen wir . . .« Für Sekunden muß ich mich an Melitta festhalten. Mein Blick verdunkelt sich, und jetzt tanzen vor meinen Augen gleißende Pünktchen. Melitta hält meinen Arm fest. Ich sehe sie wie in einem Dunstschleier neben mir stehen. Der Himmel glitzert und färbt sich gelblich. Ein gelber Schild senkt sich über Melittas Gesicht, hebt sich wieder, folgt meinem Blick, wird grau, und nun drücken die gleißenden Pünktchen den Schild in den Himmel zurück. Eben wollte sich mein Blick starr in der Ferne verlieren. Melitta sagt einige Worte, die verzerrt in meinen Ohren nachklingen, die ich nicht deuten kann. Gepreßt klingt meine Stimme. »Eben war mir schlecht, eklig schlecht!«

»Komm, wir suchen uns einen Platz und setzen uns.«

Schweiß fließt mir in die Augenwinkel. Mit taumeligen Schritten gehe ich zur Pendeltür, halte mich daran fest und warte, bis ich mich innerlich ein wenig beruhige.

»Nein, ich will das Geld loswerden.«

Ich weiß genau, wenn ich das Geld nicht sofort einzahle, werde ich es nie tun. Unschlüssig schaut Melitta mich an, um dann doch mit mir zu gehen. Ich schwinge die Tür auf.

Die Schalterhalle ist leer. Nur eine junge Frau im blauen Kittel sitzt hinter einer Glasscheibe, sieht mich und schiebt eine Illustrierte unter den Schaltertisch. Wäre eben mein Herz stehengeblieben, dann hätte ich das Mädchen nie gesehen. Nie mehr hätte ich eine Frau gesehen. Dem jungen Ding wäre das egal. Für mich wäre es das AUS. Nein, ich möchte jetzt nicht an schlimme Geschichten denken, die ich aus der Gruppe kenne – muß da einer abrupt mit dem Trinken aufhören. Ist erst der Keulenschlag vorbei, tobt das Inferno noch mindestens eine Woche im Körper. Ich nehme eine Zahlkarte und sehe, wie ängstlich Melitta mich ansieht. Sie wird sicher denken, ich müßte jede Sekunde auf das Parkett fallen.

»Lassen Sie mich bitte allein.«

Sie geht. Ich kann den Stift nicht sicher führen und fülle langsam die Abschnitte der Zahlkarte aus. Ich male Druckbuchstaben, sie machen sich besser. Hoffentlich kann das Mädchen hinter dem Schalter meine Schrift lesen. So miserabel sieht sie aus, daß ich die Karte zerfetzen möchte. Ich nehme eine neue.

Mein Sohn ist blond. Auf seinem Kopf wippt ein strohgelber Haarwirbel. Oft sind wir fein essen gegangen. Ich inszenierte Großkotz-Tage, um meiner Frau zu imponieren. Mein Junge aß und erzählte, und ich trank und beobachtete dabei sein Haar. Es ist lange her.

Ich fühle es, Melitta tritt an mich heran. Sie soll nicht über meine Schulter schauen, sonst krakle ich noch mehr.

»So, ich bin fertig.«

»Willst du alle drei Raten bezahlen?«

»Ein Kind wird nicht auf Raten abgestottert. Hier, ist alles in Ordnung?«

»Ich würde etwas Eigenes draufschreiben.«

»Etwas Persönliches? – Das versteht sie hundertprozentig falsch. Nein, das möchte ich nicht.«

Sie geht wieder. Hat die Sorgen. Was Eigenes soll ich der Zahlkarte mitgeben. 240 Mark, das ist sehr eigen von mir, denn es trifft mich tief. Hat das nie ein Ende? Wieviel noch soll von mir auf Akten, Karteikarten, Beurteilungen und nun auch auf einer Zahlkarte geschrieben stehen? Was blieb bisher übrig von mir, wurde mit meiner Person so umgegangen? Irgendwann schloß sich auf dem Papier ein Kreis um mich, und ich wurde zu einem nassen Nichts erklärt. Etwas Persönliches? – Wenn mein Mißtrauen nur nicht so groß wäre. Ich hasse es, machen sich die Leute nur über fertige Bilder Gedanken. Das beginnt mit dem Paßbild und endet bei dem gespeicherten Psychogramm im Computer, hat mir mal ein Akademiker in einer Kneipe erzählt. Der Mann hatte es schon richtig gesagt. Ich wünsche ihm Erfolg im Leben.

Was mache ich bloß? Ich werde einen schönen Gruß bestellen. Ein schöner Gruß ist unverfänglich. So, einen SCHÖNEN GRUSS. Was kann an einem Gruß nur schön sein? Meine geschiedene Frau wird bald mit einem Auto an mir vorbeirasen und mit ihrem Arm mir schön zuwinken.

Melitta ist weg. Bleib schön ruhig, Michael. – Schon wieder schön.

»Bitte.« Verärgert legt die Frau hinterm Schalter die Illustrierte zur Seite. Von weitem sah sie wie ein junges Ding aus. Sie überfliegt mein Gekrakel und knallt einen Stempel zweimal drauf.

»Haben Sie kein passendes Geld?«

»Nein, ich habe nur Hunderter.«

Sie kramt umständlich in einer Kassette, um mir dann das Wechselgeld vor die Nase zu streuen. Sie soll sich beeilen, damit ich gehen kann. Ich muß hier heraus, sonst falle ich um. Meine Gelenke schlackern. Sorgfältig teilt die Frau die Zahlkarte in zwei Abschnitte. Sie läßt sich Zeit. Endlich.

Hart klopft mein Herz. Wo ist Melitta? Ich gehe die Treppen hinunter und bin an der frischen Luft. Melitta steht an der Straßenbahnhaltestelle und studiert den Fahrplan. Sie dreht sich um und freut sich. Augenblicklich fühle ich mich besser und lache zurück. Die trockene Haut meiner Lippen reißt auf.

»Melitta, ich habe es so gemacht, wie Sie es wollten. Hier, freuen Sie sich?« Ich zeige ihr die Zahlungsanweisung.

»Na, ist doch gut.«

»Hier, der Stempel mit allem Drumherum. Zweihundertvierzig Mark habe ich abgeschickt. Stecken Sie den Abschnitt ein. Nehmen Sie ihn doch.«

»Aber, Michael, was soll ich damit?«

»Na, aufheben, und falls Weißenbach oder jemand anders danach fragt, ihn hinzeigen. Schließlich habe ich bezahlt. Ab heute bin ich mit dem Unterhalt auf dem laufenden. Melitta – wollen Sie mein Geld verwalten?«

Sie schüttelt den Kopf und gibt mir den Papierschnipsel.

»Wir fahren mit der Bahn. Wir müssen essen gehen.«

»Ich gehe in keine Kneipe, ich nicht. Gut, wir fahren mit der Bahn in die Stadt. Vom Herumhetzen wird mir nur schlecht. Hier, nehmen Sie doch bitte den Abschnitt – ich vertraue Ihnen, und heute abend teilen wir mein Geld für die nächsten vierzehn Tage ein.«

»Darüber reden wir später. Vorsicht, Michael, eine Bahn kommt. Hast du einen Gruß an deinen Jungen bestellt?

»Einen schönen Gruß, mehr nicht.«

»Das war richtig, deine Frau soll merken, daß du dir Gedanken machst, mehr nicht. Vielleicht ist es auch für später gut. Möchtest du deinen Jungen besuchen? Wie heißt er?«

Die Straßenbahn rollt vor uns aus. Die gelbe Farbe streift mich schauerartig, und ich ahne gleißende Pünktchen.

»Habe ich das nicht gesagt? Karl-Friedrich, ein komischer Name, was?«

»Wieso komisch? Ihr habt ihn doch dem Kind gegeben!«

»Na ja, es war meine Idee, aber danach habe ich mich geschämt. Ich wußte nie, wie ich ihn rufen sollte, den Karl-Friedrich. Ich habe ihn dann Karle-Mann genannt. Für meine Frau war das Gift. Sie ist im Umgang mit anderen Menschen immer so lupenrein und so seriös, daß sie zu Hause ständig ausflippte. Das öffentliche Anständigsein war belastend. Ich litt, ich soff.«

»Mach sie nicht so schlecht, Michael.«

»Da werden zwei Plätze frei.«

Ich setze mich ans Fenster. Bald öffnen die Geschäfte, die Mittagszeit ist vorbei. Heute scheint es wärmer als während der letzten Tage zu sein. Ein Gewitter liegt in der Luft. Vielleicht kommt es mir auch nur so vor. Fast alle da draußen gehen ihren Pflichten und Wünschen nach. Sie bauen und basteln daran und arbeiten schwer. Nur ich gammle mit Melitta durch die Stadt. Von mir ist nur mein Schatten geblieben, und dieser Schatten sitzt neben einer selbstlosen, älteren Frau, und diese Frau glaubt fest daran, daß in diesem Schatten Naumann Leben ist. Was ich jetzt bin, besteht aus einem Arbeitsplatz, den ich vor Jahren nie betreten hätte, aus einem Zahlungsbeleg, der mein Gewissen entlastet, und einem Gerümpelberg, den ich in meiner Wohnung verschlossen halte. Viel wird Melitta nicht getan haben.

Lindeneck – nächste Station müssen wir aussteigen. Melitta steht auf und nickt mir zu. Ich muß einer Frau helfen. Den großen Kinderwagen aus der Bahn heben, das schafft sie nicht allein. Die Frau wispert »Dankeschön«. Ich nicke ihr ein Bitteschön zurück. Meine Nackenmuskulatur antwortet zitternd.

Melitta ist ein Instrument, das alles, was um mich ist, regelt und steuert. Sie umgeht einen Häuserbogen, ich folge ihr. Wir gehen durch eine stille Gasse, über den Domplatz, und ständig halte ich mich einen Schritt hinter Melitta. Ohne eine Frage betritt sie einen Selbstbedienungsladen. Ich zünde mir eine Zigarette an und schaue in die spiegelnden Schaufenster. Es ist der gleiche Laden, den ich mir in der letzten Trinknacht vornehmen wollte, um übers Polizeirevier in eine Klinik zu gelangen. Das hatte nicht geklappt. Den Weg ins Wasser bin ich auch nicht gegangen. Ich stehe hier! Ich liege nicht im Wasser. Meine Augen wären weit geöffnet, und meine Haare würden schweben.

Melitta stößt mich an. In der Hand hält sie eine Tüte.

»Hier, eine Kleinigkeit, damit du nicht umfällst.« Ich paffe hastig. Die Zigarette hinterläßt geringere Spuren in mir als sonst. Zwar kribbelt die Erregung bis zum Hals hoch, und meinen Herzschlag spüre ich auch, doch die Angst ist nicht mehr so stark. Es ist nur eine halbe, eine kontrollierbare Furcht. Ich kenne hundert stärkere Ängste als diese kleine Furcht, und darum ist diese Erregung schon ein Frieden in mir. Melitta bietet mir eine Flasche zu dem Brötchen an. Wir setzen uns. Ich muß lächeln, nehme die Flasche und kante mit nur einer Hand den Kronenverschluß am Brückengeländer ab. Das silbrige Blechstück fällt ins Wasser. Ich sehe, wie es hin und her schwankt.

»Grapefruit ist sehr teuer, was?«

Was rede ich da, Schnaps ist teurer. Ich trinke einen langen Schluck. Der Saft schmeckt, und ich denke, so könnte es immer weitergehen – mit Säften. Beides, Essen und Trinken, ist also wieder möglich. Wer hätte das gedacht!

»Michael, wann bist du mit der Hausordnung dran?«

»Wieso Hausordnung. Hören Sie damit auf. Ich wohne allein im Hinterhaus, und vorn, den Torweg und die Straße, den machen die anderen dreckig. Im gesamten Viertel aber heißt es: Die Buschendorfs reinigen und kehren, und der Naumann verdreckt und versaut alles.«

»Michael, es geht um den Dreck auf deiner Treppe. Stört er dich nicht?«

»So? Na ja, es gibt vieles, was in Ordnung zu bringen wäre.« Selbstverständlich hat Melitta recht. Ich unterdrücke den Pflichtekel, der mich ankommt.

»Na gut, bringen wir mein Leben in Ordnung. Mit Handfeger, Kehrschaufel und Besen.«

»Erst innen und dann außen.« Sie sagt es todernst.

Wenn ich mir das überlege. Vor kaum 80 Stunden, da brannte ringsum die Luft, so sehr soff ich, und jetzt – versuche ich, mich daran zu erinnern, ob in meiner Wohnung Schrubber und Besen stehen.

Ich trinke den Saft mit Genuß. Die Flasche ist leer. Melitta sucht in ihrer Handtasche und wird unruhig. Wir müssen gehen.

Der Polizist, der unser Wohnviertel betreut und regelmäßig zu mir kommt, um wegen ruhestörenden Lärmes zu kassieren, sagte vor Wochen zu mir: Die älteren Bürger haben Angst vor dir, Naumann. So ein Quatsch, werde ich nicht angegriffen, kann ich keiner Fliege etwas antun.

Die Sonne wandert über Dächer und Schornsteine mit uns mit. Ihr milder Schein wird nur von den Linden unterbrochen. Neben einer Mülltonne lärmen Spatzen um einen Brotkanten. Auch so ein Lumpenproletariat wie ich, nur, ich bin ein größerer und lockerer Vogel. Ich kann sogar in die geöffneten Fensterlöcher einer Kneipe über die Tische sehen. Ich traue meinen Augen nicht. Das darf nicht wahr sein. So begrüßt mich meine Straße. Ich sehe Buschendorfs Profil – biertrinkend. Meine eilig aufkommende Sehnsucht nach frischem, kühlem Bier setzt sich in Angst um.

Ich zögere, als wir über die Straße gehen, doch der Torweg ist bis zur Schusterei frei. Kein Mensch. Buschendorfs Kinderwagen ist auch nicht zu sehen. Es war also nur ein böser Traum. Melitta geht vor mir. Ich halte mich dicht hinter ihrem Rücken.

»Herr Naumann!«

Verflucht, die Buschendorf steht im Treppenaufgang.

»'n Tag, was haben Sie?«

»Waren Sie von Freitagnacht bis zum Sonnabendmorgen zu Hause?«

»Ich? Ob ich zu Hause war? Wieso in der Nacht zum Freitag, oder meinen Sie Sonnabend? Ich war in der Stadt unterwegs, glaube ich.«

Die kleine Buschendorf klirrt mit dem Schlüsselbund, als sie den Arm hebt und auf mich zugeht. Ich schrecke zusammen. Melitta kommt die wenigen Schritte zurück. Verlegen schaue ich Melitta an, als ob sie mir eine Auskunft geben könnte.

»Sie wissen genau, was ich meine – Herr Naumann! Nur Sie müssen an dem Kinderwagen vorbei – nur Sie!«

Sie schreit nicht schlecht, die Buschendorf.

»Ach, der Kinderwagen. Und – was ist mit dem Kinderwagen?«

»Das wissen Sie genau! Sie, Sie, was haben wir Ihnen getan? Was hat Ihnen das Kind getan – was nur?«

Jetzt beginnt sie auch noch zu weinen. Schauderhaft, wie junge Weiber flennen können. Sie jammert, als wäre ihr Kind gestorben.

»Sie haben den Wagen zerdrückt und angebrannt, nur Sie und kein anderer. Was haben wir Ihnen getan? Herr Naumann, wir kennen Sie ja kaum. Warum nur . . .?«

Sie nimmt ein Taschentuch und schneuzt laut hinein.

»Läßt es sich wieder in Ordnung bringen, junge Frau?« Melitta schiebt sich zwischen uns.

»Gar nichts läßt sich in Ordnung bringen — nichts! Es war ein guter Kinderwagen. Was mischen Sie sich ein!«

Ich schiebe Melitta durch das Tor. Die Buschendorf klappert mit dem Schlüsselbund.

»Anzeigen werden wir Sie! Anzeigen, damit Sie es sich merken, aber Sie merken wahrscheinlich überhaupt nichts mehr. Sie, saufen Sie sich doch tot, damit anständige Menschen vor Ihnen Ruhe haben!«

Wie sie brüllt, diese kleine, giftige Kröte. Nein, so geht es nicht. Das mit dem Totsaufen hätte sie sich sparen müssen.

»Bleib hier, Michael!«

Melitta hält mich am Handgelenk fest. Wir sehen uns an. Langsam läßt sie von meiner Hand ab. Still wird es im Hinterhof, aber nur für einen Moment, dann summt die Zuschneidemaschine in der Schusterei auf. Sie stöhnt in gleichförmigem Auf und Ab. Sollten mich die Kollegen der Werkstatt sehen — ich glaube, sie beobachten mich ständig —, dann haben sie jetzt einiges zu bereden. Es ist nur gut, daß Melitta so seriös und vernünftig aussieht.

»Was war passiert, Michael?«

»Nichts weiter, ich bin im Dunkeln mal gegen den Kinderwagen gestoßen, und dabei ist mir wahrscheinlich eine Zigarette aus dem Mund gefallen. Nein, wie die mich angeekelt hat! Wären alle so wie die Buschendorfs, dann wäre das Saufen das einzig Richtige.«

»Was redest du da zusammen? Schreibe ihnen eine Karte, entschuldige dich und mache einen Vorschlag.«

Ich erinnere mich, im Keller steht noch der Sportwagen von Karl-Friedrich. Er hat ihn kaum gebraucht. Nur, der Sportwagen steht nicht in meinem Keller, er steht im Keller meiner Frau. Wir tasten uns in den halbdunklen Eingang des Treppenhauses hinein. Bei mir riecht und klingt alles anders, sieht alles anders aus als bei Melitta.

Der dunkle Korridor, die halboffene Tür zum Wohnzimmer, die zugeklinkte Küchentür — mein Zuhause — es ist eine andere Welt.

»Im Küchenschrank liegt ein Päckchen Tee.«

»Trinkst du mit oder ohne Zucker, Michael?«

»Mit Zucker.« Bestimmt schaue ich sie verwundert an. Tee mit oder ohne? Tee, den Peter mitbrachte. Tee mit oder ohne Peter.

In der Plastwanne stapelt sich abgewaschenes Geschirr. Die Küche ist sauber, und ich sehe, daß Melitta die Gardinen gewaschen hat. Ehe ich peinliche Dankesworte stammeln muß, wende ich mich ab und drücke die Wohnzimmertür weit auf. Hier hat Melitta keinen Finger krumm gemacht. Ihr gutes Recht. Nur die Matratze hat sie von der Fensterbank genommen und das Fenster verriegelt. Wahrscheinlich, weil es regnen könnte, und da wäre es schade um die Matratze. Nein, wie es hier aussieht. Das Radio steht auf dem Ofen, die Schranktüren sind weit geöffnet, und überall liegen verdreckte Klamotten. Abgetrocknete Lachen dehnen sich wie Fabeltiere auf dem Fußboden, das Stück Teppich ist dunkelfleckig und mit Büchern und Fotos wahllos belegt. Leere Flaschen stehen herum. Und, wo ich auch hinschaue, liegen zerquetschte Zigarettenkippen — ein Kippenregen. Es riecht nach abgestandenem Fusel, kalter Asche, Schweiß und Erbrochenem. Ich löse meine Hand vom klebrigen Türrahmen, setze die Füße vorsichtig auf die Dielung und gehe auf meinen einzigen Sessel zu.

Vor dem Fenster scheint die Sonne über die Gärten. Sie ist so fern. Ich spüre, wie sich meine Haut auf den Ellenbogen und im Nacken pickelt. Ein Schauer schleicht über meine Schulter. Härchen sträuben sich. Frostiger Hauch streift meinen Hinterkopf, der Frost sitzt innen.

Mir wird schwindlig, langsam setze ich mich auf die Sesselkante. Ich zünde mir eine Zigarette an und lasse das Streichholz in den Schmutz fallen.

Verkrampft versuche ich eine Erklärung dafür zu finden,

warum ich mich mit Ausreden und Beschuldigungen aus der Welt hinauslügen wollte, warum ich soff. Warum nur, und warum gerade ich?

Wie lange werde ich dazu brauchen, dieses Zimmer aufzuräumen? Eigentlich möchte ich allein neu beginnen, ohne Melitta. Sie wirtschaftet und klappert in der Küche. Ich bin sauber und satt. Hier stößt mich alles ab. Mein Gesicht brennt, doch plane ich nur die nächsten drei Tage voraus, empfinde ich eine schreckliche Leere und Kälte. Die fernere Zukunft ist noch grauenvoller als der Suff! Und die Vergangenheit? Vor mir liegt ein winziges Stück dieser Vergangenheit — noch nicht beseitigt. Ich kann sie anfassen, sie besteht aus Dreck, viel zu viel Dreck.

»Michael, machst du Platz?«

Tatsächlich, Melitta bringt den Tee ins Zimmer. Ich stehe auf und schiebe mit dem Fuß eine Matratze gerade und setze mich wieder, beide Hände nach dem Tee ausstreckend.

»Setzen Sie sich auf den Sessel, Sie sind mein Gast.« Es ist Selbsthaß, der aus mir spricht.

»Danke, Melitta. Ich weiß nicht mehr, was ich machen soll. Die Augen zumachen vielleicht. Wissen Sie, was unsereinen noch kaputtmachen kann? Zuviel Medikamente und zuwenig Gewissen. Brenner-Norbert ist so einer ohne Gewissen. Sie kennen ihn nicht. Ich glaube, ich habe ihn heute früh gesehen — in der Rettungsstelle. Ist das ein Elend, wenn es erst soweit mit einem kommen muß. Ach, ich kann klug reden, ich sitze ja hier ...«

»Rede nur weiter, es hilft dir.«

»Sie haben gesagt, daß der Bruder des Alkohols der Selbstbetrug ist. Ich weiß, was Sie meinen. Verdrängen, sagt der Alkoholdoktor dazu. Wissen Sie, so was geht blitzschnell. Ein klarer Gedanke ist erst gar nicht zu fassen. Etwas Stärkeres muß her, etwas, was dazwischen sitzt. Ich werde in die Gruppe gehen und mit Rüdiger darüber sprechen. Ein Medikament kann es nicht sein ...«

Heftig schlage ich mit dem Fuß gegen das Schraubglas. Wie kam es nur zwischen Schrank und Matratzen?

»Das Scheiß-Ruhigstellen! Dadurch habe ich nichts gelernt. Kein Mensch kann benommen oder berauscht lernen oder begreifen, was mit ihm los ist. Immer fertig zu sein und sich auf andere zu verlassen: Auf die Flasche, auf die Ärzte, auf die Kollegen, auf die Verwandten und auf die Medikamente, das bringt doch nichts! Da bin ich mit dem Strick noch besser und schneller dran – mit dem Strick!«

Erschrocken halte ich inne. Unten schweigen die Maschinen. Melitta zuckt zusammen. Aus der Tasse, die sie hält, schwappt der Tee.

»Hör auf.« Weinerlich klingt ihre Stimme.

»Hör auf damit. Ich verstehe, was du mir sagst und was du mir noch sagen möchtest. Du hast viele Ähnlichkeiten mit ihm. Er wußte alles besser, genau wie du, Michael, und dagegen kam ich nicht an. Ich habe mich immer auf die praktischen Dinge des Lebens verlassen; nur, bei ihm habe ich es nicht geschafft. Zuletzt habe ich selbst die Flaschen geholt. Ich bin gelaufen, weil er sich auf der Straße schämte. Es hätte ihn jemand sehen können. Auch von dieser Claudia Lohmann wußte ich nichts. Er hat mich bis zuletzt belogen. Ich wußte nichts von dieser Frau, und von anderen Frauen wußte ich auch nichts. Nie hat er mir was erzählt. Sie haben ihn mir weggenommen, und ich, ich bin gegangen, so wie früher, und ich habe das Giftzeug für ihn geholt, habe seine Schulden bezahlt, habe seine Wohnung aufgeräumt – und so war es bis zum letzten Tag. Er hat mich im Stich gelassen. Ständig hat er gesagt, jetzt wird alles anders werden, und sein ganzes Leben wird er ändern. Vorher hatte er lange Zeit keinen Schnaps getrunken, und ich dachte schon, er hätte es geschafft. Und dann kam diese Frau – sie wird ihm Schnaps gegeben haben. Wieder brauchte er mich, seine Mutter, und ich bin gelaufen und gerannt, und ich habe ihm geglaubt, bis ich eines Morgens kam, und da war – da war er schon tot, nein! – am liebsten wäre ich neben ihm geblieben!«

Ich stelle meine Tasse ab. Ich hocke vor Melitta Brauer. Ihre Hände halte ich fest. Sie zucken, doch ich halte sie fest. Frau Brauer schluchzt und starrt den Fußboden an. Ihre Tränen laufen. Ich streichle ihre Wangen. Sie beachtet mich nicht.

Ich kann das nicht mit ansehen. Vorsichtig gehe ich in die Küche. Ich suche den Besen. Ich öffne die Speisekammer. Er hängt an einem Haken, alte Klamotten hängen darüber. Ich muß an Peter denken. Schnell schlage ich die Tür zu. Als ich ins Wohnzimmer zurückgehe, trocknet Melitta ihre Tränen ab.

»Ich will sauber machen. Störe ich?«

»Schon gut, Michael.«

»Ein paar Tage möchte ich noch bei Ihnen bleiben. So lange, bis meine Wohnung sauber ist.«

Sie nickt. Sie wird mich brauchen. Ich brauche sie auch. Ich mache sauber, bah! Der Anblick des Dreckes will meinen Verstand stauen und zum Stehen bringen. Die Schwermut schleicht in meine Arme und will sie lähmen. Ich gehe einen Schritt und noch einen Schritt und schiebe zerquetschte Kippen zusammen, Flaschen fallen, es klirrt und poltert. Mir bricht der Schweiß aus allen Poren. Vor mir türmt sich ein Berg aus Korken, Glas und Asche.

Ich muß mich setzen und beobachte Melitta, wie sie meine Wäsche in einen Kopfkissenbezug steckt und sich daran macht, das Regal aufzuräumen.

»Deine Sachen sind verdreckt. Ich nehme sie mit und stecke sie in die Waschmaschine.«

Jetzt hantiert sie mit dem Staublappen, das kann lange dauern. Auf dem Hof sind Stimmen zu hören, und ein Moped wird angetreten. Die Schuster machen Feierabend. Morgen gehe ich arbeiten. Müssen oder dürfen, wer weiß das schon? Zufriedener ziehe ich an der Zigarette. Später, sehr viel später werde ich mit dem Rauchen aufhören. Teer und Nikotin sind nicht besser als Alkohol. Melitta hält Peters Briefe in der Hand.

»Ja, das sind Peters Briefe. Nehmen Sie sie mit.«

»Hat er dir die Briefe gegeben?«

»Sonst würden sie nicht bei mir liegen.« Ich lüge Melitta ganz bewußt an. »Ich sollte sie mir durchlesen, damit ich weiß, wie es in der Klinik zugeht. Als Abschreckung, sagte er mir.«

»Gut, ich stecke sie ein.«

»Sie gehören mir nicht. Ich habe darüber nachgedacht oder besser, ich denke jetzt daran. Sie sind an Susanne gerichtet, aber so geschrieben, daß er von vornherein schon wissen mußte, daß er sie nie abschicken würde. Melitta, eine Entwöhnungskur kann doch nur dann nützlich sein, wenn sich die Trinker als Alkoholkranke mitnehmen. Anders als gewöhnliche Patienten, meine ich, die die Ansicht haben, der Doktor wird es schon machen. Ich denke an die, die etwas erwarten, ohne für ihre Gesundheit etwas zu tun.«

»Das wird nicht ganz stimmen, Michael. Deine gewöhnlichen Patienten, von denen erwartet der Arzt auch Mitarbeit und den festen Willen, wieder gesund zu werden. Du hast hier auch einige Bücher.«

»Ach, die besten habe ich ins Antiquariat gebracht.«

Ich drücke die Zigarette aus und werfe sie in den Ofen. Ich öffne die Ofentür noch einmal, greife zwischen Papier und Zigarettenkippen nach einem Flaschenhals und ziehe daran. Die Flasche ist noch voll. Wie verrückt beginnen meine Hände zu zittern, als ich die Flasche gegen das Licht halte und sie Melitta zeige.

»Weinbrand, über vierzig Prozent!«

»Und, was willst du damit machen, Michael?«

»Ich weiß es nicht, ich weiß es wirklich nicht! Vielleicht wegschütten? Ich erinnere mich: Wir hatten eine gute Tour, und dabei fiel die Flasche ab. Im Gang eines Kohlenkellers habe ich sie verschwinden lassen, nur zwei Straßenecken weiter — abends habe ich sie geholt. Vor drei Wochen.«

»Du kannst die Flasche ausschütten.«

»Kann ich das? Sie meinen einfach so — so ausschütten? Besser wäre es, Sie stellen sich daneben. Kommen Sie, ich bringe es fertig und kippe diesen Fusel in den Ausguß.«

Ich bin in hellem Aufruhr. Heftige, blitzartige Gedanken schießen durch meinen Verstand. Ekel und Gier zwingen mich, den Flaschenhals krampfhaft zu umspannen. In meiner Faust schaukelt der braune Inhalt geräuschlos auf und nieder.

»Hier, ich öffne sie. So macht es ein Profi! Ja, ja. Und jetzt — es läuft!«

Unter meiner schüttelnden Hand fließt der Schnaps stoßweise in das Becken. Der aromatische Duft verändert den Rhythmus meiner Atmung. Gepeinigt halte ich den Atem an. Große Speichelmengen sammeln sich in meinem Mund. Melitta steht neben mir und drückt mit den Fingerspitzen gegen den Flaschenboden, bis die Flasche kopfüber steht.

»Ich kann es allein. Ich mache es ganz allein. Wie das läuft!«

Nach jeder Luftblase nimmt der Inhalt ab. Bald ist nur noch der konische Hals voll, und mit einem schwachen ›Flup‹ läuft die Flasche leer. Einige Tropfen rinnen nach. Der Abfluß gibt einen trägen, schmatzenden Laut von sich. Fast blind vor Erregung stolpre ich an Melitta vorbei, haste ins Wohnzimmer und reiße das Fenster auf. Weit hole ich mit dem Arm zum Wurf aus, besinne mich, wie lächerlich es ist, und lasse meinen Arm sinken. Ich stelle die Flasche auf dem Fensterbrett ab, schaue über die Gärten und halte mich am Fensterkreuz fest. Mir könnte alles gehören, alles könnte für mich da sein, nur die Flasche nicht. Was nützt mir meine Wut? Es ist doch albern, denn die Flasche und ihr Inhalt, das sind tote Dinge. Kalte, tote Dinge, die mich kaltblütig umbringen wollten.

»Melitta, ich möchte das Zimmer umräumen. Es sind nur einige Handgriffe.«

»Warum, es ist schon spät.«

Ich gehe nicht darauf ein, ziehe den fleckigen Teppich zur Seite und stemme mich gegen den Schrank.

»Ich will, daß dort, wo der Schrank stand, mein Bett hinkommt. Ich muß umräumen!«

Sie nickt und trägt die Matratzen und das zerfallene Bettgestell hinüber.

»Ja, von dort aus kann ich dann die Tür und das Fenster sehen, und die gegenüberliegende Wandfläche ist frei.«

Ich drücke den Schrank gegen die Scheuerleiste. Mehrmals springen die Türen auf, ich schiebe sie mit dem Fuß zu.

»An der Wand könntest du eine Hängepflanze aufhängen. Ein Philodendron würde sich gut machen.«

»Ja, Melitta.« Ich stopfe die Matratzen in das Kastengestell. Das rote Inlett decke ich zu.

»So, jetzt können wir gehen. Alles wird anders. Vom Bett aus werde ich auch die weggeräumten Flaschen nie mehr sehen, verstehen Sie mich, Melitta? Für die Wäsche können wir den Koffer nehmen. Er liegt auf dem Zwischenboden. Warten Sie, ich hole ihn herunter.«

»Ist es dir schwergefallen, Michael?«

»Die Flasche? — ja. Sehr schwer. Wären Sie nicht dabei gewesen, ich hätte es nicht gepackt.«

Ich bin froh, daß die Flasche leer ist. Wenn ich nichts mehr habe, habe ich den Vorteil, daß ich nicht mehr wählen kann. Der Selbstbetrug, der blitzschnelle Selbstbetrug. Unternehme ich nichts dagegen, dann bin ich verloren. Und wenn ich nur umräume, das hilft schon. Erst jetzt kriecht das feine Zittern in meine Hände und breitet sich im Körper aus. Sogar in meinen Mundwinkeln sitzt es.

Weißenbach muß mir im Betrieb helfen, bieten mir meine Kollegen Schnaps und Bier an. Weißenbach gegenüber werde ich aufrichtig und ehrlich sein — wie mit mir selbst.

»Haben wir alles?«

»Ja, wir haben alles.«

Melitta wehrt meine Hand ab, als ich den Koffer nehmen will.

»Wenn du nichts dagegen hast, komme ich ab und zu vorbei und räume deine Wohnung mit auf.«

Ich nicke. Mir ist nach Flucht. Sie geht voraus. Ich schließe die Tür zu, drehe die Sicherung aus der Fassung und lege sie auf den Stromzähler. In einigen Tagen wird die Welt schon anders aussehen. Ich gehe die Treppe hinunter und stehe im halbdunklen Hinterhof. Im ersten Stockwerk des Vorderhauses wird hinter einem Fenster die Gardine bewegt. Tiefliegende Augen in einem alten Gesicht schauen mich flüchtig an. Ein grüngelber Schatten verschwindet.

Ich muß Melitta einholen. Sie hat sich schon nach mir umgesehen und verschwindet jetzt im Torweg. Ich habe nur einen Wunsch: Ich möchte nüchtern werden — nüchtern im Verstand! Trocken sein, was heißt das schon? Trocken war ich oft genug, Tage und sogar Wochen. Trocken aus Angst.

Melitta schleppt sich so, ich werde sie noch einmal fragen. »Frau Brauer, soll ich Ihnen jetzt den Koffer abnehmen?«

»Laß nur.«

Die Abendsonne wandert über Dächer. Ein feuriger Ball. Die Häuser haben hier alle flache Dächer — mit Teerpappe belegt. Mein Schatten springt nach vorn. Die Straße zur Haltestelle. Es ist nicht mehr weit.

Stumm steigen wir in eine Bahn.

Ich rechne die Anzeige Buschendorfs in Mark und Pfennig um. Das wird was kosten! Dazu noch die Miete, das Strom- und Gasgeld und den laufenden Unterhalt für Karl-Friedrich. Die Geldborgerei unter meinen Kollegen muß ich auch einstellen. Also, bis zum Jahreswechsel sieht es sehr trübe aus. Ein Elend ist das.

Melitta hat einen Sitzplatz. Sie hält den Griff meines Koffers fest. Die alten Klamotten da drin. Wie soll ich das alles schaffen? Nie werde ich es schaffen. Was heißt hier nie? Es gibt Schlimmeres — Krieg zum Beispiel. Wir fahren an der Poliklinik vorbei, in der heute alles so gut begann.

Ich bin müde, erstmals müde nach langer Zeit. Ich werde es Melitta sagen, daß ich müde bin. Essen muß ich auch noch. Wie sollte ich es ihr am besten sagen? ›Ich habe Hunger, hätten Sie eine Kleinigkeit für mich‹, oder ›ich kann einen guten Happen vertragen‹, oder ›wollen wir essen?‹ Ja, das letzte verträgt sich am besten mit meinem Wunsch. Wie kann ich das jemals wiedergutmachen?

Nächste Station müssen wir aussteigen. Könnte ich nur meinen Verstand abstellen. Einfach weg die Gedanken, aus und an, wie es mir notwendig erscheint. So, wir sind da. Melitta nickt mir zu und steht auf. Wieder muß ich einer Frau helfen, am Kinderwagen anzufassen. Heute zielt alles auf mich ab. Beim Aussteigen kann ich mich nicht festhalten, nicht abfangen und taumle nach vorn. Melitta hält mich am Ärmel fest.

»Das ging noch einmal gut.« Sie läßt mich wieder frei.

»Ich bin völlig herunter, richtig fertig. Danke.«

»Das wird schon wieder, Michael.«

Die Leute in den Gärten halten mit ihrer Arbeit inne, als Melitta und ich vorübergehen. Sie grüßen Melitta und wollen mich dabei beobachten. Sie treiben meine Schritte unmerklich voran, und ich höre, wie Melitta schnaufend grüßt, und sehe sie konsequent lächeln. Vor der Gartenpforte bleibe ich stehen und halte mich an einer Zaunstakete fest.

Wir treten ein. Jetzt wächst mein Behagen mit jedem Schritt.

»Du hast doch Hunger?«

»Ja, machen Sie Rührei mit Schinkenspeck?«

»Na bitte, dein Appetit kommt wieder. Es geht bergauf.« Melitta verschwindet mit dem Koffer in die Küche. Ich höre Türen klappen, stehe und warte und weiß nicht, worauf. Sie kommt wieder, geht zur Schrankwand, schiebt eine Rolltür auf und tippt auf die Taste des Fernsehers.

»Setz dich, Michael.«

Ja, was stehe ich hier wie bestellt und von niemandem abgeholt. Ein Tierfilm, etwas für meine kaputten Nerven. Farbig schimmert die Glasscheibe. Durch eine komplizierte Apparatur werden Farben gemischt und aufgebaut. Hinter einer Glaswand fallen sie blitzschnell in sich, blähen und bauschen sich auf, und ich darf mir einbilden, daß das dahinter Leben ist. Mich hat ein Automatismus gelebt. Der Schnaps hat mich gelebt. Ich bekam von dieser Welt nichts mehr mit. Das werde ich ändern. Ich muß mit dem Alkohol so umgehen lernen, daß ich ihn nicht mehr brauche.

»Ah, danke schön. Essen Sie nicht mit?«

»Ich muß noch einiges machen. Laß es dir schmecken.«

Ich nicke und schaue auf den Teller. Drei oder vier Eier hat Melitta in die Pfanne gehauen. Auf dem Bildschirm werden Wildschweine gezeigt, und darüber wird gesprochen. Wie die fressen, den Rüssel immer im Dreck, doch es sollen saubere Tiere sein. Beinahe hätte ich mich veschluckt. Es schmeckt nicht schlecht. Die Hälfte, mehr schaffe ich nicht.

Vorsichtig nehme ich den Teller, kaue und schlucke im Gehen. Mir geht es nicht gut, wirklich nicht gut, aber nur so kann es werden — nur so. Melitta nimmt mir den Teller aus der Hand und wirft den Essenrest in den Mülleimer.

Leben, endlich wie ein normaler Mensch leben. Ich nehme die Medikamente vom Regal und werfe sie in den Eimer. Zweifelnd schaut Melitta mich an, bückt sich und steckt die zwei Packungen in die Schürzentasche.

»Ich verstehe es schon, aber nicht in den Mülleimer. Ich packe das Zeug weg, Michael. Ruhe dich aus, ich mache dir die Schnitten zurecht und lege sie in den Kühlschrank.«

»Ja, da bleiben sie frisch.«

Sie läßt heißes Wasser ins Spülbecken. Besser, ich gehe ins Bett. Das Wasser rauscht. Leise gehe ich durch das Wohnzimmer und finde mich im Schlafraum wieder. Melitta braucht es nicht zu bemerken. Eigentlich müßte ich mich waschen. Um mich ist wieder die gläserne Wand, die nichts von außen durchläßt, mich drückt und deprimiert und meinen Verstand nur in sich und um Alkohol kreisen läßt. Eine Schande war mein bisheriges Leben, und ich muß mir große Mühe geben, daran zu glauben, daß es wahr ist.

Unwirklich ist das saubere Bett und doch für mich bestimmt. Der Bezug ist eine kalte, fremde Haut.

Es gibt nur einen einzigen Grund, Schluß zu machen mit dem, wie es war. Es war langsames Sterben, wie ich bisher lebte. Ich muß die Gegenwart anerkennen, jeden Augenblick muß ich billigen, so, wie er ist, und nicht in die Flasche flüchten. Keiner hat mir bisher klargemacht, wie ich leben soll. Was fange ich mit mir an? Niemand wird es mir sagen, so genau sagen können, daß ich es begreife, denn wer soll wissen, was mit mir wird, was ich wirklich will, wenn nicht ich, und wer soll mehr über mich wissen als ich? Was weiß ich über ein Leben und ausgerechnet noch über meines? Nicht viel. Eigentlich nur, daß ich nicht mehr trinken darf und alles andere danach einrichten muß.

Mein Kopf. Ich bin müde. Ich atme gleichmäßig, und jetzt schlafe ich ein. Schlafe ich ein? Ich darf schlafen, ich bin bei Melitta. Ich muß mich ausruhen, damit ich zu gebrauchen bin. Nein, es ist anders. Ich schlafe, weil ich den Schlaf brauche, damit ich mit mir etwas beginnen kann. Auf andere richte ich mich ein, denn sie haben ein Recht auf mich, verlange und erwarte ich etwas von ihnen ...

Dienstag

Gegen die Bilder

Warum soll ich aufstehen? Was sagt sie? Es ist fünf Uhr? Wieso fünf Uhr?

Weißenbach! Das Laken klebt am Rücken. Wahnsinnig. Träume. Ein blauer Baum. Ich schüttelte. Im Baum klirrte es. Flaschen hingen im Geäst — nein, bloß das nicht.

Das Laken hänge ich über die Bettkante. Sie wird nichts sagen.

»Frau Brauer?«

»Dein erster Arbeitstag, Michael. Guten Morgen!«

Arbeitstag — kein Sauftag. Meine nackten Füße setze ich auf die Dielung. Das Holz ist kühl. Nur langsam senkt sich das zwischen meinen Beinen. Frau Brauer geht in die Küche — jetzt gehe ich. Meine Sachen halte ich vor dem Bauch. Frische Blumen stehen auf dem Tisch. Sie denkt auch an alles. Nein, die Badtür schließe ich nicht zu. Immer will ich Türen hinter mir schließen.

Meine Gesichtshaut spannt sich nicht mehr, aber sie schält sich arg. Besonders auf der Stirn. Das sieht sehr auffällig aus. Abwischen, waschen und cremen. Es schwebt und fällt wie kleinflockiger grauer Schnee vor meinen Augen herab. Stark ist das Gefühl, daß unter meiner Haut mein wahres Gesicht wartet. Kein neues, kein anderes unbedingt, sondern ein jüngeres Gesicht. Ich ahne es nur. Wie sich der Blick meiner blauschwarzen Augen verletzend darüber legt. Mein Blick zeigt mir mein Gesicht, wie es heute wirklich ist, und doch, es ist die Maske des Fusels.

Habe ich noch viel Zeit? Die Socken. Ich kann nicht auf einem Bein stehen, kein Gleichgewicht. Die Zeit wird knapp. Ich versuche es erst einmal mit Pünktlichkeit. Weißenbach schätzt sie sehr. So, ich bin fertig. Ich kann mich sehen lassen. Die Kleidung ist sauber, mein Gesicht, na ja! Und die Schuhe hat Melitta geputzt. Mich kann man ruhig verwöhnen, es schadet mir nicht. Ich brauche die Geborgenheit und die Aufmerksamkeiten.

Wieviel Glück kann ich ertragen? Auf Leid bin ich eingestellt. Davor wurde ich beizeiten gewarnt: Michael, die Ofenplatte ist heiß! Michael, falle nicht hin, Michael, gehe mit niemandem mit!

Doch keiner hat mir gesagt, wie ich mit meiner Sehnsucht nach Zufriedenheit umzugehen habe. Niemand hat mir gesagt: Freue dich nicht zu sehr, denn Freude kann töten. Niemand hat mir gesagt: liebe deine Mutter nicht so sehr, daß du keine andere Frau mehr lieben kannst. – Als ob das ginge!

»Der Kaffee ist fertig!«

Ich komme schon. Die blöde Hetzerei. Ich muß früher aufstehen. »Vorhin habe ich vergessen, ›Guten Morgen‹ zu sagen.«

»Unsinn, setz dich. Brötchen mit Butter?«

Ich nicke ergeben und nehme die Tasse. Der Schaum auf dem Kaffee schwankt nur wenig.

»Soll ich dich von der Arbeit abholen? Danach könnten wir zu dir gehen, den Rest aufräumen, und später gehst du in die Gruppe.«

»Nein, Sie brauchen mich nicht abzuholen. Nach dem Gruppenabend komme ich zu Ihnen. Wir haben dann Zeit.«

Hoffentlich ist sie nicht beleidigt. Ich schlucke und kaue. Beim Kauen wird der Bissen immer größer.

»Hier, die Schnitten, warte ...«

Sie geht wieder in die Küche. Ich stehe auf und muß mich strekken. Meine Knochen knacken.

Im Nebenzimmer stecke ich den Ausweis, die Schlüssel und die Streichhölzer in die Hosentaschen. Wo sind meine Zigaretten? Waren sie schon alle? Ich suche sie in der obersten Schublade der Kommode. Nur Herrenunterwäsche, dazwischen ein Stück Seife. Was ist das? – Ein Foto von Peter. Die faltenlose Stirn, die dunklen, milden Augen, das war Peter. Ein schönes Männergesicht. Bestimmt zur Studienzeit oder noch früher aufgenommen. Ich zögere, kann es nicht unterlassen und stelle das Bild vor die Kerze, mit dem Rücken zum Spiegel. Ich höre Melitta kommen. Sie hat die Veranda aufgeschlossen.

»Hast du Zigaretten?«

»Nein.« Ich gehe ihr so entgegen, daß sie das Bild nicht sehen kann. Zwei Päckchen Zigaretten läßt sie in einen Folienbeutel gleiten, den sie mir zureicht.

»Ich bringe dich.« Sie geht vor mir und öffnet die Gartenpforte. Ich registriere: Die Tür öffnet sich nach innen – links. Das neue Schloß und den elektrischen Türöffner werde ich noch diese Woche einbauen. Ohne Geschrei und ohne Beteuerung. Ich werde es machen, und damit gut.

Melitta reicht mir die Hand zum Abschiedsgruß. Ein wenig muß ich lächeln. Ich schaue ihr voll ins Gesicht. Ich bin sehr froh, daß es Melitta Brauer gibt.

»Ich habe ein Foto von Peter gefunden. Es steht auf der Frisierkommode.«

Sie überlegt einen Moment, schaut traurig aus und legt ihre Hand auf meinen Arm.

»Du hast dir bestimmt etwas dabei gedacht und es ehrlich gemeint. Danke, Michael, komm gut über den Tag.«

Die Sonne ist aufgegangen. Die ersten Strahlen haben sich wie Kanäle aus Licht zwischen Häuser und Bäume gelegt. Auf den Blättern liegt perlender Tau. Eine Spinnwebe glitzert im Sonnenlicht.

Auf dem Splittweg, der zur Straßenbahnhaltestelle führt, drehe ich mich noch einmal um. Melitta steht vor der Gartenpforte. Sie hebt ihren Arm, als wollte sie mir die Richtung weisen. Wie eine Säule steht sie im Sonnenschein. Fest, geduldig und ein wenig weiß. Ach, Melitta, ich kenne doch den Weg.

Meine Bahn kommt. Ich muß mich beeilen und gehe schneller. Der Splitt spritzt unter den Sohlen meiner Lederschuhe weg. Die Bahn wippt, als ich aufs Trittbrett springe. Ich fange mich am Haltegriff ab. Es klingelt, ich entwerte den Fahrschein und lasse mich auf den Sitz fallen.

Es sind nur wenige Menschen in der Bahn. Die Poliklinik. Die Bahn füllt sich langsam. Ein Kommen und Gehen. Die Motoren summen, sonst ist es still. Nur einige Menschen reden miteinander. Der Platz der Klassiker. Die Bahn jault und kreischt um eine Häuserzeile.

Unterhalb dieser Straße ist die Beratungsstelle. Egal, was heute kommt, ich gehe in die Gruppe.

Fallen — sagte Rüdiger Best damals. Er sei so weit unten gewesen, daß er nicht mehr tiefer habe fallen können — vielleicht noch in den Tod. In den Tod fallen, mit der Flasche in der Hand.

Rüdiger ist nüchtern im Verstand.

Die Bahn kurvt jetzt nach Norden. Das Gleis neigt sich in das Tal.

Peter, armer Freund, wie hätte ich dir helfen können? Was helfen kann, sind Offenheit und Aufrichtigkeit. Das kann jeder nur mit sich selbst ausmachen. Bis zuletzt wollen wir so bleiben, wie alle sind. Wir wollen normal sein, und zum Normalsein gehört das Schlucken, so denken wir.

Komme, was wolle, ich gehe heute abend in die Gruppe. Ich muß über mich reden. Einige werden mich verstehen. Nicht nur Frau Kern und Doktor Freiberg. Ich halte es nicht mehr aus, das Saufen und das Lügen.

Den Tag werde ich überstehen. Mellmann wird staunen, falls er mich sieht. Thomas und einige Fahrer, sie werden mit Flaschen kommen, denn es ist so üblich. Ich gehe dann zu Weißenbach. Mit ihm werde ich Kaffee trinken.

Die Bierschwemme ist noch zu. Die Scheiben sind blind. Der Wirt mit der Lederschürze schläft.

Ob das Tor schon geöffnet ist? Mellmann oder Weißenbach sollen früh immer die ersten sein. Der Alte kommt mit einem Auto, Alfred mit dem Fahrrad.

Noch nie sind mir die Kastanienbäume aufgefallen. Sie wölben sich über der Straße und bilden einen grünen Tunnel. In ihm gehe ich auf das Tor zu. Die Kastanien dürfen naß oder trocken sein, denn Wasser macht nicht süchtig. Die Bäume nehmen sich Zeit. Über ihren Kronen dehnt sich der Himmel. Sie leben und haben kein Bild von sich.

Ich habe mir immer Bilder gemacht. Ein Bild von mir. Bilder von anderen Menschen. Alles, was mir nicht ins Bild paßte, habe ich hingebogen. Ich wollte in den Augen anderer stimmen, egal, wie ich mich fühlte. Ich tat dann so. Damit waren alle zufrieden. So haben die anderen und ich uns gegenseitig bewertet, beurteilt und, mißlang es, auch abgetan. Was nicht ins Bild paßte, gab es für mich nicht, weil ich es als belastend empfand.

Gut, was in mir krumm und schief ist, bleibt so, bis ich es selber ändern muß, weil ich anders nicht mehr leben kann.

Der Kohlenhof ist still. Keine Staubfahne, keine prasselnden

Kohlen und kein brummender LKW-Motor. Ich werde warten müssen und lehne mich an das geschlossene Tor. Ich brenne mir eine Zigarette an. Meine Hände zittern kaum. Mir ist ein wenig flau im Magen. Das wird vergehen.

Epilog

Ein Jahr danach

Er ist ein todkranker Mann. Seine Hände, die er zwischen den Knien hält, zittern heftig. Die schlingernde Straßenbahn nimmt das auch nicht weg.

Mit der linken Hand wischt er wieder und wieder über seine Stirn, als wollte er den Alkohol aus der Haut pressen. In seinem verzweifelten Blick steht die Angst. Dagegen steht der beginnende Entzug, der nach Schnaps schreit.

Der Mann schlägt mit der Faust gegen die Glasscheibe. Sie spiegelt sein aufgedunsenes Gesicht. Sein Arm ist schlaff, der ganze Kerl ist schlapp. Vor Schwäche kann er kaum sitzen. Er ist fertig. Er tut mir leid.

Die Bahn fährt über den Platz der Klassiker.

Der Mann sitzt breitbeinig da. Den Kopf läßt er hängen. Nein, er wird nicht schlafen, er wird im Kreis denken — immer im Kreis denken.

Vielleicht werde ich ihn in der Gruppe wiedersehen? Sollte er nicht zu uns kommen, dann wird ihn der Notarzt holen und in eine Klinik bringen lassen. — Falls noch ein Bett frei ist. Das ist die Regel. Der Tod ist die Ausnahme.

Der Mann hustet gepreßt. Jetzt schaut er mich an.

— Du, ich habe dich noch nie gesehen, aber ich kenne dich. Du hältst das nicht aus in dir, mit dir. Ich kenne deine Schuldgefühle, die uferlos wie der Irrsinn sind, kenne deine Wünsche, die voll von quälerischen Bildern sind, kenne deine angestaute Wut, die eisig und kristallklar in dir rechnet.

Fließt der Schnaps, dann wachsen wahnhafte Glücksvorstellungen und traumhafte Erinnerungen. Ein neues Lebensgebäude aus Glas. Bizarr, gefährlich und zerbrechlich.

Dich zu ändern heißt: das Unwirkliche zu vernichten bis auf das Eigentliche. Dein Körper ergibt sich schon längst von selbst. Er hat es satt mit dir. Er möchte dem Terror deines verkommenen Verstandes ein Ende machen durch seinen Tod. Wie arbeitet denn dein Verstand, der Wohlbefinden durch Vergiftung heuchelt?

Du hebst deinen Kopf, als könntest du mich hören. Ich sehe, wie der Schnaps in deinem Gesicht wütet. Es zerfällt fast, wird starr, wird weinerlich und weich und grinst wieder böse.

Du hast das Gesicht des Süchtigen. Die totalste aller Krankheiten hat dich im Griff. Du schaust mich an, trotzig und ein wenig verlegen.

Du hältst es nicht für möglich, wie nüchtern ich im Verstand bin. Ich erkenne mich in dir wieder. In dir sehe ich mich selbst, wie ich war und wie ich mich bekämpfte, um trinken zu können. Ich sehe in deinen wäßrigen Augen, in deinem aufgelösten Gesicht, an deiner ganzen Körperhaltung: meinen Selbstekel und meine Unterwürfigkeit. Meine Ausreden und meine Entschuldigungen. Meine Speichelleckerei und mein aufgeblähtes Ich, wie es seine Rollen spielte und dennoch nach Wahrheit und Wirklichkeit schrie.

Würde ich auf dich in der Gruppe treffen, es könnte bitter für uns beide werden. In meiner Brust würde es brennen, doch mit nüchternem Verstand würde ich deine Verlogenheit aufdecken und deine Erklärungen für das Trinken zerbrechen.

Ich hätte anzubieten: wie es ist, ohne Alkohol zu leben, und wie es war mit Alkohol. Wie es ist, sich seiner selbst bewußt zu sein, und wie es war, ein abhängiger Mensch gewesen zu sein. Wie es ist, für die Menschen dazusein, und wie es war, unglücklich und von allen verlassen im Elend zu stecken. Du könntest zwischen geistiger Nüchternheit und einem würdelosen Krepieren wählen.

Ich habe Angst um dich, mitleidende Angst. Das Nüchternwerden ist ein schwerer Weg, und doch ist er besser als das alles vernichtende Weitersaufen.

Ich helfe dir aus der Straßenbahn heraus. Du bist krank!

Nein, ich gehe nicht mit dir. Du bist noch uneinsichtig!

Doch würdest du kommen mit dem Wunsch, nicht mehr trinken zu wollen — egal weshalb —, würde ich dich unterstützen mit allem, was ich für dich tun kann.

Nachwort

Der Bericht ist vollständig. Der Autor gehört zu den Betroffenen. Jeden Tag treffe ich auf Betroffene. Auf der Straße und in der Straßenbahn. An Kiosken und in der Nähe von Gaststätten. Auf dem Bahnhof, im Zug. Und schließlich auf der psychiatrischen Station, auf der ich arbeite. Fast jeden Morgen ein neuer Fall. Einer, der aufgelesen wurde; einer, dessentwegen Familienangehörige oder Hausbewohner die Polizei gerufen haben oder die Schnelle Medizinische Hilfe; einer, der unter Alkohol versucht hat, sich die Pulsader aufzuschneiden. Im nächtlichen Bereitschaftsdienst – Menschen mit Delirien und anderen Entzugssymptomen. Sinnestäuschungen, der pathologische Rausch: »Dort hinten stehen achthundert Männer und Frauen und Kinder. Sie schreien. Sie sollen vergast werden.« Die Angst treibt diesen Mann schließlich zur Klinik. Dreimal in der Woche habe ich Gespräche mit Alkohol- und Tablettenabhängigen. Selbsttäuschungen: »Jetzt schaffe ich es.« »Man muß nur den festen Willen haben.« »Nie wieder hierher, ich habe genug.« Verzweiflung und Selbstverachtung, Hoffnungslosigkeit: »Ich wollte mich beiseite schaffen diesmal.« In den Therapiegruppen, mit denen ich seit einigen Jahren arbeite, fehlt inzwischen mindestens einer in jeder Gruppe: Selbstmord, Unfall, verstorben im Leberkoma, verstorben an Alkoholvergiftung.

Michael Naumann ist kein Einzelfall. Der sozialmedizinische Kontext ist beunruhigend. Seit 1950 steigt der Alkoholverbrauch auf der ganzen Welt. Auch in der DDR – angestiegen von 3,9 Litern 100%igen Alkohols pro Kopf und Jahr 1955 auf 10,3 Liter 1982.[1]) Eine große Zahl von Menschen trinkt regelmäßig so viel, daß mehr oder weniger schwere Gesundheitsschäden entstehen. In einer allgemeinärztlichen Sprechstunde hatte jeder sechste Befragte Alkoholprobleme, war alkoholabhängig oder suchtgefährdet und hätte neben der allgemeinärztlichen eine Entziehungsbehandlung gebraucht.[2)]

---

[1]) *Anmerkungen am Schluß*

Alkoholiker sind öfter krank als andere Menschen, ihre Lebenserwartung verringert sich. Die Selbstmordneigung Alkoholkranker ist zehnmal höher als die der Durchschnittsbevölkerung. Bei jedem dritten gelungenen Selbstmordversuch handelt es sich um einen Alkoholiker, und in psychiatrischen und anderen Krankenhäusern steigt die Zahl der Behandlungen wegen alkoholbedingter Krisen und Krankheiten. Früher tranken vorwiegend Männer, und es wurde ihnen — in einer Männergesellschaft — auch zugebilligt. In den letzten Jahren trinken auch Frauen regelmäßig und größere Mengen. Trinkende und betrunkene Frauen werden eher abgelehnt als trinkende und betrunkene Männer, Alkoholikerinnen mehr als Alkoholiker — immer noch eine Männergesellschaft? Ist es die soziale Gleichstellung der Frauen, ihr verändertes Selbstverständnis und Selbstbewußtsein, ist es die verhältnismäßig größere Belastung durch Beruf, Haushalt und Kinder, die die Trinkgewohnheiten der Frauen verändert hat?

Es kommen auch Jugendliche wegen Alkoholkrankheiten und Alkoholentzugssymptomen in Behandlung. Sie werden in wesentlich kürzerer Zeit abhängig als Erwachsene, nicht selten dauert es nur 1—2 Jahre. Untersuchungen zu den Trinkgewohnheiten der Heranwachsenden zeigen, daß bis zum 16. Lebensjahr noch 50 Prozent von ihnen ohne Alkohol leben, vom 19. Lebensjahr an keiner mehr. Von denen, die regelmäßig, zumindest an den Wochenenden, größere Mengen trinken, begannen rund 40 Prozent vor dem 14. Lebensjahr.[3)]

Auf diesem Hintergrund der »Held« des Buches, Michael Naumann. Als Trinker wie als nichttrinkender Alkoholiker ist er ein Außenseiter. Zu Anfang einer wie alle; einer, der trinkt wie alle. Eines Tages ist er nicht mehr wie alle. Er spürt es lange, ehe er es sich und anderen eingestehen kann: sein Verlangen nach Alkohol ist Besessenheit geworden, sein Trinken außer Kontrolle geraten. Nicht mehr fähig, über seinen Willen und sein Handeln zu verfügen, läßt er sich von Rausch zu Rausch treiben. Nüchternheit wird zur Bedrohung — der Körper rebelliert. Ängste.

Michael Naumann ist kein Einzelfall. Er steht für eine große Zahl von Alkoholabhängigen. Er steht für die sinnlose, quälende

Wiederkehr des immer Gleichen, Tag für Tag: Rausch, unerträgliche Nüchternheit und wieder Rausch. Versuche des Abwehrens. Behandlungsangebote lächerlich machen und sie auf diese Weise umgehen: »Der Doktor, die Schwester, die roten, weißen, gelben und grünen Pillen – zum Lachen!« Plausibel erscheinende Erklärungen: »Kein Wunder, wenn ich trinke!« Und schließlich Vorsätze, wertlos gemacht durch das unabweisbare Verlangen zu trinken. Dann wieder Rausch, der vorübergehend Erleichterung bringt. Und wieder Nüchternheit. Entzugserscheinungen: die elende körperliche Verfassung, quälende Unruhe, schließlich das Delir. Nüchternheit, die zum Weitertrinken zwingt. Mühsal, für Nachschub zu sorgen, bei Tag oder bei Nacht und um jeden Preis. Wiederkehr und Wiederkehr, wie die Ratte im Rad. Zunehmender körperlicher Verfall, Verfall der seelischen und geistigen Kraft. Zerstörung menschlicher Beziehungen, Zerstörung der Familie. Die berufliche Misere: Zuspätkommen, Fehlschichten, Alkohol bei der Arbeit, Fehler und niedrige Leistung, Disziplinarstrafen, Abstieg auf schlechter bezahlte Arbeitsplätze, schlimmstenfalls Kündigung. Die ganze Existenz ist in Gefahr. Es wird zur Lawine. Ein fast gesetzmäßiger Verlauf bis hin zur Wahrheit: Ich bin Alkoholiker, ich gehöre dazu, zu den Trinkern, die die anderen Säufer nennen. Säufer sind erledigt für sie. Vom Säufer werden sie sich mit Schulterzucken abwenden – schließlich sind sie anständige Menschen. Aber der Säufer ist auch unheimlich: Könnte, was alle tun, gefährlich sein? Wird es sie auch treffen – eines Tages?

Alkoholismus ist eine Krankheit. Seit Jahren medizinisch und versicherungsrechtlich als Krankheit anerkannt. Wo es üblich ist, Alkohol in größeren Mengen zu trinken, kann sie sich leicht aus diesen üblichen Trinkgewohnheiten heraus entwickeln. Schon in den Anfängen entscheidet sich der einzelne für oder gegen die Krankheit. Er merkt, er trinkt zuviel. Noch ist er fähig, sein Trinken unter Kontrolle zu halten. Noch kann er aufhören, noch kann er über sich und sein Leben verfügen. Regelmäßigkeit des Trinkens, Alkohol in großen Mengen, Trinken, das eine Funktion erhält, sind die Anzeichen dafür, daß eine bis dahin normale Gewohnheit ins Krankhafte abzugleiten droht. Die Funktionen des Trinkens: trinken, um Streß auszugleichen, trinken, um Hemmungen zu beseitigen, trinken, um Alltagssorgen oder Konflikte in einem milderen Licht erscheinen zu lassen.

Das Krankhafte ist in diesem Buch nachzulesen, Wort für Wort. Es ist das für andere unverständliche, unbezwingbare Verlangen nach Alkohol. Es ist die allmähliche Gewöhnung an immer größere Mengen hochprozentiger Getränke. Krankhaft ist es auch, bei unpassenden Gelegenheiten trinken zu müssen und nicht aufhören zu können, bis der Vollrausch einsetzt. Krankhaft sind die Entzugserscheinungen, die auftreten, wenn der Alkoholspiegel absinkt, weil Nachschub nicht möglich ist. Entzugserscheinungen beruhen auf körperlichen Vorgängen. Sie zeigen an, daß der Betreffende nicht mehr ohne Alkohol auskommen kann. Schwerstes Entzugssymptom ist das Delir. Es ist auch heutzutage unter Umständen tödlich. Entzugserscheinungen verschwinden durch Alkohol. So entsteht der fehlerhafte Kreislauf von Rausch, Nüchternheit, Entzugserscheinungen, Trinkenmüssen und wieder Rausch. Ein Mensch mit Entzugserscheinungen taugt zu nichts, fühlt sich elend. Zittern, Schweißausbrüche, Unruhe stören beim Einfachsten. Keine einzige ruhige Handbewegung mehr. Und er fällt auf. Hinzu kommen die körperlichen Krankheiten durch Alkohol: Magenschleimhautentzündung und Magengeschwür, Fettleber, die nicht mehr vollständig funktioniert. Entzündungen der Bauchspeicheldrüse – schmerzhaft und gefährlich. Unfälle. Epilepsieähnliche Anfälle. Muskelschwäche und Lähmungen. Die Leberzirrhose – tödlich.

Seelische und charakterliche Veränderungen: Überempfindlichkeit, grundloser Unwille, Ängste, Depressionen. Verlust von Interesse und Initiative. Haltlosigkeit und Willensschwäche. Störungen des Gedächtnisses und des Denkens. Veränderungen der Lebenssituation. Konflikte in der Familie und im Beruf.

Die Ursachen? Nicht ohne weiteres auszumachen und im Einzelfall schwer zu beweisen. Eine körperliche Anlage, alkoholkrank zu werden, so wie andere Menschen Asthmatiker oder Diabetiker, ist anzunehmen. Trifft sie beim einzelnen mit problematischen inneren und äußeren Bedingungen zusammen, so erhöht sich die Wahrscheinlichkeit. Vorausgesetzt allerdings, der Betreffende hat es sich angewöhnt, größere Alkoholmengen zu trinken.

Die problematischen Bedingungen? Hemmungen und Selbstunsicherheit, die Schwierigkeit, Spannungen zu ertragen und etwas dagegen zu tun. Streß. Unausgefüllte Zeit, Unlust und Leere. Einsamkeit. Spannungen in Beruf und Familie. Das alles muß nicht, kann aber zu Alkoholmißbrauch und zur Abhängigkeit führen. Fehlerhaftes Lernen hierbei heißt: Alkohol hilft gegen alles, was das Leben schwer macht.

Die Prognose? Nicht besonders günstig. Die Krankheit Alkoholismus ist zur Zeit mit den herkömmlichen medizinischen Mitteln nicht heilbar. Der Alkoholabhängige kann nicht mehr kontrolliert trinken wie andere Menschen. Er muß aufhören zu trinken, ohne Alkohol leben — ein für allemal. Jedes erste Glas kann den unheilvollen Kreislauf von Rausch, unerträglicher Nüchternheit und wieder Rausch von neuem heraufbeschwören. Ein Glas verleitet zum nächsten Glas, auch bei den besten Vorsätzen. Unüberwindliches Verlangen und Nicht-mehr-aufhören-Können — das ist die Krankheit. Hier beginnt das Annehmen der Verantwortlichkeit des Betroffenen, Verantwortung sich selbst gegenüber, gegenüber seiner Familie, seinen Freunden, Arbeitskollegen, gegenüber der Gesellschaft. Hier fängt die Moral an — sobald er medizinisch wiederhergestellt ist und über seine Krankheit Bescheid weiß. Erst hier.

Ärzten und anderen Therapeuten bleibt nicht viel anderes zu tun, als den Abhängigen immer wieder in seinem Willen zur Abstinenz zu bestärken. Abstinenz — eine unerhörte Forderung in einer trinkenden Umwelt! Therapeuten können Alkoholkrankheiten behandeln, können helfen, schwere Entzugssymptome und Delir durchzustehen, Rückfälle und Krisen mit Selbstzerstörungsabsichten zu unterbrechen. Sie alle kehren wieder, wenn der Betroffene nicht aufhört zu trinken, endgültig und vollständig. Aufs Ganze gesehen können Therapeuten also nicht viel mehr tun, als das, was auch Frau Brauer und Weißenbach ohne Vorurteile und unangebrachtes Mitleid versuchen.

Notwendig, aber noch keineswegs Selbstverständlichkeit ist die verständnisvolle, kundige Hilfsbereitschaft von Frau Brauer und Weißenbach. Sie nehmen dem Abhängigen nichts von dem ab, was er selbst tun kann und muß, aber sie helfen dabei, daß er das Notwendige tut. Das muß auch die Öffentlichkeit verstehen lernen. Dazu gehört der Respekt und die Achtung vor den Bemühungen des Alkoholkranken, ohne Alkohol zu leben. Das heißt, ihn nicht lächerlich zu machen, wenn er Kaffee oder Limonade trinkt statt Bier, und ihn nicht zum Mittrinken zu verleiten. Das heißt, seine Schwierigkeiten zu verstehen und seinen Schwächen — der Trunkenheit, dem Trinken bei der Arbeit, der Arbeitsbummelei, dem Verleugnen offenkundiger Rückfälle — Widerstand entgegenzusetzen. Das heißt, in Kontakt zu bleiben mit allen Betroffenen, mit dem Alkoholiker selbst und mit seiner Familie, in Kontakt mit den behandelnden Stellen. Es bedeutet, sich über die Krankheit und die Möglichkeiten wirksamer Hilfeleistungen zu informieren. Dazu sollte dieses Buch anregen. Auch zu der Überlegung: Wenn exzessives Trinken gefährlich ist, wenn durch Alkohol schwere Schäden entstehen, wenn die Gefahr, alkoholabhängig zu werden, um so größer wird, je mehr in der Öffentlichkeit getrunken wird und je früher junge Menschen anfangen zu trinken — sollte dann die Gesellschaft nicht Abhilfe schaffen können, ehe das Kind im Brunnen ist? Verantwortung dafür fängt beim einzelnen an, doch es ist eine Verantwortung für die ganze Gesellschaft.

Ursula Grüß

Anmerkungen

1 Statistisches Jahrbuch der DDR 1984, Berlin, Staatsverlag der DDR 1985

2 H. Wakschies und F. Ekelmann »Untersuchung zum Anteil des Alkoholismus (Gefährdung und süchtige Abhängigkeit) unter den Patienten einer allgemeinmedizinischen Klientel mittels MAT«, Diplomarbeit Leipzig 1982

3 P. A. Haegele »Trinkgewohnheiten und sozialer Status Jugendlicher und Heranwachsender im Alter von 14—25 Jahren« In: H. Szewcyk (Hrsg.) »Der Alkoholiker«, Jena, Fischer 1979

Im Mitteldeutschen Verlag Halle · Leipzig
erscheinen demnächst als Neuerscheinungen

Manfred Jendryschik
Zwischen New York und Honolulu

Briefe einer Reise

etwa 160 Seiten, mit 16 farbigen und 16 schwarz-weißen Fotos, Leinen
Best.-Nr.: 639 244 1

Er wird von Mormonen eingeladen und von Bankiers. Er besucht seltsame Sekten und Märkte, ist unter Schwarzen. Sieben Monate lang ist er in diesem Land. Was sieht er? Eine bis zum Äußersten extreme Welt? Natürlich. Welche Entfernungen allein schon zwischen Boston und San Diego, zwischen New York und San Francisco. Oder zwischen dem Salzwüstenzentrum Salt Lake City und der hawaiischen Hauptstadt Honolulu.
Der Autor, der auf Einladung mehrerer Universitäten die Vereinigten Staaten bereiste, schildert uns in seinen Briefen eine Fülle unterschiedlichster Eindrücke. Auch Philadelphia, Washington, Chicago, Memphis, New Orleans, Los Angeles, Las Vegas und der Grand Canyon sind Stationen einer Reise, von der ebenso farbig wie scharfsichtig berichtet wird. Abstecher zum kanadischen Toronto und in die mexikanischen Städte Tijuana und Ensenada tragen dazu bei, etwas von den Widersprüchen dieses Kontinents begreiflich zu machen.

Willi Meinck
In den Gärten Ravanas

Sri Lanka — Insel im Ozean
Text-Bild-Band

etwa 200 Seiten, mit 40 farbigen Fotos, Leinen
Best.-Nr.: 639 212 6

Willi Meinck hat Sri Lanka mehrmals bereist. Er kennt die Hauptstadt, die alten Königsstädte, Fischerdörfer und Teeplantagen, war im Tamilengebiet und in buddhistischen Tempeln, hat die üppige Natur des tropischen Waldes erlebt, das Leben auf dem Lande und das Treiben in den engen Handwerkerstraßen der Städte kennengelernt. Er ist interessanten Menschen begegnet, z. B. dem ranghöchsten buddhistischen Mönch, dem »Picasso Asiens«, einem buddhistischen Gelehrten, einer tamilischen Fischerfamilie und einer jungen Professorin . . .
Der Autor vermittelt seinen Lesern Eindrücke von der geheimnisvollen Schönheit der Insel Sri Lanka, wo die Vergangenheit stärker als anderswo das Leben der Gegenwart mitbestimmt. Sein Buch ist ein Plädoyer für Lebensfreude und Daseinsbejahung im Wissen um Konflikte.

Im Blick: Junge Autoren

Lesarten zu neuen Büchern

Herausgeber: Walfried Hartinger, Klaus Schumann
etwa 150 Seiten, Broschur
Best.-Nr.: 639 305 7

Was haben die neuen, die »jungen« Autoren ihren Lesern zu sagen? Wie sagen sie es? Die Herausgeber haben aus der Vielzahl der in den Jahren 1981–1985 erschienenen Bücher von Debütanten eine Auswahl getroffen, Analysen und Interpretationen angeregt.
Entstanden sind Lesarten zu Büchern von zweiundzwanzig Autoren, u. a. Thomas Böhme, Wolfgang de Bruyn, Angela Krauß, Irina Liebmann, Heinz Drewnick, Steffen Mensching, Lia Pirskawetz. Die Autoren stellen sich den literarischen Angeboten, folgen den fremden Gedankengängen, ohne den eigenen Standort zu verschweigen, und führen ihre Kommunikation mit dem Text einem Publikum vor, das dadurch gleichsam mit hineingenommen wird in eine Kunstdiskussion, in der auch ureigene Fragen und Probleme des Lesers zur Sprache kommen.
Nicht **Über**blick wurde angestrebt, sondern **Ein**blick: In die Spezifik der literarischen Handschrift, die Besonderheit des stofflich-thematischen Zugriffs.

Jan Koplowitz
Der unglückselige Blaukünstler

Erzählung

etwa 300 Seiten, Leinen
Best.-Nr.: 639 155 3

Tete, ein junger Fachmann der allerbesten Güte, langaufgeschossener Leistungssportler, liebt das Tüfteln, seine Ingeborg, die Arbeit und den Sport in dieser Reihenfolge und gerät erst in Bedrängnis, als er sich, als er sein Gewerk, das »Feinschaben«, wegrationalisieren will, überflüssig machen will, weil es technologisch verschlissen ist. Das ist umso schlimmer, als die Kette der Ereignisse mit dem ersten, einzigen Rausch seines Lebens beginnt. Es ist gar nicht auszudenken, wen er mit seinem Entschluß vor den Kopf stößt. Nicht nur die Lauwarmen, Bequemen, Eingefuchsten, Routinierten, die möchten, daß es so schön weitergeht wie bisher, sondern auch seine Kumpel und Kollegen. Sein Gefühlsleben gerät durcheinander. Er fängt Feuer an Chips und Mikroelektronik, entsetzt sich bei der Nachholejagd über seine Wissenslücken, fälscht Institutslesekarten, besucht unbefugter Weise Hörsäle und Lehrveranstaltungen. Auf seinem Weg irrt er sich, begeht Fehler, macht Bruchlandungen, rappelt sich immer wieder hoch.
Mädchen riskieren es mit ihm. Er macht es ihnen und sich nicht leicht.
Wie es so einem bei uns ergeht, davon erzählt das Buch.

Peter Lorenz
Blinde Passagiere im Raum 100

Science-Fiction-Roman

etwa 224 Seiten, Leinen
Best.-Nr.: 639 303 0

Hallerström überwacht Funkstationen auf der geostationären Umlaufbahn, sein Alltag ist so eintönig wie risikoreich. Plötzlich überschlagen sich die Ereignisse: ein außerirdisches Kugelsystem sucht Kontakt zu ihm und zur Erde.
An Bord der »Hirundo« soll eine internationale Besatzung unter Hallerströms Leitung das Geheimnis der Fremden ergründen. Doch im Raumschiff entbrennt mancher Streit, schließlich sogar um das Kommando der »Hirundo«. Die vernünftigen Kräfte behalten die Oberhand, aber die Kugeln reagieren auf ihre Weise . . .
»Blinde Passagiere im Raum 100« ist nach »Homunkuli« (Debütpreis des Ministeriums für Kultur) und der »Quarantäne im Kosmos« der dritte Roman des Autors.

Werner Reinowski
Unkraut vergeht nicht

Meine Lehrjahre

etwa 250 Seiten, Leinen
Best.-Nr.: 639 291 0

Lehrjahre sind keine Herrenjahre, verkündet der Volksmund schon viele Generationen hindurch. Was das aber für einen Menschen bedeutete, dessen Vater in jungen Jahren dem Siedlerkatendasein seiner Eltern entflohen war, um in Mitteldeutschland Proletarier zu werden; was das für einen bedeutete, der seinem dritten Bruder mit zu großer Eile in diese Welt gefolgt war und daher — zunächst in einen Brotkorb gebettet — nicht ohne Ofenwärme auskam; was das für einen bedeutete, der sich schließlich als einer von sieben Geschwistern zu behaupten wußte, aber noch viele Male um sein bißchen Leben zu kämpfen hatte — das wird in diesen Erinnerungen erzählt.
Zugleich geben sie das Ringen um politische Einsichten wieder: Die Beteiligung gegen die Sache der »Dickköppe« bis zur Zeit der Braunschweiger Räterepublik, die Erfahrungen schlimmster Ausbeutung in einer alten Gießerei, das Erlebnis aktiver politischer Arbeit, das ungeduldige Warten auf die Machtübernahme durch die Arbeiter . . .

Inge von Wangenheim
Deutsch und Geschichte

Roman

etwa 266 Seiten, mit ca. 10 Strichzeichnungen von Gitta Kettner, Leinen
Best.-Nr.: 639 302 2

An einem Bezirkstheater wird »Maria Stuart« inszeniert. Als Gastregisseur verpflichtet man den jungen Berliner M. Finke. Seine Stückinterpretation löst geteilte Empfindungen im Ensemble aus. Die Aufführung wird ein positiver Mißerfolg. Ein engagierter Lehrer, der mit seiner 12. Klasse der Aufführung beigewohnt hat, gerät mit dem Regisseur auf der Premierenfeier derart in Streit, daß dieser stürzt und ins Krankenhaus gebracht werden muß. Die Gerichtsverhandlung, die nun unumgänglich wird, verläuft für alle Beteiligten noch einmal glimpflich. Die umstrittene Jubiläumsaufführung wird nach all diesem Wirbel jedoch zu einem gutbesuchten Erfolg.
Der ebenso spannende wie unterhaltsame Roman wirft erneut Probleme auf, mit denen sich die Autorin bereits in vorhergehenden Büchern auseinandergesetzt hat.